黑龙江省高等教育应用型人才培养系列教材

U0659296

质 量 管 理

主编 王 松 陈 伟

HEUP 哈尔滨工程大学出版社

内 容 简 介

本书从质量管理的实际出发,系统介绍了质量管理的基本概念、原理。在结构上注重实用性和先进性,以管理原理为主,全面反映了质量管理的最新动态和发展趋势。全书共分为九章,分别对质量管理概论、质量认证与 ISO 9000 族、全面质量管理、顾客需求管理、质量成本管理、服务质量管理、质量管理中的统计技术、六西格玛管理和质量管理学等进行了系统的介绍。

本书可作为高等院校市场营销专业、工商管理专业等经济管理专业和工程类专业的本科生、研究生的质量管理课程的教材,同时也可供大中型企业,中小型民营企业,外商投资企业,外贸、金融、证券等公司的经济管理人员作为学习和工作的参考书。

图书在版编目(CIP)数据

质量管理/王松,陈伟主编. —哈尔滨:哈尔滨工程大学出版社,2015.7(2023.5 重印)
ISBN 978 − 7 − 5661 − 1017 − 6

Ⅰ.①质…　Ⅱ.①王…　②陈…　Ⅲ.①质量管理
Ⅳ.①F273.2

中国版本图书馆 CIP 数据核字(2015)第 108171 号

出版发行	哈尔滨工程大学出版社
社　　址	哈尔滨市南岗区南通大街 145 号
邮政编码	150001
发行电话	0451 − 82519328
传　　真	0451 − 82519699
经　　销	新华书店
印　　刷	哈尔滨市石桥印务有限公司
开　　本	787 mm × 1 092 mm　1/16
印　　张	13.5
字　　数	354 千字
版　　次	2015 年 7 月第 1 版
印　　次	2023 年 5 月第 7 次印刷
定　　价	34.00 元

http://www.hrbeupress.com
E-mail:heupress@ hrbeu.edu.cn

前　言

　　21 世纪是质量的世纪,随着社会的发展,科学技术的进步,全球贸易竞争的加剧,顾客对质量提出了越来越严格的要求。顾客为了得到高质量的产品和服务,企业为了扩大和占领市场,获得更大的利润,都要求企业建立健全的质量管理系统,不断改进产品和服务的质量,使企业的顾客、供方、所有者、雇员以及社会各方面都得到益处,质量管理的理论也逐渐成熟和丰富起来。学习和研究质量管理,已成为企业管理者和相关从业人员提高管理能力和水平的必经之路。

　　本书较为全面、系统地阐述了质量管理的理论及相关技术和方法,并通过一些例子进行融会贯通,以使学生能够学以致用,做到了理论与实践相结合。

　　本书是由哈尔滨工程大学、黑龙江东方学院的教师结合多年的教学经验共同编写完成的,由王松、陈伟任主编,杨芳、魏盈盈、钟海岩、丛丽、杨晓丹任副主编。其中,王松编写第五章和第八章,魏盈盈编写第一章和第四章,陈伟、杨芳编写第二章和第三章,杨晓丹编写第六章,钟海岩编写第七章,丛丽编写第九章。本书在编写的过程中,参考了国内外学者的著作、教材和文章,恕不一一列举,在此表示诚挚谢意。

　　由于作者时间和水平有限,本书难免有不足之处,欢迎广大读者批评和指正。

编　者

2014 年 10 月

目　　录

第一章　质量管理概论

第一节　质量基本概念

一、质量的重要性

从有文字记载的历史开始,质量就一直受到人们的极大关注。王汉谟拉比(Hammurabi,公元前1792至公元前1750年)把美索不达米亚(Mesopotamian)和苏美尔(Sumer)的法律编入汉谟拉比法典,法典规定,若房屋倒塌将判建房者死罪。据2000年至2010年国家质量监督检验检疫总局公布的每年四批产品质量监督抽查结果数据显示,各类产品的质量问题仍然很严重,年平均不合格率多则30%以上,少则15%左右。由此可见,伴随着人类文明的发展和进步,产品质量问题依旧是社会关注的重点。

首先,质量是人们的安全保障。产品的质量问题轻则造成用户的经济损失,重则导致人员伤亡事故。因各种质量问题造成的恶性事故,如爆炸、建筑物倒塌、核泄漏、飞机坠毁等,在现实生活中屡见不鲜,这些血的教训说明了质量的重要性。

其次,质量问题会产生高额的质量成本,甚至影响企业的生存。平均质量成本占营业额的5%至25%,包括检验员的工资、废料的成本、返工返修的成本、货物往返配送的费用以及延长交货时间的成本。如果能减少或避免产品质量缺陷,不但可以降低产品在生产和使用等过程中因质量问题而产生的返修、报废、退货、索赔等直接质量成本,还会因其高质量的产品给企业在企业形象、品牌和顾客满意度等方面带来潜在的利益。在发达国家,因质量问题而导致的消费者权益和人身安全受到损害时,企业会赔付相当高额的费用,有时甚至因一次质量事故索赔而导致企业倒闭。

再次,质量是企业参与国际竞争的前提。任何企业间的竞争都离不开产品质量的竞争,如果不保持和改进产品质量,企业必将在市场竞争中失去地位并最终被淘汰。随着全球化进程的不断深化,企业要进入国际市场,参与国际竞争,必须要满足用户对产品质量、价格、交货期、服务以及环境保护的多方面需求。可以说质量是企业产品进入国际市场、参与国际竞争的"通行证""敲门砖"。全球化也表现为国家间的竞争正逐渐被企业间产品及服务的竞争所替代。质量已不再是一种奢侈品,而是任何产品及服务所必须具备的基本条件。

最后,质量是赢得用户完全满意和顾客忠诚的决定因素。"顾客就是上帝"已经是世界各国企业的共识,因而追求顾客满意和顾客忠诚也是所有企业的共同目标。据调查,在买到质量差的产品之后,只有5%的顾客会向厂方投诉,此时企业还有改正的机会;而70%的顾客则不采取任何行动,只是再不打算购买该品牌的产品,于是企业无形中就失去了大量客户。英国的一项调查表明,如果一个顾客不满意,他会把这种不满意告诉其他9个人。更糟的是,有13%的不满意顾客会把他们的不满意告诉其他20个人,造成影响面逐渐扩大,客源越来越少。因而企业要比以前多支出5倍的资金开辟新的客户。由此可见,质量能够

创造忠诚顾客,生产质量差的产品会使企业失去顾客,只有提高质量,才能赢得顾客的满意与忠诚。

因此,每个企业,每种产品和服务,要想在国际市场上占有一席之地,都要面对超严格的质量要求,努力使自己达到世界级的质量水平。

二、质量的定义

从古至今,许多人或者机构在不同的时代背景下对质量给出了多种定义。美国质量协会认为质量是一个主观的词汇,每个人都会有自己的定义。

古希腊哲学家德谟克利特(Democritus,公元前460至公元前370年)给质量下的定义是使得一件事物真正成为其本身的东西。韦伯大词典对质量的定义:质量就是卓越的程度。美国著名质量管理大师朱兰(Joseph M. Juran)博士从顾客的角度出发,指出质量就是产品的适用性。产品是否适用交由顾客来决定,即产品在使用时能否成功满足用户的需要。戴明(William E. Deming)博士提出质量是指在适应市场和低成本条件下,一致性与可信性的可预测程度。他还认为质量是满足需求的能力,即质量必须从客户的观点出发加以考虑,质量是从客户的观点出发用以提升产品的东西。克劳士比(Philip B. Crosby)认为质量就是符合需求,即质量代表着满足特定标准、规范,他认为这种需求不完全代表顾客的期望,高质量就是让顾客感到他们得到了超过预期的价值。田口玄一博士认为质量是客户感受到的东西,他还认为质量是产品运输上市后给社会造成的损失。狩野纪昭(Noriaki Kano)将质量视为一个二维系统,二维坐标分别为"当然的质量"及"有魅力的质量",即符合或超越客户期待的产品及服务。前者类似朱兰博士提出的"适用性",后者则是客户会喜欢、但并未预期或没有想到的特质。

美国质量协会提出的定义:质量是指产品和服务具有的卓越程度,特别是他们符合需求和使顾客满意的程度。该观点从技术的角度来说有两个含义:产品或服务具有的能够满足明示或者隐含需求的特性;产品或服务没有缺陷。

国际标准化组织对"质量"这一专业术语在ISO 9000~2000和ISO 9000~2005中给出了标准化定义:一组固有特性满足要求的程度,可从以下几方面进一步明确该定义:

(1)术语"质量"可使用形容词,如差、好或优秀等来修饰。

(2)特性是指事物所特有的可区分的特征,可以是固有的或赋予的,可以是定性的或定量的。有各种类别的特性,如物质特性(如机械的、电的、化学的或生物学的特性)、感官特性(如嗅觉、触觉、味觉、视觉、听觉等感觉探测的特性)、行为特性(如礼貌、诚实、正直)、时间特性(如准时性、可靠性、可用性)、人因工效特性(如生理的特性或有关人身安全的特性)、功能特性(如飞机的最高速度)等。

(3)固有的(其反义是"赋予的")是指本来就有的,尤其是那种永久的特性。赋予产品、过程或体系的特性(如产品的价格、产品的所有者)不是他们的质量特性。

(4)要求是明示的、通常隐含的或必须履行的需求或期望。要求可由不同的相关方提出。"通常隐含"是指组织、顾客和其他相关方的惯例或一般做法,所考虑的需求或期望是不言而喻的。特定要求可使用限定词表示,如产品要求、质量管理要求、顾客要求。规定要求是经明示的要求,如在文件中阐明的要求。

三、质量概念的演变

质量概念的演变发展可以分为三个阶段。

（1）符合标准质量

符合标准的质量观是以技术标准作为产品规格要求的,评价质量是以符合技术规范和规格要求作为标准的。例如,对各种产品可以设定尺寸、公差、纯度、硬度、强度、外观和性能等不同的规格要求,以此来衡量一个产品合格与否。与这种质量观念相适应的是,在产品生产阶段可以应用规格符合性来检验产品是否合格。而随着生产规模的不断扩大,产品必须进行抽样检验,于是抽样方案设计方法也成为一种重要的工具,这一阶段是统计质量控制的起始时期,处于20世纪40年代。到了20世纪50年代,人们对符合标准又有了新的认识,质量标准不应是人为无目的设置的,而应追求一种"最佳质量目标值",这种最佳质量目标值往往和质量水平、质量成本具有相关性。所谓"最佳质量目标值",就是质量水平和成本两者最佳平衡点的对应值。符合最佳质量目标值才是企业质量追求的目的。这种观念为符合性质量观念丰富了新的内涵。与这种观念相一致的是广泛采用实验设计、价值工程、可靠性设计和目标管理等方法。

（2）符合使用质量

符合使用质量有两个方面的递进的含义。首先,在20世纪60年代"适用性"质量的概念被提出。国际质量管理权威朱兰博士深刻地指出,对用户来说,质量就是"适用性",而不是规格符合性,最终用户很少知道规格到底是什么,用户对质量的评价总是以到手的产品是否适用且其适用性是否持久为基础的。企业通过市场调查研究,生产符合顾客实际使用要求的产品成为这一"符合使用质量"观念的追求。这一观念是和以市场为导向的营销观念相一致的。为了提高"适用性"质量,企业必须努力改善产品和服务的"适用性"性能。这时采用的主要方法是开展QC小组活动、质量审核(产品审核)和零缺陷计划等。其次,当人们在追求"适用性质量"提高的同时,很可能要付出高昂的代价,产品成本会大幅上升,价格不得不也随之上升,这当然是顾客所不愿看到的事实。这也促使企业在追求"适用"的同时,还要追求"成本"的"适用",这就是20世纪70年代追求的"符合成本"的质量观念。这时的企业不是单纯地使产品在使用期间满足顾客,而是要求产品价有所值、使用代价低廉、能源损耗较少并且安全可靠。这时的管理方法主要有日本的7种QC统计工具、质量功能展开和田口玄一方法等。

（3）符合需求质量

在20世纪80年代,日本形成了一种从"理所当然质量"向"魅力质量"进军的思潮,也就是企业十分关注对顾客潜在需求的调查和研究,在此基础上,开发、研制、生产具有"魅力质量"的产品,这种产品能大幅度提高顾客的满意度,获得顾客的青睐,甚至引导消费新潮流。这时的产品向多样化拓展,产品线向两端延伸,产品附加特征向多元化辐射。这时,日本已经引入新7种QC工具并广泛使用,ISO 9000系列标准也在质量管理中实施,可持续发展等理念也被广泛接受。与可持续发展观念密切相关的"符合环保"成为广泛接受的理念,并在质量管理中得到贯彻。于是在20世纪90年代,"符合需求"的质量观丰富了"符合环保"的内涵,绿色产品纷纷得到开发并投产。这时,对产品质量的评价增加了是否危害人体以及是否污染环境的标准,追求全社会的生活质量的提高成为质量管理一个十分重要的目标。这一阶段采用的新方法主要有ISO 14000、企业工程以及精益生产等。"质量让生活更美好"成为富有号召力的新的质量改进方针。

对于质量内涵,还可以从生产者主导阶段、消费者主导阶段、竞争性阶段以及战略性阶段的角度加以考察。在生产者主导阶段,质量追求的是满足标准;在消费者主导阶段,质量追求的是顾客满意;在竞争性阶段,质量追求的是努力超越竞争对手让顾客满意;在战略性阶段,质量是顾客价值的核心。

第二节　质量管理的基本概念

一、企业的经营、管理与治理

在管理领域中,经营、管理、治理、企业的职能、管理的职能等这些术语使用十分频繁,但也常常会发生混淆。从管理理论与实践的百年历史来看,质量管理理论就是其中的一个发展阶段,理解质量管理必须从理解通用的管理开始。

经营活动指所有营利性的经济活动,它涵盖了工业、农业、金融、服务等所有的领域。企业是从事经营活动的社会经济组织。经营一个企业涉及一系列的具体活动或职能。管理先哲法约尔将经营的职能区分为六个方面,即技术、商业、会计、财务、安全和管理。在现代企业管理中,运营、财务与营销通常被认为是企业最主要的三项职能。

管理是指一定组织中的管理者,通过实施计划、组织、领导和控制来协调他人的活动,带领人们实现组织目标的过程。计划、组织、领导和控制这些活动称为管理的职能。管理的职能也就是管理所包括的具体活动。计划就是要确立组织所追求的目标及实现目标的途径。作为管理职能的组织活动指的是对于群体活动的分工和协作。领导意味着对人们施加影响以使人们全心全意地去实现组织目标的过程。控制就是随时纠正实施过程中的偏差,确保事情按计划进行。

企业管理就是企业的管理人员运用其知识、技能、经验和掌握的信息,通过对企业的人、财、物资源的计划、组织、领导与控制,来实现企业的各项目标,保证企业的生存与发展的过程。企业各项职能的计划、组织、领导、控制便构成了相应的职能管理或专业性管理。生产管理就是对企业生产活动的计划、组织、领导、控制;财务管理则是对财务活动的计划、组织、领导和控制等。但是,质量管理不是一项职能管理或专业管理。

企业的管理是为了实现企业的目标而存在的,是实现企业目标的手段。著名管理学者德鲁克指出:"管理如果脱离了它所服务的机构就不是管理了。人们所理解并正确地加以谴责的官僚主义就是那种误认为自己是目的、而机构是手段的管理。这是管理当局,特别是那些不受市场考验约束的管理当局容易犯的一种退化性毛病。预防、制止并在可能的情况下治疗这种毛病,应该是任何一个有效的管理者及一本有效的管理著作的首要目标。"德鲁克认为,管理必须完成三项同等重要而又极不相同的任务,即"确定本组织的特殊目的及使命(不论本组织是一个工商企业还是医院或大学);使工作富有活力并使职工有成就感;处理本组织对社会的影响和对社会的责任。"

企业的"治理"主要解决的是企业经理层的激励与约束问题。在现代企业中,资本的所有权与经营决策权发生了分离。股东选举董事会,由董事会行使经营决策权,并聘任职业经理人员来管理公司的日常经营活动。因此,在股东、董事会、经理层之间产生了一种所谓的委托—代理关系。一般认为代理人的行为原则是使其自身的效用最大化,委托人因此必

须设计一种契约或机制,以对代理人提供某种激励或制约,从而使代理人在自身效用最大化的条件约束下,使委托人的效用趋于最大。有关这种委托－代理关系的制度安排方面的问题通常称为企业的"治理"。企业要取得成功,就必须有一个完善的治理结构。

二、质量管理的概念

质量管理就是为了实现组织的质量目标而进行的计划、组织、领导与控制活动。关于质量管理的概念,有许多不同的阐述,公认的是 ISO 关于质量管理的定义。

在 ISO 9000 标准中,质量管理的定义为在质量方面指挥和控制组织的协调一致的活动。在质量方面的指挥和控制活动通常包括制定质量方针和质量目标、质量策划、质量控制、质量保证和质量改进,质量管理的概念框架如图 1－1 所示。

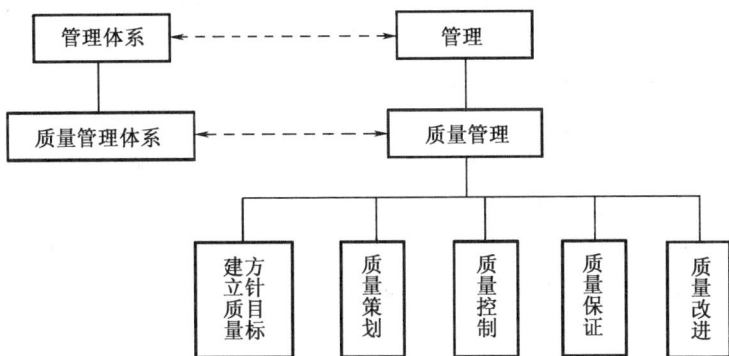

图 1－1 质量管理的概念框架

制定质量方针(Quality Policy)和质量目标(Quality Objective)就是发挥管理者的领导作用,分析形势,明确要求,确定组织的方向。建立质量方针和质量目标为组织提供了关注的焦点。质量方针和质量目标确定了组织预期的结果,并帮助组织利用其资源达到这些结果。质量方针为建立和评审质量目标提供了框架。质量目标需要与质量方针和持续改进的承诺相一致,其实现是可测量的。质量目标的实现对产品质量、运行有效性和财务业绩都有积极影响,因此,对相关方的满意和信任也产生积极影响。

质量策划(Quality Plan),也称为质量计划,致力于制定质量目标,并规定必要的运行过程和相关资源,以实现质量目标;通过质量策划,将质量方针和目标具体化,并展开到组织的各个层次、职位和运行过程,设计达到质量要求、实现目标的途径将质量真正"定义"到组织的各个层面和活动之中。

质量控制(Quality Control)致力于满足质量要求;通过明确标准、测量绩效、纠正偏差的活动,保证组织及其过程按照质量策划的途径,有效地运行,实现质量目标。

质量保证(Quality Assurance)致力于提供的质量要求会得到满足的信任;通过内部的组织、过程、资源和方法保证及外部的评定和认证活动,将组织与市场、顾客及其他利益相关方联系起来,促进产品和价值的交换,促进质量的外部目标或市场价值的实现。

质量改进(Quality Improvement)致力于增强满足质量要求的能力;通过识别机会、分析原因、设计并实施方案、总结和标准化等一系列活动,实现过程改进与组织创新,为组织带来更大的收益,追求卓越绩效。

第三节　质量管理的基本原理及发展历程

一、质量管理的基本原理

(一)朱兰的质量三部曲

"所有质量改进都应当一个项目、一个项目地进行,没有其他捷径可走。"

朱兰博士是世界著名的质量管理专家,生于1904年。他所倡导的质量管理理念和方法始终影响着世界以及世界质量管理的发展。他的质量计划、质量控制和质量改进被称为朱兰三部曲。他最早把帕累托原理引入质量管理。由朱兰博士主编的《质量控制手册》(Quality Control Handbook)被称为当今世界质量控制科学的"圣经",为奠定全面质量(TQM)的理论基础和基本方法做出了卓越的贡献。

朱兰在戴明之后,于20世纪50年代在日本讲授质量原则,是质量研究机构的主要力量。朱兰的课程被设计成以最小的风险配合企业的当前战略业务计划。与戴明认为统计学是共同的语言不同,他主张组织内部不同层次的员工使用不同的"语言"。高层管理者的语言是"钱",以便使质量问题引起他们的注意。工人的语言是"事情",中层管理者应当会说前面两种语言,同时还起到上传下达的沟通作用。

1. 适用性质量

朱兰认为,质量的本质内涵是"适用性",而所谓适用性(Fitness for use)是指使产品在使用期间能满足使用者的需求。朱兰提出质量不仅要满足明确的需求,也要满足潜在的需求。这一思想使质量管理范围从生产过程中的控制进一步扩大到产品开发和工艺设计阶段。

2. 质量三部曲

(1)质量计划——实现质量目标的准备程序。

(2)质量控制——对过程进行控制保证质量目标的实现。

(3)质量改进——有助于发现更好的管理工作方式。

质量计划的制订应首先确定内部与外部的顾客,识别顾客需求,然后将顾客需求逐步转化为产品的技术特征、实现过程特征及过程控制特征。质量控制则包括选择控制对象、测量时间性能、发现差异,并针对差异采取措施。朱兰的质量改进理论包括论证改进需要、确定改进项目、组织项目小组、诊断问题原因、提供改进办法,证实其有效后采取控制手段使过程保持稳定。

质量三部曲为企业的质量问题的解决提供了方向,但是朱兰通过对很多公司的考察发现,在许多企业内,人们把精力过多地放在了质量控制环节,而质量计划和质量改进没有引起应有的重视。因此,朱兰呼吁,组织应该放更多的注意力在除质量控制外的其余两个环节,尤其是质量改进环节。

3. 质量螺旋(Quality Loop)

朱兰博士提出,为了获得产品的合用性,需要进行一系列的工作活动。也就是说,产品质量是在市场调查、开发、设计、计划、采购、生产、控制、检验、销售、服务及反馈等全过程中形成的,同时又在这个全过程的不断循环中螺旋式提高,所以也称为质量进展螺旋。由于

每项环节具有相互依存性,符合要求的全公司范围的质量管理需求巨大,高级管理层必须在其中起到积极的领导作用。

4.80/20 原则

朱兰博士尖锐地提出了质量责任的权重比例问题。他依据大量的实际调查和统计分析认为,企业产品或服务质量问题,追究其原因,只有 20% 来自基层操作人员,而恰恰有80% 的质量问题是由于领导责任所引起的。国际标准 ISO 9000 的要素所占的重要地位,在客观上证实了朱兰博士的“80/20 原则”所反映的普遍规律。

(二)桑德霍姆“质量循环”

瑞典的质量管理专家桑德霍姆(L. Sandholm)提出“质量循环”,从另一个视角表述产品质量的形成过程,如图 1 - 2 所示。

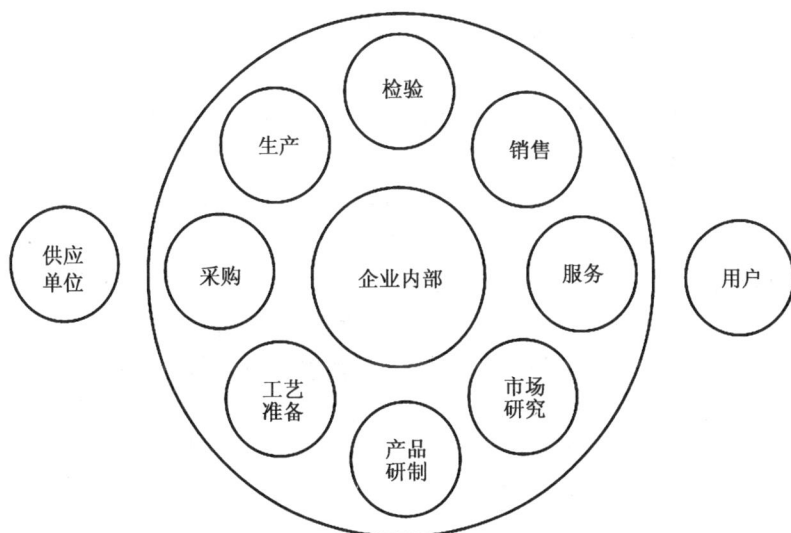

图 1 - 2   桑德霍姆“质量循环”

桑德霍姆“质量循环”和朱兰“螺旋曲线”异曲同工,都是用来说明产品质量形成过程的。可以把质量循环看成是螺旋曲线的俯视图,只是它从 13 个环节中选择了 8 个主要环节来构图,也称八大质量职能。“质量循环”的内涵在于:质量水平的提高有赖于组织内部各个过程的密切配合。

(三)戴明“PDCA 循环”

“PDCA 循环”最早由美国质量管理专家戴明提出,所以又叫作“戴明环”。“PDCA 循环”给出了质量管理的工作步骤。戴明认为质量管理同生产活动、科学研究以及我们日常生活、工作和学习等所有过程的活动一样,应该分为 4 个阶段。这 4 个阶段是计划(Plan)、实施(Do)、检查(Check)和处理(Action),4 个阶段构成一次完整的循环过程。在“PDCA 循环”的 4 个阶段中共有 8 个步骤。

属于计划阶段的步骤有 4 个:

（1）找出所存在的问题。

（2）寻找问题存在的原因。

（3）找出其中的主要原因。

（4）针对主要原因，研究、制定改进措施。

改进措施包括5W1H内容和要求：

Why：为什么要制订这个计划。

What：达到什么目标。

Where：在哪里执行。

Who：由谁来执行。

When：什么时间完成。

How：如何实施。

属于实施阶段的步骤：

（5）贯彻和执行改进措施，即按规定的目标和方法实实在在地去做。

属于检查阶段的步骤：

（6）检查执行效果，即检查计划实施的结果是否与计划阶段所制订的目标相一致。

属于处理阶段的步骤有两个：

（7）巩固成果，即总结成功的经验和失败的教训，形成标准（即制度化和规范化），指出应该怎样做和不应该怎样做。

（8）对遗留问题，提交到下一个循环解决。

"PDCA循环"可以使质量管理工作更加条理化、形象化和科学化。

"PDCA循环"的4个阶段不是孤立的，而是紧密连在一起的。它像一个车轮，不断地转动，而且每转动一次就提高一步，如图1-3（a）所示。"PDCA循环"反映了计划、实施、检查和处理4个阶段是密切联系的，而且要求各部门、车间、工段直到小组都要参与到循环中去，从而形成大循环套小循环的模式，互相推动，互相促进，使组织的质量管理水平不断得到提高，如图1-3（b）所示。

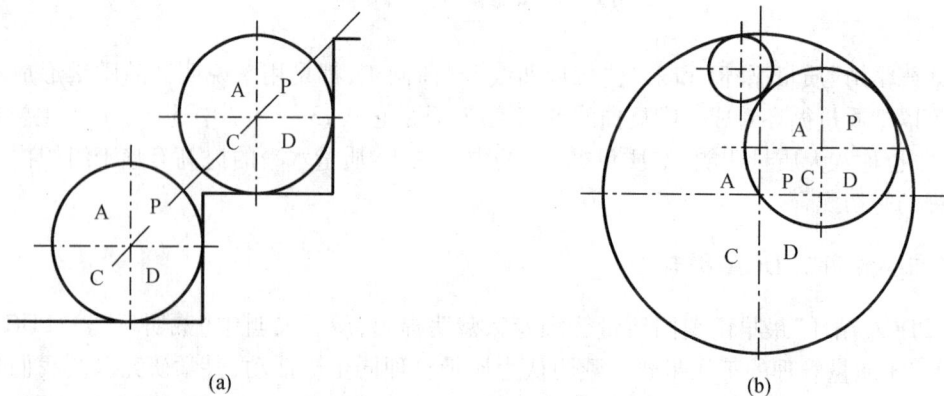

（a）　　　　　　　　　　　　　　（b）

图1-3　戴明"PDCA"循环

除PDCA循环外，戴明还提出了著名的14条质量管理要点：

（1）为使企业具有竞争力并占领市场，应把改进产品和服务质量作为长期目标。企业

所有人员要对质量改进做出公开承诺。

（2）接受新观念。企业所有人员要不断学习新知识，更新观念。

（3）摆脱对大规模检验的依赖性。通过建立基于统计过程控制的质量管理体系，从根本上提高质量水平。

（4）采购、交易不应只注重价格。应综合评价供应商的能力，减少供应商的数量，与其建立长期的合作和信任关系。

（5）持续改进生产和服务系统。不断提高质量、降低成本、提高生产率。

（6）建立全面的在职培训制度。根据需要不断更新培训内容。

（7）建立领导体系。通过协调和监督来实现企业的整体目标。

（8）排除恐惧，让每个人都能有效地工作。营造一个鼓励创新的氛围，消除对员工的不信任感，使员工树立克服困难的信心。

（9）破除部门之间的壁垒。加强部门之间的信息沟通，鼓励研发、设计、销售和生产部门协同解决质量问题。

（10）取消不切合实际的口号、标语和目标。提供切实可行的质量改进工具和方法。

（11）取消对一线员工的工作定额。对其进行投入、转换和产出方面的指导，提供过程改进的方法。

（12）消除影响一线员工为其工作成果而自豪的障碍。把工作成果转变为员工继续努力工作的动力。

（13）建立员工自我提高的机制。鼓励员工接受更多的培训和教育，以提高工作技能和个人素质。

（14）采取积极的行动推进组织变革。了解外部环境的变化，推进组织变革，以增强企业的竞争优势。

（四）克劳斯比"零缺陷"

20 世纪 60 年代，克劳斯比在 Martin Marietta 工作。在那里，他提出了"零缺陷"概念，并以名言"开头就做好"而闻名。他强调预防，并对"总会存在一定程度的缺陷"的说法做出了正确的诠释：不是停滞不前的借口，恰恰相反，是持续改进的机会所在。20 世纪 70 年代，他成为 ITT 公司主管质量的副总裁，并说服公司总裁在公司中树立起质量意识。1979 年，他的《质量就是费用节约》(Quality is Free)发表。题目是根据 ITT 公司执行总裁授意确定的。这本书以通俗易懂的术语解释了质量概念。

按照零缺陷概念，克劳斯比认为任何水平的质量缺陷都不应存在。为有助于公司实现共同目标，必须制订相应的质量管理计划。下面是他的一些主要观点：

（1）高层管理者必须承担质量管理责任并表达实现最高质量水平的愿望。

（2）管理者必须持之以恒地努力实现高质量水平。

（3）管理者必须用质量术语来阐明其目标是什么，以及为实现这一目标，基层人员必须做什么。

（4）第一次就做对最经济。

（5）每个人都尽到自己的工作职责。

二、质量管理的发展历程

质量管理起源于 20 世纪初,在整整一个世纪中,质量管理的发展大致经历了三个阶段。

1. 质量检验阶段(20 世纪初至 20 世纪 40 年代)

20 世纪初,人们对质量管理的认识仅仅局限于质量检验,而且这种检验是非破坏性的、百分之百的检验。

20 世纪 20 年代,美国著名管理学家泰勒在他的著作《科学管理》中首次提出在人员中进行科学分工的要求,即将计划职能和执行职能分开,中间再增加检验环节,设置专职的检验部门。

虽然专职的质量检验对保证成品的质量有其突出的作用,但不久便暴露出弱点。首先,这种事后把关式的检验不能起到事前预防和控制的作用;其次,这种百分之百的检验对于破坏性试验或大批量生产显然是不可能的;第三,由于"三权"分立,即质量标准制定部门、产品制造部门、检验部门各管一方,只强调相互制约的一面,忽视相互配合、促进、协调的一面,缺乏系统观念。

2. 统计质量控制阶段(20 世纪 40 年代到 60 年代)

1924 年美国贝尔电话公司的休哈特(W. A. Shewhart)博士将数理统计方法运用到质量管理中来,首先提出用 6σ 方法控制加工过程的质量波动。1931 年他出版了第一本质量管理科学专著——《工业产品质量的经济控制》,第一张工序控制图——"休哈特控制图"也随即问世。1929 年休哈特的同事道奇(H. F. Dodge)与罗米克(H. G. Romig)出版了第一本统计抽样方法的专著——《抽样检查方法》,这种以统计抽样代替大批量产品检查验收的方法极大地提高了质量检验的效率。但是由于 20 世纪 20 年代到 30 年代资本主义世界危机重重、经济萧条,这些理论和方法长期以来被束之高阁。第二次世界大战开始后,由于军工生产的迫切需要,统计质量控制方法得到了广泛的应用。在 1941 年至 1942 年间,美国国防部先后制定了三个军用标准:AWSZ1. 1《质量管理指南》、AWSZ1. 2《数据分析用控制图法》、AWSZ1. 3《生产过程质量管理控制图法》,并且要求在交货检验中采用科学的抽样检查方法。历史证明,由于美国大力推广应用统计质量控制方法,使得美国的军工生产在数量上、质量上以及成本上均位列世界领先水平。

第二次世界大战结束以后,统计质量控制不仅在美国许多民用工业企业得到广泛应用,而且迅速被推广到美国以外的许多国家,并取得了成效。

尽管统计质量控制取得很大成效,但是也存在着缺陷。由于它过分强调质量控制中的数理统计方法,使人们误认为质量管理主要是数理统计专家的事,特别是在计算机和数理统计软件应用不普及的情况下,许多人对它望而生畏。

3. 全面质量管理阶段(20 世纪 60 年代至今)

20 世纪 50 年代以来,随着科学技术和工业生产的发展,人们对质量的要求也越来越高,人们开始运用"系统工程"的概念,把质量问题作为一个有机整体加以综合分析研究,实施全员、全过程、全公司的管理。20 世纪 60 年代管理理论上出现了"行为科学"学派,强调人在管理中的作用。在上述背景下,1961 年美国通用电气公司的费根堡姆(A. V. Feigenbaum)博士首次提出全面质量管理的概念,他在《全面质量管理》一书中指出:"全面质量管理是为了能够在最经济的水平上,在考虑到充分满足用户需求的条件下进行市场研究、设计、生产和服务,把企业各部门的研制质量、维持质量和提高质量的活动构成一体的

有效体系。"费根堡姆首次提出了质量体系的问题,提出质量管理的主要任务就是建立质量管理体系,这是一个全新的见解,具有划时代的意义。

全面质量管理的内涵是以质量为中心,以全员参与为基础,目的在于通过让顾客满意和本组织所有者、员工、供方、合作伙伴或社会等相关方受益而使组织达到长期成功的一种管理途径。

全面质量管理的主要特点:

(1)突出四个全:全员参与,质量形成全过程的管理,全公司的管理,各种专业技术和管理方法的全面综合运用。

(2)实现三种转变:指导思想上从事后检验、把关为主转变成事前预防、改进为主;组织形式上从分工为主转变成协调为主;方式方法上从管结果为主转变成管原因为主。

基本工作方法——PDCA循环:全面质量管理把管理过程划分为四个阶段、八个步骤。

日本在20世纪50年代引进了美国的质量管理方法,并且有所发展,取得了举世瞩目的成绩。日本著名质量管理专家石川馨教授把日本的质量管理称为全公司质量管理(CWQC),他们十分重视职工的质量管理教育,开展群众性的QC小组活动,以及全国质量月活动,归纳、整理了质量管理的老七种工具和新七种工具,发明了质量功能展开(QFD)以及质量工程技术(田口方法),为全面质量管理充实了大量新的内容。

全面质量管理的理论和方法迅速在全球范围广泛传播,各国均结合自己的实践有所创新发展。当今,世界闻名的ISO 9000族质量管理标准,美国波多里奇奖、欧洲质量奖、日本戴明奖等各种质量奖,以及卓越经营模式、6σ管理式等,均是以全面质量管理理论和方法为基础的。

思 考 题

1.解释以下概念:质量、质量管理、质量控制、质量保证。
2.谈谈你对朱兰三部曲的理解。
3.简述戴明"PDCA"循环。
4.简述质量管理的3个发展阶段的主要特征。

第二章　质量认证与 ISO 9000 族

第一节　质　量　认　证

一、质量认证的产生和发展

随着生产力的发展和生产方式的不断进步,产品结构、性能日趋复杂,其中,相当一部分产品具有高安全性、高可靠性和高价值性。随之而来的是由产品质量缺陷所造成的损失和伤害也越来越大。不仅给用户,而且给其他人,甚至给国家安全、生态环境和人类的生存带来种种伤害。然而,一方面,作为用户很难凭借自己的知识和经验来判断产品的质量情况,或因时间、精力和费用消耗过大而无法承受,因而增加了顾客购买时的谨慎性和难度;另一方面,生产者为了避免产品积压,提高用户对产品的信任程度,获得更多的利润,采用了各种对商品的使用提供担保的政策。可见,无论是用户还是生产者,都对提高产品质量状态判定结论的信任度提出了客观要求。

质量保证的发源地在英国。英国政府在 1919 年制定的商标法中规定:由政府授权的第三方机构对产品质量进行检验,符合英国标准(BS)的产品准许使用"风筝标志"。随后于1926 年向英国电气总公司颁发了第一个"风筝标志"使用许可证。随后法国政府也于 1938年颁布法令建立"NF"国家标志。第二次世界大战后,产品质量认证迅速发展起来,加拿大、日本、比利时等国陆续建立了质量认证制度。

质量保证的成功经验推动了质量认证标准的发展。

此外,国际贸易的发展和质量管理的发展也大大促进了质量认证制度的发展。

ISO 和 IEC 从 20 世纪 60 年代起就致力于协调各国的认证工作,谋求建立统一的全球性国际认证制度。1971 年正式成立了认证委员会(CERTICO),负责制定 ISO 在产品认证方面的政策。1985 年 ISO 认证委员会改名为合格评定委员会(ISO/CASCO),主要从事协调各国的认证制度、促进相互认可的工作。

1979 年 7 月由 ISO 计划委员会提议,同年 9 月在 ISO 理事会全体会议上通过,决定建立质量保证技术委员会(TC176),专门研究国际质量保证领域内的标准化问题和负责制定质量体系的国际标准。1987 年 3 月 ISO 组织正式颁布 ISO 9000 质量管理和质量保证系列标准。1994 年对 ISO 9000 系列进行了较大修订和扩展,命名为 ISO 9000 族标准。2000 年ISO/TC176 针对 1994 版进行修订,并发布 2000 年版草案:ISO/CDI 9000,ISO/CDI 9001 和ISO/CDI 9004。

二、质量认证的基础知识

(一)质量认证

质量认证也称合格认证,是指第三方依据程序对产品、过程或服务符合规定的要求给

予书面保证。习惯上把"产品质量认证"和"质量体系认证"统称为"质量认证"。从产品质量认证的内容看,产品的外观审核、产品的包装质量审核、产品的质量稳定审核,以及审验产品的质量体系是否符合 ISO 9000 系列适用标准的要求。

质量体系认证是指对供方的质量体系进行的第三方评定和注册活动,目的在于通过评定活动和事后监督来证明供方质量体系符合并满足需方对该体系规定的要求,对供方的质量管理能力予以独立的证实。

产品质量认证与质量体系认证的区别在于:

(1)认证的对象不同。

(2)实施质量审核体系的依据不同。

(3)申请企业的类型不同。

(4)证书和标志使用有区别。

上述定义表明了如下内容:

(1)认证的对象

产品、过程或服务是认证的对象,但认证的主要对象仍然是狭义的有形产品。目前许多国家已存在对工艺和加工技术等方面的质量认证,如日本有加工技术认证等。

(2)认证的主体

只有独立于买卖双方的第三方权威机构,才能作认证主体。作为认证主体的权威机构,要求与买卖双方没有任何行政或经济上的隶属或利害关系。只有如此,方能保证其评判结论的公正性。认证制度的一个重要方面就是对认证机构资格的认证。

(3)认证的依据和基础

作为认证依据的标准,并不是所有标准都能胜任的。对此,我国规定:"认证依据的标准应当是具有国际水平的国家标准或者行业标准。现行标准内容不能满足认证需要的,应当由认证委员会组织制定补充技术要求。"一般质量认证使用的依据包括:

①基础标准。

②产品标准。

③试验方法和检验方法标准。

④安全标准、环境保护标准。

(4)认证的结果

认证如果获准通过,则相应地会获得由认证机构颁发的合格标志和合格证书,并允许产品出厂时在该产品上使用特定的合格标志,以证明其产品或服务符合相应的认证标准或技术规范。应该注意的是,合格标志具有专利性质,图案受法律保护,不能随意改变,应直接标于每一产品上,在产品尺寸或类型不允许的情况下,应标于产品的最小包装上。而合格证书旨在通过证书的形式向用户提供认证产品所涉及的标准,认证产品是部分还是全部符合标准在认证证书上都有表述。一般认证证书包括下述内容:

①认证机构的名称和地址。

②制造厂的名称和地址。

③认证产品的品种、系列号、批次号。

④适用标准的名称、编号、发布日期、适用部分。

⑤颁布证书的日期。

⑥授权官员的签名和职务。

（5）认证的类型

从认证申请的提出来看，认证分为两类，即自愿性认证与强制认证。一般多为自愿申请认证。但对有些涉及安全、健康的产品，如电器产品、儿童玩具、建筑材料、压力容器及防护用品等，许多国家都通过法律、法令，规定对其安全性进行强制认证。

（二）质量认证的基本要素

1.初始试验

初始试验的目的是为了确认产品的质量是否符合认证标准规定的全部技术要求。该试验由经过认可的独立的检验机构进行。试验样品从制造厂的最终产品中或从市场上随机抽取，数量由认证机构确定。

2.质量体系检查

质量体系检查是对认证企业的质量保证能力进行检查和评定。对产品进行抽样检查只能证明当时的质量，不能证明持续的质量。而第三方质量认证的核心就在于证明产品质量持续符合标准要求，一种方法是逐批进行检查；另一种方法是检查和评定企业的质量体系，以验证其是否具有持续、稳定地生产符合标准要求产品的能力。

3.监督检验

监督检验的目的在于防止企业在获得认证合格确认后，由于产品质量滑坡而损害用户权益。监督检验是认证机构在给认证企业颁发合格证书和合格标志使用许可证后，采取的一系列监督措施，即对产品进行经常性的、突击性的抽样检验。监督检验仍由经认可的独立检验机构进行。

4.监督检查

监督检查是对通过认证的企业采取的第二个监督措施，是对其质量保证能力进行的定期复查。若发现质量保证能力下降，则督促企业限期改进。

（三）质量认证的形式

1980年，国际标准化组织在其编写的《认证的原则与实践》中将世界各国现行的质量认证形式做出归纳（见表2-1），因此各种类型的质量认证制度，按其所包含的认证基本要素的不同，大致可以分为以下8个类型：

1.形式试验

认证机构只证明所提交试验的样品符合标准要求，不证明以后生产的同样产品继续符合标准。认证机构只向申请企业颁发合格证书，不允许使用合格标志，而且合格证书不能用于广告、宣传等公开场合。因此，这种认证制度所提供的信任程度和适用范围是有限的。

2.形式试验加认证后监督——市场抽样检验

这是一种带有监督措施的形式试验。监督办法是从市场上购买样品或从批发商、零售的仓库中随机抽样进行检验，以证明认证产品持续符合产品或技术规范要求。

3.形式试验加认证后监督——工厂抽样检验

与第二种形式的区别在于认证后的监督方式不同。监督办法是从工厂发货前的产品中随机抽检，其产品可以使用认证标志，提供的产品质量信任度较高。

4. 形式试验加认证后监督——市场和工厂抽样检验

这是第2种、第3种形式的结合,其产品可以使用认证标志,所提供产品质量信任度比前两种高。

以上四种类型除形式试验外,都有认证后的监督措施,但监督措施不完善;三种类型均缺少质量保证能力的复查,信任度按从第4种、第2种到第3种的顺序递减。

5. 形式检验加工厂和市场抽样检验

这种形式的显著特点就是在批准认证的条件中新增了对申请认证的产品出产工作的质量体系的检查和评定;在获准认证后的监督中也相应地增加了对生产质量体系的复查。这是最完善的一种认证类型,集中了各种认证形式的优点。它能向消费者和用户提供最高程度的信任。ISO称之为"典型的第三方认证",是ISO向各国推荐的认证形式,也是各国通常采用的一种形式。ISO出版的所有关于认证工作的国际指南都是以这种认证形式为基础的。

6. 只进行工厂质量体系的检查、评定和复查

此种类型也称为质量体系认证。这种认证形式是对产品的生产厂按照技术标准所规定的生产产品的质量体系进行检查、评定,其特点是证实生产厂具有按既定标准或规范要求提供产品的质量保证能力。其对象是企业的质量体系而非产品。故按照这种认证形式审查批准的企业,不能在出厂的产品上使用产品质量认证标志,而是获得合格企业注册证书。这种认证形式适用于这样一种情况:企业所生产的产品目前还没有合适的认证用标准,而用户又希望他们所买到的产品是可以信赖的,企业也希望得到第三方机构的证明,以提高自己的质量信誉。

7. 批检

这是依据规定的抽样检查方案对企业生产的一批产品进行抽检试验的认证,即对特定的一批产品质量进行认证(通过抽样检查)。因此,不存在监督措施。其目的在于帮助买方判断该批产品是否符合技术规范,只有在供求双方协商一致后才能有效地执行。

8. 全检

独立的检验机构按照指定标准经由认可的方式对企业出厂的产品进行全面的检查来实施产品质量认证的形式。特点为认证费用高。一般用于政府有专门规定的某些产品。例如:英国和法国政府对体温表有特殊规定,必须经政府认定的检验机构的全检合格,并做上标志后才能在市场上销售。

表2-1 八种认证类型比较

认证类型	形式检验	质量评定体系	认证后监督		
			市场抽样	工厂抽样	质量体系复查
1	○				
2	○		○		
3	○			○	
4	○		○	○	○
5	○	○	○	○	○
6		○			○
7	批量检查				
8	全检				

三、质量认证的实施

(一)认证的管理机关的执行机构

1. 认证的管理机关

认证的管理组织一般是国家的标准化组织或其授权的认可委员会。我国的认证管理机关为国家技术监督局或其授权的认可委员会。该组织是管理认证的权力机关,其职责是制定认证的方针、政策和各项规章制度,批准、组织、建立认证机构,对已建立的认证机构进行认可,并对已获批准或认可的机构进行定期监督检查。

2. 认证机构

认证机构是依据政府的法律性文件建立起来的,经过认证管理机关批准认可的有权威的第三方公证机构。认证机构分为官方的和民间的两类。其职责是受理企业的认证申请,发布认证标志并监督认证标志的正确使用,对质量检验机构和质量体系检查机构进行监督。

3. 检验机构

其职责包括:根据认证机构的委托,对申请认证的产品样品按指定标准进行检验,判定其是否符合相应要求,并向认证机构提供产品质量检验报告;承担对认证产品的监督检验。检验机构包括:(1)企业的实验室;(2)科研院(所)和大、专院校的实验室;(3)县、市、省和国家级产品质量监督检验机构;(4)县、市、省和国家级计量测试院(所);(5)其他从事校准和检测工作的机构。

4. 检查机构

检查机构的职责包括:根据认证机构的委托,指派注册检察员,按认证机构规定的要求,对申请认证企业的质量保证能力进行检查和评定,并向认证机构提交检查报告;承担认证后的监督检查。

(二)认证的实施程序

1. 企业提出申请

典型的第三方认证属自愿性认证,需企业自行提出书面申请。在提出正式申请之前,企业可向认证机构口头提出申请认证的意向,询问需要了解的事项,索取有关材料,有必要的话,还可向有关咨询机构提出咨询,请求指导。然后,正式填写认证申请书,附上质量手册,送交认证机构。

2. 认证机构受理申请

认证机构在接到企业的申请书后即着手审查,认为符合要求的,向申请者发出接受申请通知书,企业按通知书的要求交纳费用。

3. 初始检查

认证机构委托经认可的检查机构对申请企业的质量体系进行初始检查。检查的依据是 ISO 9000 族标准或认证机构制定的标准,以及企业的质量手册。首先检查企业提供的质量手册是否符合 ISO 9000 族标准的要求,然后到现场检查质量体系的实际运转情况、质量手册的贯彻执行情况。检查结束后,写成检查报告,做出结论性意见,送交认证机构,并通知企业。如果检查结论是"推迟推荐",企业应在限期内改进质量体系,并由检查组进行复

查,达到要求时即可向认证机构推荐。

4. 形式试验

检查机构在初始检查后抽取认证产品的样品,或由认证机构在市场抽样,送交认可的检验机构进行检验,依据是认证机构指定的产品标准。检验机构将检验结果写成报告提交认证机构。

5. 审查、发证

认证机构审查质量体系检查报告和产品抽样检验报告,认为符合认证条例和有关规章的要求时,即可向申请企业颁发合格证书和合格标志。如经审查不符合要求时,应告知申请企业不推荐的原因。

6. 监督

认证后的监督是确保认证标志信誉的不可缺少的环节。实施认证后的监督管理,首先要求认证企业在其质量体系发生重大变化时,要及时向认证机构报告。质量体系发生重大变化是指改变产品设计,改变制造工艺,质量管理办法和工作程序、措施有重大修改,发生重大事故等情况。认证后监督的主要环节是监督检查和监督检验。检查可定期和不定期进行。

7. 处罚

若在监督中发现认证产品质量下降,不符合认证标准,或认证企业的质量体系不再符合有关标准的要求,或发现认证标志在非认证产品上使用,或将认证标志转让他人使用等情况时,认证机构均要求撤销或终止对企业的认证,并收回认证合格证书和合格标志,有的还要处以罚款。对非认证合格企业盗用认证标志者,还要追究法律责任。

四、我国质量认证的实践

(一)大记事

1978年9月我国正式加入ISO,开始研究国际上通行的产品质量认证制度。

1981年12月建立了第一个认证机构——中国电子元器件质量认证委员会,依据国际电工委员会(IEC)有关技术规范对电子元器件进行合格认证。

1988年12月颁布了《标准化法》,从法律上明确了质量认证工作由国务院标准化行政主管部门统一管理。

1991年5月国务院发布了第83号令,颁布了《产品质量认证管理条例》。

1993年2月,《产品质量法》颁布,规定国家根据国际通用的质量管理标准,推行企业质量体系认证制度,参照国际先进的产品标准和技术要求,推行产品质量认证制度。

1993年4月中国方圆标志认证委员会举行新闻发布会,发布了河南周口味精厂"莲花牌味精"获得质量认证的新闻公告。该厂成为第一个通过认证的企业。

1994年1月《质量体系认证机构认可规则》和《质量体系认证实施规则》由国家技术监督局发布实施。

到目前为止,我国共成立了下述产品认证机构和质量体系认证机构。

(二)我国产品质量认证机构

1. 中国方圆标志认证委员会(1991年9月)。

2. 中国电子元器件质量认证委员会(1981 年 4 月)。

3. 中国电工产品认证委员会(1984 年 10 月)。

4. 中国卫星地球站设备质量认证委员会(1982 年)。

5. 中国水泥产品质量认证委员会(1988 年 2 月)。

6. 中国汽车用安全玻璃认证委员会(1989 年 11 月)。

7. 中国橡胶避孕套质量认证委员会(1990 年 12 月)。

8. 中国消防产品认证委员会(1992 年 5 月)。

9. 中国玩具产品认证委员会(1992 年 8 月)。

10. 中国汽车产品认证委员会(1992 年 8 月)。

11. 中国轮胎产品认证委员会(1994 年)。

12. 中国计量器具质量产品认证咨询中心(1994 年)。

13. 中国药品产品认证委员会(1994 年)。

14. 中国环境标志产品认证委员会(1994 年)。

15. 中国产品质量认证机构国家认可委员会(1995 年)。

16. 中国实验室国家认可委员会(1994 年)。

17. 中国烟草产品质量认证管理委员会(1995 年)。

18. 中国纤维产品质量认证中心(1996 年)。

19. 上海东方计算机网络认证中心(1996 年)。

(三)质量体系认证机构

1. 上海质量体系审核中心。

2. 中国新时代质量体系认证中心。

3. 中国船级社质量认证公司。

4. 中国质量管理协会质量保证中心。

5. 广东质量体系认证中心。

6. 长城(天津)质量保证中心。

7. 东北质量体系审核中心。

8. 中国电子质量体系认证中心。

9. 浙江质量体系审核中心。

10. 中国机械工业质量体系认证中心。

11. QCCECC 赛宝质量体系认证中心。

第二节　ISO 9000 族

一、ISO 9000 族概述

ISO 9000 族是国际标准化组织制定的关于质量管理和质量保证国际标准系列的代号。

(一)1987 版 ISO 9000 族标准

1987 版 ISO 9000 族标准由以下几个部分组成。

ISO 8402—86:质量管理和质量保证——术语。

ISO 9000—87:质量管理和质量保证标准——选择和使用指南。

ISO 9001—87:质量体系——设计、开发、生产、安装和服务的质量保证模式。

ISO 9002—87:质量体系——生产、安装和服务的质量保证模式。

ISO 9003—87:质量体系——最终检验和试验的质量保证模式。

ISO 9004—87:质量管理和质量体系要素——指南。

(二)目前 ISO 9000 族构成

ISO 9000 族构成见表 2 - 2。

表 2 - 2 ISO 9000 族标准构成表

类别	标准	标准编号	标准名称
基本标准	术语	ISO 8402	质量管理和质量保证——术语
	质量管理与质量保证标准选择和实施指南	ISO 9000—1	质量管理和质量保证标准——选择和使用指南
		ISO 9002	ISO 9001 至 ISO 9003 通用实施指南
		ISO 9003	ISO 9001 在软件中的使用指南
		ISO 9004	可信性大纲管理指南
核心标准	质量保证标准	ISO 9001	设计、开发、生产、安装和服务的质量保证模式
		ISO 9002	生产、安装和服务的质量保证模式
		ISO 9003	最终检验和试验的质量保证模式
	质量管理标准	ISO 9004—1	质量管理和质量体系要素——第一部分:通用指南
		ISO 9004—2	质量管理和质量体系要素——第二部分:服务
		ISO 9004—3	质量管理和质量体系要素——第三部分:流程性材料
		ISO 9004—4	质量管理和质量体系要素——第四部分:质量改进
支持性技术标准	质量计划	ISO 10005	质量和管理计划指南
	项目管理	ISO 10006	质量管理项目管理指南
	技术状态	ISO 10007	质量管理技术状态指南
	质量体现审核指南	ISO 10011—1	审核
		ISO 10011—2	质量体系审核评定准则
		ISO 10011—3	审核工作原理
	测量设备质量保证要求	ISO 10012—1	测量设备的计量确认体系
		ISO 10012—2	测量过程的控制
	质量手册	ISO 10013	质量手册编制指南
	质量经济性	ISO 10014	质量经济性
	教育	ISO 10015	教育和培训
	检验与试验	ISO 10016	检验与试验记录

（三）2000 版 ISO 9000 族构成

2000 版 ISO 9000 族标准将由四项基本标准及若干份支持性技术报告构成，这四项基本标准是：

ISO 9000：质量管理体系——概念和术语。

ISO 9001：质量管理体系——要求。

ISO 9004：质量管理体系——指南。

ISO 10011：质量管理体系——质量体系审核指南。

二、ISO 9000 族的原则

1. 以顾客为中心。

2. 领导作用。

3. 全员参与。

4. 过程方法。

5. 管理的系统方法。

6. 持续改进。

7. 基本事实决策方法。

8. 互利的供方关系。

三、ISO 9000 族的实施流程

（一）流程

1. 准备阶段

包括培训动员，制订工作计划，成立工作班子。

2. 体系设计

（1）选择适用的质量保证模式标准。

（2）完善组织机构的职责，确定接口方式。

（3）针对标准的要求，对照组织的现状进行诊断，以找出不足之处。

3. 文件编写

（1）将任务落实到各具体部门或人员身上。

（2）在编写过程中随时抽查，并进行统筹。

（3）对已有的文件应统一格式，不得与其他质量文件相矛盾，并且应具有实际的可操作性。

4. 文件签发

（1）签发前要经过检查。

（2）签发后各部门都应按文件的规定来实施。

（3）最高领导者签发质量方针和质量手册。

5. 试运行阶段

（1）组织对各类与质量有关人员的培训。

（2）树立"按文件规定执行"的概念。

（3）采取行政措施以保证按文件的规定运行。

（4）在实际运行中发现有文件不符合实际的，可以按规定进行更改。

（5）运行记录要保存好。

6. 内部质量审核

（1）内部审核的工作计划。

（2）审核准备，包括成立审核组、准备文件等。

（3）审核的实施，包括首次、末次会议。

（4）审核报告的编制、分发和存档。

（5）纠正措施的跟踪，包括验证纠正措施并做好记录。

7. 管理评审

（1）制订评审计划，建立评审组织。

（2）评审前的文件准备，将有关资料发放到评审员手中。

（3）召开评审会议，形成评审结论。

（4）评审后的纠正活动。

8. 外部质量审核前的准备

（1）文件的整理及修改。

（2）员工的岗位培训及应对审核的培训。

（3）对认证机构的选定。

（4）对质量记录的在检查（包括自检）。

9. 接受认证审核

（1）递交所应审核的文件。

（2）对文件反馈后的修订。

（3）接受现场审核。

（4）组织并及时纠正所发现的不合格。

10. 审核后的维持与改进

（1）对质量体系进行完善与补充。

（2）执行纠正和预防措施。

（3）按规定执行内审和管理评审。

（4）不断地改进质量管理。

（二）应该注意的几个问题

1. 建立质量体系之初，企业的最高管理者应根据服务行业的特性（如安全性、时间性、功能性、经济性、舒适性等），制定质量方针。

2. 最高管理者应对质量方针和目标承担责任，全体员工应充分理解质量方针和目标并为之奋斗。

3. 应建立体系文件的权威性，强制执行，并在整个过程中坚持。

（1）写自己所做的。

（2）做自己所写的。

（3）记录自己所做过的。

（4）检查自己已做的。

(5)纠正自己做错的。

4.重视"纠正和预防措施"这个要素。该要素执行的好坏,直接影响质量体系的正常运行与否和有效性。

5.加强"培训",可将其细化为:

(1)专业管理人员应持有当地法规所要求的上岗证书。

(2)内审员应持有内审员证书。

(3)岗位资格证的培训应遵照国家对电工、焊工等工种的要求进行。

(4)验证人员的培训包括计量器具的检定。

(5)新上岗人员应接受公司内部的培训等。

6.抓住管理职责、人力和物质资源。

质量体系结构这三个关键,以顾客为中心,通过"以人为本"的种种激励手段,使员工焕发出工作热情,在与顾客直接接触的层面上得到顾客的良好评价,进而取得经济上的效益。

四、ISO 9000 质量认证的作用

1.从企业角度(微观)看,由于社会已经从相对短缺时代走向相对过剩时代,市场竞争已经逐步向产品创造力这一更高层次转换,企业来自市场的压力不断增大。这种客观环境促使企业必须努力改善质量管理,稳定和提高产品质量,从而保持和增强竞争力。

ISO 9000 质量保证模式标准可以满足企业的这种需求。企业通过按标准建立和运行质量体系,进而取得了认证,最直接的作用是取信于客户,即证明其具备向客户提供满足其需求的产品的能力。

企业通过认证,取得了权威机构发放的证书,即可以客观地向外界证明企业质量体系符合标准;符合标准就意味着企业具备向客户提供合格产品的能力,也就意味着企业的产品质量是稳定的;而产品质量的稳定是因为企业管理素质的提高。管理素质的提高→产品质量稳定与提高→市场竞争力提高,这是质量认证所带来的"三级跳"效应。有了这三级跳,企业就有可能摆脱旧的束缚,跃入新的境界。

2.从政府(宏观)角度看,建立我国的质量体系认证制度,既是社会主义市场经济体制建设中的一个有机构成部分,又是推动经济增长方式从粗放型向集约型转变的一个有效方法。

政府除了考虑微观问题外,还要在宏观上考虑市场行为的规范,即从宏观角度创造规范化的市场行为环境,通过各种方式使采购商在采购普通产品时,从质量保证的角度运用质量认证的手段,在选择合格供应商时充分考虑认证的因素。同时政府还要考虑通过法规的形式对某些环境下的产品采购行为加以强制规范。这是符合国际惯例的做法。比如军工、人体植入医疗器械、建筑业等特定行业,在政府或企业选择供应商(确定合同,进行招投标等)活动中,供应商若没有证书,就失去了参与资格。此外,进行质量认证还有利于消除技术壁垒。

第三节 ISO 9000族2000版修订的特点

一、ISO 9000族2000版修订的主要变化

2000版修订的主要变化有：

1. 总体结构更新。

2000年版ISO 9000族在总体结构上以崭新的姿态出现,修订后ISO 9000族将减少为4个核心标准,一个辅助标准以及若干个技术报告(TR)。这四个核心标准是:

ISO 9000:质量管理体系——技术和术语。

ISO 9000:质量管理体系——要求。

ISO 9000:质量管理体系——业绩改进指南。

ISO 9000:质量/环境体系和指南。

修订后的ISO 9000和ISO 9004是一对协调的标准,ISO 9004不再是ISO 9001的一个补充性指导实施的标准,而是一个引导企业不断改进业绩,通过质量改进向全面质量管理发展的标准,ISO 9001既是建立质量管理体系的基本要求,又是质量体系认证的基本依据。

其他标准和有关文件见表2-3。

表2-3 未来ISO 9000族文件结构

核心标准	辅助标准	技术报告	小册子	技术规范
ISO 9000 ISO 9001 ISO 9004 ISO 10011	ISO 10012	ISO 10006 ISO 10007 ISO 10013 ISO 10014 ISO 10015 ISO 10017	《质量管理原理》 《选择和使用指南》 《小型企业的应用》	ISO/TS 16949 质量体系—汽车供应商—关于应用 ISO 9001:1994 的特殊要求

2. 确定了质量管理八项基本原理。

质量管理的八项基本原理:

(1)以顾客为关注焦点。顾客是市场的焦点,理解顾客当前和未来的需求,满足顾客要求并力争超过顾客的期望(超值服务),这样才能赢得顾客,占领市场。在质量管理的各项活动中,应把使顾客满意作为出发点和归宿。

(2)领导作用。领导作用在于营造这样一种环境和氛围——建立组织内统一的宗旨、方向和内部环境,以使员工充分参与目标的实现。这就必须激励员工充分发挥自己的聪明才智,为实现目标做出贡献。

(3)全员参与。各级人员都是组织的根本,只有员工充分参与,才能使他们的才干为组织带来效益。以人为本是组织获得更大收益的基础。

(4)过程方法。把相关的资源活动都作为过程来管理,可更高效地达到预期目的,管理好每一个过程是管理好体系的基础。

(5)系统管理。针对制订的目标,去识别、理解并管理一个由相互联系的过程所组成的体系,有助于提高组织的有效性和效率。这就要求在质量管理体系中引入系统工程管理的思路和方法。

(6)持续改进。持续改进是组织永恒的追求,采用能不断提高质量管理体系有效性和效率的方法来实现质量方针和目标,是组织在同行业中更具有竞争力的重要条件。

(7)以事实为决策依据。有效的决策建立在信息收集和数据分析的基础上,因此,对数据进行直观的、统计的、合乎逻辑的分析是非常重要的。仅靠经验和直觉进行决策会有较大的风险。

(8)互利的供方关系。组织与供方之间保持互利关系,可增进两个组织创造价值的能力。供方的质量管理体系是组织质量管理体系的重要基础,因此,建立一种良好的合作伙伴关系以形成双赢的局面至关重要。

3. ISO 9000 是认证注册的唯一标准。

ISO 9000:2000《质量管理体系——要求》标准将取代 ISO 90001:1994,ISO 9002:1994,ISO 9003:1994 三个质量保证模式标准。在 ISO 9001:2000《质量管理体系——要求》中,不再出现质量保证的术语。这并非质量保证不必要,而是因为质量保证只是质量保证管理的起码要求,只是在国际贸易中要取得顾客信任所必须跨越的一个门槛。从 ISO 9001 运行至今,质量保证已深入人心,这对于已贯标认证的企业来说,已变为不言而喻的事,因此,有必要适应市场需求,将认证水平从"质量保证"提高到"质量管理"的新阶段。ISO 9001:2000 对质量管理体系的要求,不仅局限在产品和/或服务符合性和质量保证上,还要求组织证实其拥有让顾客满意的能力。

4. 在体例上采用了过程方法。

ISO 9001:2000 采用过程方法来安排标准,而 ISO 9001:1994 则是按产品导向模式提出20 个要素。

过程方法不仅更符合系统管理的规律,而且更符合 PDCA 改进循环,使质量管理体系总体的改进意识大为增强。过程方式比原先标准所采用的产品方式更具有普遍性,更广泛地适合于硬件以外的产品类型。同时,它也易于与其他管理体系,如 ISO 14000 所要求的环境管理体系实现兼容。过程方式强调顾客及其他有关方面在界定过程输入方面起的重要作用。过程方式意味着将组织关注的重点从"产品质量"转到"过程质量",从而以改进过程为基础,使组织得到更多的收益。

5. 强化了最高管理者对质量管理体系的作用和责任。

(1)最高管理者应通过领导和实际行为,营造出一个员工能充分参与和质量管理体系能有效运行的环境。遵循质量管理 8 项基本原则是最高领导者发挥作用的基础。最高管理者的作用:

①建立组织的质量方针和目标。

②确保全组织关注顾客需求。

③确保实施适宜的过程,使顾客要求得以满足,质量目标得以实现。

④确保建立、实施和保持一个有效的质量管理体系以实现质量目标。

⑤确保具备必需的资源。

⑥将达到的结果与设定的目标加以比较。

⑦决定实现质量方针和质量目标的措施。

⑧决定改进的措施。

应当指出,ISO 9000:2000 将最高管理者定义为:"在最高层指挥和控制组织的一个人或一组人。"对于大企业来说,发挥最高管理者作业的,可以是公司级(或厂级)领导班子中的若干人。

(2)在 ISO 9000:2000 中,对最高管理者的职责做出了以下明确的规定:

①管理承诺:最高管理者应通过下列活动提供其建立、实施质量管理体系并持续改进其有效性的承诺的证据。

(a)向组织传达满足顾客和法律法规要求的重要性。

(b)制定质量方针。

(c)确保质量目标的制定。

(d)进行管理评审。

(e)确保资源的获得。

②以顾客为关注焦点:最高管理者应确保顾客需求和期望已被确定,并予以满足,以达到实现顾客满意的目标。

③质量方针:最高管理者应确保质量方针。

(a)与组织的宗旨相适应。

(b)包括满足要求和持续改进质量管理体系有效性的承诺。

(c)提供制订和评审质量目标的框架。

(d)在组织内得到沟通和理解。

(e)评审质量方针持续的适宜性。

④质量目标:最高管理者应确保在组织内各相关职能和层次上建立质量目标,质量目标包括满足产品要求所需的内容。质量目标应是可测量的,并与质量方针保持一致。

⑤质量管理体系策划:最高管理者应确保对质量管理体系进行策划,以满足质量目标和质量管理体系的总要求;在质量管理体系变更时,保持质量管理体系的完整性。

⑥指定管理者代表。

⑦管理评审:最高管理者应按计划的时间间隔评审质量管理体系,以确保其持续的适宜性、充分性和有效性,并评价质量方针、质量目标和质量管理体系改进的机会和变更的需要。

应当指出,ISO 9000:1994 把质量管理体系的"建立、实施和保持"的职责都赋予了管理者代表,修订后管理者代表的职责改为确保质量管理体系所需的过程的"建立、实施和保持",很重要的是开发并改进质量管理体系的重任也责无旁贷地落到了最高管理者的肩上。这不仅是加强质量管理体系的需要,而且是从一大批质量管理水平先进、在市场中优胜的组织的经验中总结出来的规律。这更适合我国的国情,在我国的企业中,一切重要的事情离不开"一把手",否则"质量第一""质量管理师——企业管理的纲"就要落空。作者曾到一个中型企业去进行质量体系监督检查。该企业在认证时厂长高度重视,推动企业贯标认证,企业面貌一度发生很大变化。然而认证通过后厂长的兴奋点立即转移,对质量体系的管理早已"刀枪入库,马放南山"了,甚至在对厂长进行审核时,他竟连工程的质量方针、目标和自己的质量职责都到了一问三不知的程度。当然,这并不具有普遍性,但像这样由于领导质量意识滑坡,导致体系滑坡、产品质量滑坡和市场萎缩的教训很值得我们吸取。更应指出,我国多数企业的领导在 ISO 9000:2000 所要求的质量管理境界方面,尚需做出很大努力。

6. 加强质量方针和质量目标的管理,重在质量方针的有效性和质量目标的展开与测量。

7.考虑了法律法规要求,标准在可信的总则(0.1)、范围的总则(1.1 和1.2)、管理承诺(5.1)、与产品有关要求的确定(7.2.1)、设计和开发输入(7.3.2)等多处,提出了有关法律法规的要求。

8.规范了与顾客有关过程的管理。

为了使顾客满意,除要求最高管理者履行其关于顾客需求和获得信任的职责、质量管理要以顾客为关注焦点外,还应达到以下六个方面的要求。

(1)顾客要求的识别。

应确定顾客的要求,包括:

①明确顾客对产品的要求,包括对可用性、交付和保障的要求。

②顾客没有明示但其用途所必需的要求。

③与产品有关的法律、法规要求。

④组织确定的任何附加要求。

(2)对产品要求的审评。

(3)与顾客的沟通。

应明确并实施与顾客沟通的计划:

①产品信息。

②问询、合同或订单的处理,包括修订。

③顾客反馈,包括顾客的抱怨。

(4)顾客满意度的评价。

(5)顾客财产。

除对顾客提供物资的控制要求外,还应将顾客财产的范围扩大到知识产权和信息。

(6)提出了内部沟通要求。

除上述与顾客的沟通外,还提出了组织内部沟通的要求。

9.明确对体系、过程的测量要求。

新标准将测量广义化,由产品的测量扩展到包括体系和过程的测量。

(1)体系测量:通过管理评分、内部审核、顾客满意度等来进行。

(2)过程测量:对过程应实施监视或测量,以证明其实现所策划的结果的能力。

10.增加了对数据分析的要求。

为了实现持续的质量改进,必须提供足够的数据支持,以确定质量管理体系的适宜性和有效性并识别何处存在改进的机会,这是贯彻以事实为决策依据的质量管理原则的基础。为此,应收集来自测量、监控及其他活动的有关数据,并进行分析处理,以便提供下列更有价值的信息:

(1)顾客满意和/或不满意的程度。

(2)与顾客要求的符合程度。

(3)过程特性、产品及其趋势。

(4)供方。

应当指出,由于信息采集和数据分析的工作量很大,靠传统的人工管理已无法满足这些要求,计算机的普及应用(从单机到联网)已迫在眉睫。当今,信息高速公路已相当发达,有远见的最高领导者应迅速着手建立企业信息资源共享的内部网络系统,并逐步将其推向

企业(组织)的各个管理领域,从而获得更高的效率和更多的效益。内部有能满足组织需要的 MRPⅡ(制造资源计划)或 ERP(企业资源计划)网络,外连 Internet 网,就可以建立"立足企业,面向全球"的信息网络系统,从而及时获得更多的信息和机遇。

11.加强资源管理。

新版标准突出了对资源的管理,特别是对人力资源管理的要求。

在人力资源的管理方面,2000 版比 1994 版更加深入,更可操作。ISO 9001:2000 要求:

(1)应根据适宜的教育、培训、技能和经验来安排人员,以确保人员的能力胜任其职责。应做到"量才录用""各得其所"。人员具有合格的资质,是保证各岗位人员达到相应素质要求的基础。

(2)能力、意识和培训。

组织应当:

①确定从事影响产品质量工作的人员所必需的能力。

②提供培训或采取其他措施以满足上述需求。

③评价培训或采取措施的有效性。

④保存适当的教育、培训、技能和经验的记录。

ISO 9004:2000 版提出了改进培训效果的具体途径。

(3)明确培训需求。

组织应分析所有人员的发展要求,并为他们设计培训计划,使员工具有适当的知识、技能和经验,从而提高人员的素质和能力,以实现其目标。培训应强调满足顾客和相关方需要的重要性,还应意识到若组织及其人员不能满足这些要求的后果。通过培训、教育和学习,增强员工能力,包括:

①技术知识和技能。

②管理技能和工具。

③社交能力。

④对市场及顾客要求和期望的了解。

⑤有关法规要求。

⑥企业标准和使用的外部标准。

⑦进行工作所需要的文件。

(4)为增强人员的意识和参与度,培训应覆盖:

①对组织未来的展望。

②组织的方针和目标。

③组织的变革和发展,提出并实施改进活动。

④创造性地制定和更新新员工培训大纲。

(5)培训计划应包括:

①培训目标。

②培训大纲和方法。

③培训所需的资源。

④确定必要的支持。

⑤从提高人员能力方面评价培训。

⑥员工定期再培训大纲。

此外,新标准还明确了基础设施的要求。基础设施是指组织运行所必需的设施、设备和服务的体系,包括:建筑物、工作场所和相关的设施(含公共设施),过程设施(硬件和软件)和支持性服务(如运输、通信)。

12. 文件化程序的强制要求弱化。

新版标准对文件的强制要求大为减少,只要求必须具有 6 个程序,这是因为不同产品类型、组织情况对程序的需要差别很大,不宜统一规定得过多,同时也为了避免过分地注重文件化程序本身而忽视体系运行的有效控制。但是,组织必须注意到为确保其过程的有效策划、运行和控制所需要的文件,这些文件对于保证过程的标准实施起着重要作用。

13. 允许删减。

新版标准规定,对"产品实现"一章的内容,可以删减那些针对实际上不存在的情况的要求。由于产品的性质、顾客要求和适用的法规要求等原因,可以从实际情况出发进行删减,如对设计和开发活动,可以只进行设计输入、评审和输出的控制。但是,应注意到这种允许的删减是有限的,是以不影响组织的能力又不免除其责任,并能提供满足顾客要求和法规要求的产品为前提的。

二、质量体系文件的过渡

1. 质量体系文件不需要全面修订或换版

ISO 9001:2000 的引言中强调"质量管理体系的采用应成为该组织的一项战略决策。一个组织的质量管理体系设计和实施会受各种不同需求、具体目标、所提供的产品、所采用的过程以及该组织的规模和结构的影响。"所以统一质量管理体系结构或文件并不是本标准的目的,因此,质量管理体系文件不需要全面修订或换版。

由于 ISO 9001:1994 是以硬件为主要对象制定的,因此,对于已通过体系认证的行业和其他硬件产品制造业的企业来说,并不需要舍弃原有要素管理,也不需要按 ISO 9001:2000 新的章节要求和体系进行全面修订。对于正在贯标的企业,完全可以按照企业的实际情况和原有管理的基础来选择文件编写的方式,制订文件化体系,按 94 版原有要素并补充新标准相应的内容和按 2000 版章节要求来编写手册和相应的程序均可。但无论采取什么方式,都应覆盖 ISO 9001 提出的新的要求,都应重视对各个过程的有效控制。

对于其他行业,特别是服务性行业,则适于参照 ISO 9001:2000 的新的体例来编写质量手册和相应的程序。

2. 已认证的企业只需要局部修订质量体系文件

为贯彻 ISO 9001:2000 标准,组织局部修订并完善其质量体系文件,以适应一些新的要求,是必要的。如前所述,2000 版标准将发生一些重大变化,对于那些已建立符合 ISO 9001:1994 标准的质量体系并通过认证注册的企业来说,只要将这些新的要求纳入原有质量体系即可,其要点在于编好质量手册并满足如下要求:

(1)将质量管理八项原则渗透到质量方针、目标及过程管理中。

(2)将最高管理者对质量管理体系的职责重新加以规定。

(3)加强质量方针和质量目标的管理,要求将质量目标展开落实到部门和基层单位。

(4)加强过程运作的控制,特别是过程的策划、验证、确认和改进活动以及对过程输入、输出和过程接口的控制。

(5)规定与顾客有关过程的控制要求与措施,特别是引入顾客满意的平价和控制方法。

（6）在更广阔的范围内,明确过程测量和监控方法,如加强统计技术在评价和控制过程持续能力中的应用,开展产品审核和过程审核。

（7）加强数据分析工作。信息管理是数据分析的前提,而数据分析又是以事实为依据进行决策的基础。要搞好数据分析,统计分析技术的深入应用是必需的手段。

（8）根据企业实际情况,做出切实加强人力资源管理,特别是培训的安排及其有效性的评价。

（9）加强设计和/或开发活动的控制,以适应新的要求,如开展设计评审、验证、确认的跟踪活动等。

（10）加强持续改进的管理,特别是开展持续改进的策划活动。

其他方面,只要对照标准适当修改即可,如管理评审、质量管理体系、工作环境、设施以及符合法规的要求等。

应当指出,为更广泛地适应各个行业,对于适用于硬件制造的某些条款,如关于"检验文件""进货检验和试验""过程检验和试验""最终检验和试验"等,修订后的具体规定大为简化和抽象化,但这不意味着这些活动对硬件制造是可有可无的,这些保证产品质量所必需的活动,企业应作为自身的需要,继续坚持。

第四节 ISO 9000 族与 TQM

一、ISO 9000 族与 TQM 相同之处

（一）理论基础相同

从理论基础来看,ISO 9000 与 TQM 都依据相同的管理理论——质量管理学。在此基础上由于其产生与发展的条件不同,文化背景不同,必然在某些做法与方式上产生相应差异。

（二）对质量问题产生环节的认识相同

无论是 ISO 9000 还是 TQM 都认为:产品质量是在产品寿命周期的各阶段形成的,此形成过程包括质量环节的全部阶段,即产品设计与开发、过程策划与开发、采购、生产或服务提供、验证、包装和储存、销售和分发、安装和投入运行、技术支持和服务、售后、用后处置和再利用,以及销售和市场调研等。

（三）目的与做法相同

ISO 9000 与 TQM 的目的在于:通过相应的质量管理工作,使企业提供的产品质量获得顾客的认同,并且在此基础上提高企业的生存能力。使用的方法都是不断改进与纠正,只是在具体表述和管理时,使用了不同的语言和具体的方式。ISO 9000 利用质量管理体系和第三方认证审核, TQM 利用质量循环（PDCA）。

（四）采用的质量管理方法都是相同的

无论是 ISO 9000 还是 TQM 在具体实施质量管理时,所采用的方法都是相同的。如新、老七种工具,正交试验设计,抽样检验,质量功能展开等。

二、ISO 9000 与 TQM 的差异

(一)质量管理的对象不同

ISO 9000 模式以过程持续符合标准为质量管理对象,强调一切工作都可以看成过程;TQM 以工作质量持续提高为工作对象,强调以工作质量保证产品质量。

(二)要求参加的人员不同

ISO 9000 所要求的质量管理参加人员是与质量有关的人员,而 TQM 则要求将企业的全体员工都纳入质量管理活动范畴,无论是直接有关人员还是无关人员。

(三)采用的控制手段不同

TQM 通过管理全体人员的工作质量来达到控制过程质量和产品质量的目的。它强调持续改进和努力,给自己设置了极限目标——零缺陷。ISO 9000 则是通过质量体系和一套标准化的质量文件来实现质量控制。要求有关人员严格按照文件的规定从事各项工作,以保证持续符合要求。

(四)规范化程度不同

采用 ISO 9000 模式进行质量管理是利用规范化的文件体系进行管理,有做事情的所有依据,并且可以进行第三方合格认证,通过认证则合格,否则为不合格。TQM 则没有如此严格的需要遵守的文件和标准,更没有相应的第三方认证,它强调的是不断努力和提高。

三、如何处理 ISO 9000 与 TQM 的关系

(一)ISO 9000 族标准

1. ISO 9000 族标准是基本的、静态的要求

我国 1988 年开始等效采用 ISO 9000 族标准以来,许多企业存在将"贯标"以及按照标准开展的质量认证看作是质量管理唯一的目的。某些通过认证的企业在宣传时往往给人"获得认证合格的企业就是质量管理的优秀企业"的印象。其实"贯标"是一种手段,一个企业按照标准去做,只是说明在按国际规范进行管理,通过认证,也只说明它达到了最起码的要求,是获得进行国际间交流和进入国际市场的通行证。正如日本著名的质量管理学家久米均教授指出的:"ISO 9000 只是关于质量体系的一般性标准,而不是产品标准,如果质量体系好,可以说明产品质量在一定程度上也是好的,但究竟好到什么程度、在市场上占据何种位置则说不清楚。"通过认证只是表明符合当时的认证标准的要求,只是达到了一种静止的质量管理水平。

2. ISO 9000 族标准是同用标准

ISO 9000 族是同用标准,不同的企业应该根据实际情况加以裁减。

3. ISO 9000 族标准不等于优质证书

世界上对质量管理成绩突出的企业颁发的质量管理大奖包括日本的戴明奖、美国的波多里奇国家质量管理奖、欧洲质量管理奖等(见表 2 - 4)。与这些奖励要求相比,ISO 9000

族只是达到了波多里奇奖全部要求的10%～40%。他们之间的差距非常明显。

表 2－4　美、欧、日质量奖比较表

项别/奖别	美国国品奖	欧洲品质奖	日本戴明奖
成立/时期	1987	1991	1951
首奖颁发	1988	1992	1952
目的	提供以 TQM 为主的企业组织基本评价标准，以强化经营体制，从而提升产品/服务的国际竞争力	以全面品质观念提升所有欧洲公司与组织的竞争力	鼓励企业界采取 TQM 手法从事品质改进活动
范围	美国	西欧地区	日本及外国
奖别	制造、服务、中小企业奖	欧洲品质奖	戴明本奖、戴明实施奖、事业所表扬奖
对象	制造业、服务业、小企业、教育机构及医疗组织	公共部门组织、小企业及非营利组织	大企业或子公司、中小企业（包括制造业服务业）
TQM 或企业卓越概念	领导与一致目标等8项	领导等11项	组织使命等7项
制定评审标准的企业参与度	高	高	低
管理基础	注重于核心价值观与观念的传达（以 TQM 原则为主）	注重于建立企业卓越模式（即 TQM 模式）	统计品质管制全公司品质管理
经营或卓越模式	成果导向的绩效卓越模式	成果导向的企业卓越模式	品保过程导向的 TQM 模式
负责机构	美国商务部	欧洲品质管理基金会	日本科学技术联盟
主办单位	国家标准与技术局	欧洲品质管理基金会	日本科学技术联盟
执行单位	国家标准与技术局主办,美国品质协会协办	欧洲品质组织	戴明奖委员会
资金来源	马康巴立治国家品质奖基金会	欧洲品质管理基金会	日本科学技术联盟
评审程序	1.初评 2.共识评 3.复审 4.决审	1.初审（露面评审） 2.复审（现场评审） 3.决审	1.实地审查 2.委员会判定

表 2-4(续)

项别/奖别	美国国品奖	欧洲品质奖	日本戴明奖
评审项目与配分	领导(125) 策略规划(85) 顾客与市场为重(85) 资讯与分析(85) 人力资源为重(85) 过程管理(85) 企业成果(450)	领导(10) 人员管理(9) 政策与策略(8) 资源(9) 过程(14) 员工满意(20) 影响社会(6) 企业成果(15)	最高经营者的领导、愿景与策略(10) TQM 管理系统(10) 品质保证系统(10) 经营要素管理系统(10) 人才培养(10) 资讯的活用(10) TQM 的理念与价值观(10) 科学的方法(10) 组织力(核心技术、活力)(10) 对达成目标的贡献(10) TQM 的特征(优点)(10)
评审项目	7 大项、19 中项、85 小项	9 大项、32 中项、173 小项	10 大项、46 中项
总分	1 000	100	100
功能	自我评鉴	自我评鉴	参考标准
修订频数	每两年一次	每两年一次	1972 年后每四年一次

(二)TQM 与 ISO 9000 关系

1. 先推广 TQM 的企业

自从 1979 年我国学习日本大力开展和推广全面质量管理以来,20 年来取得巨大的成绩。主要表现在:普及了全面质量管理的知识,锻炼和培养了一只质量管理的理论队伍、管理队伍和实践大军,建立和完善了质量管理和质量监督法律和法规,促进了质量管理水平和产品质量的提高。故已有的工作基础是企业的宝贵财富。

随着我国加入世界贸易组织(WTO),国际交往日益广泛,已经推广全面质量管理的企业面临的一个现实问题是如何处理全面质量管理的基础与贯彻 ISO 9000 族的关系。对于本行业要求进行 ISO 9000 强制认证的企业,首先,可以将其作为一个规范质量管理工作的机会,通过认证,与国际通行做法接轨。其次,在认证通过后,还要继续加强全面质量管理工作,提高质量管理水平。其他企业可以结合自身情况和条件,考虑在继续推行全面质量管理的同时,结合 ISO 9000 族的贯彻,以此促进和规范企业的质量管理,建立起有效的质量管理体系。

2. 先贯彻 ISO 9000 族标准的企业

全面质量管理要求把战略、质量、价格、成本、生产率、服务、资源和环境等多要素作为质量的综合概念进行考核,其核心是要求企业进行连续不断的质量改进。其内容的深度和广度都超过 ISO 9000 族的要求。因此,对首先贯彻 ISO 9000 族的企业来说,要解决的问题是通过认证后应该怎么办。前提是进一步开展全面质量管理,尤其是要注意贯彻和预防原则,这是现代质量管理的核心和精髓所在。我国著名质量管理学者张公绪教授指出,ISO 9000 族认证通过的企业应该从以下两方面入手:

（1）在产品开发过程中要考虑应用质量功能展开、田口方法和可信性科学。

（2）在产品制造过程中要推行统计过程控制、统计过程控制与诊断和统计过程控制、诊断和调整。

总而言之，根据自己的基础和实际内外情况，在充分考虑管理效益的同时，向追求质量管理卓越努力，这才是企业质量管理实践应该追求的。

思 考 题

1. 简述质量认证的含义。
2. 简述 ISO 9000 族的含义。
3. 简述质量认证和 ISO 9000 族之间的关系。
4. 简述 ISO 9000 族与 TQM 之间的关系。

【阅读材料】

质量体系认证与 ISO 9000 标准

一、质量体系认证的由来与发展

质量体系认证是随着现代工业发展，为满足市场贸易的需要，作为一种外部质量保证的手段逐步发展起来的。

顾客采购需要了解供应商产品的质量，以确定其为合格的供应商。起初这种质量保证要求仅仅表现为供应商自我声明的方式，随后出现了顾客对供应商亲自做出产品检验和评价，即"第二方评定"的方式，随着产品结构、性能的日益复杂化，技术含量日益增高，面对专业化生产发达的国际贸易市场，顾客不仅关心对供应商提供产品质量的评价，更关心供应商持续稳定提供合格产品的质量保证能力。

顾客由于缺乏足够的专业检验与评价能力，供应商又疲于接待大量顾客的第二方评定，这时，由第三方来证实产品质量的现代质量认证制度便应运而生。

现代质量认证制度包括产品质量认证和质量体系认证，前者基于产品样品的检验和随后的抽样监督检查，但由于过程复杂，费用较高，产品更新换代的周期也越来越短，顾客对供应商的选择评价便更多地转向了对供应商设计、生产、安装、服务质量保证能力的评定，即通过供应商的质量体系来证明供应商具有持续稳定地生产符合标准要求的产品的能力。近年来在质量保证活动中，质量体系第三方认证注册得到日益广泛的开展。

二、质量体系认证的含义和开展质量体系认证的意义

企业提供质量合格的产品，依赖于其设计、生产等一整套产品质量形成过程的全面控制及整个企业组织管理的系统能力，即取决于实施质量管理的组织结构、过程、程序和资源这一协调统一的有机整体——质量体系。质量体系是客观存在的，但企业是否按科学的质量管理原则完善地建立起质量体系，并使之有效运行，是企业能否稳定持续地提供合格产品的根本保证。

质量体系认证，就是按照公认的标准，由第三方机构独立、公正、科学地对供应商（企业）的质量体系进行审核，对其是否有能力保证提供的产品达到标准的要求，做出合格与否

的结论。对于获得合格结论的供应商(企业),由认证机构颁发证书,并在公开的媒体上发布体系认证注册公告,以向广大顾客和市场做出证实。

质量体系认证的对象是供应商(企业)的质量体系,其覆盖的产品可以是硬件或流程性的产品,也可以是软件或某种服务,或是它们的组合,例如硬件加服务等。

质量体系认证的手段是审核与评定,为了规范第三方认证的行为和审核评定的可接受性,ISO 制定了相应的标准和原则。质量体系合格评定的依据就是在世界范围内被广泛接受的 ISO 9000 标准。

开展质量体系认证的意义在于:可以促进企业质量体系的建设,使企业保持和提高质量管理水平,从而保证产品质量的稳定,并进一步提高其质量水平;可以提高企业质量信誉,有力地增强企业在国际和国内市场上的竞争能力;可以引导顾客正确选择市场,择优选取提供合格产品的可靠的供应商;有利于防止国际贸易技术壁垒,有利于对外国际贸易的开展,在市场经济条件下,开展质量体系认证也是国家间接控制产品质量的有效机制。因此,开展质量体系认证的重要性越来越被人们所认识,开展质量体系认证已经成为一种世界性趋势。

三、质量体系认证制度和国际互认

质量体系认证是源于市场贸易的质量保证需要,在贸易全球化的时代,质量体系认证应当是国际间的规范行为,目前,正由国际标准化组织(ISO)和国际电工委员会(IEC)这两个最大的国际标准化组织大力推进质量体系认证的国际互认,建立了"质量体系评定国际承认制度(QSAR)",并得到了世贸组织的支持与合作。

QSAR 制度是建立在国家质量认证认可制度基础上的,我国已按国际惯例和公认准则建立了国家认可制度。

中国质量体系认证机构国家认可委员会(CNACR)是国际标准化组织(ISO)承认的中国质量体系认证机构国家认可机构,负责实施质量体系认证机构国家认可制度,目前CNACR 已认可授权了 28 家认证机构,中国机械工业质量体系认证中心(CCMQS)就是经国家首批认可授权的认证机构(认可注册号 SCII)。

同时,为加强对从事认证工作的质量体系审核员的管理,国家实行了认证人员国家注册制度,授权中国认证人员国家注册委(CRBA)负责认证审核员的考核,评定注册资格的监督管理工作,CRBA 目前已注册了上千名国家注册审核员。

国际互认已进入实质阶段,1997 年认证机构的国际同行评定在亚欧美三大洲 14 个主要工业国家开展,我国已顺利通过了评审组的评定。预计全部评定完成后,可望签署 ISO/IEC QSAR 多边互认协议,以最终实现 QSAR 的宗旨——"如果一个供应商的质量体系由一个 ISO/IEC QSAR 的某个认证机构所注册,那么,无论这个机构、这个供应商或其客户的地理位置在世界何处,其客户都应承认这一注册的有效性。"为了便于识别,这类认证证书将带有 ISO/IEC QSAR 标志,从而实现质量体系的国际认证。同时,我国认证人员注册制度也与国际接轨,国家注册审核人员正在向"国际审核人员与培训认可委员会(IATCA)"的注册审核人员转换。届时,中国机械工业质量体系认证中心(CCMQS)也将加入国际认证的行列。

目前,国家认可的认证机构所颁发的证书在国际上有相当高的权威性。国家首批认可的认证机构已列入 ISO 的认证机构名录,其颁发的证书在国际贸易中均起到了有效的质量保证、证实的作用。中国机械工业质量体系认证中心颁发的认证证书,已在国际招标项目

中被接受为质量保证的有效证实文件。

四、质量体系认证程序和企业的认证标准

质量体系认证的程序是按国际公认惯例,由国家认可制度做出原则规定,一般程序:

1. 企业自愿申请,认证机构审查后决定是否受理。

2. 受理后进入质量体系认证初次评定阶段。

第三章 全面质量管理

第一节 全面质量管理概述

全面质量管理是以组织全员参与为基础的质量管理形式。全面质量管理代表了质量管理发展的最新阶段,起源于美国,后来在其他一些工业发达国家开始推行,并且在实践运用中各有所长。

一、质量管理发展的阶段

现代质量管理可分为三个阶段:二战以前可以看作是第一阶段,人们通常称之为质量检验阶段;第二阶段是从二战开始到 20 世纪 50 年代的统计质量控制阶段;第三阶段是从 20 世纪 60 年代开始的全面质量管理阶段。

第一,质量检验阶段。这一阶段主要是通过检验的方式来控制和保证产出或转入下道工序的产品质量。这种做法只是从成品中挑出废、次品,实际上是一种"事后的把关"。

第二,统计质量控制阶段。质量检验不是一种积极的质量管理方式。因为它是"事后把关"型的质量管理,无法防止废品的产生。在统计质量控制阶段,质量管理的重点主要在于确保产品质量符合规范和标准。人们通过对工序进行分析,及时发现生产过程中的异常情况,确定产生缺陷的原因,迅速采取对策加以消除,使工序保持在稳定状态。这一阶段的主要特点是:从质量管理的指导思想上看,由以前的事后把关,转变为事前的积极预防;从质量管理的方法上看,广泛深入地应用了统计的思考方法和统计的检验方法。

第三,全面质量管理阶段。1956 年,美国通用电气公司的 A. V. 费根堡姆,首选提出了"全面质量管理(TQM)"的概念。他认为解决质量问题不能只是局限于制造过程,解决问题的手段也不能局限于统计方法。这样,质量管理由制造过程中的 SQC 逐渐发展到为了满足顾客要求所必须关注的各个方面。

二、全面质量管理的定义

全面质量管理(TQM, Total Quality Management)起源于美国,后被其他发达国家所采用,并在实践中各有所长。特别是日本,开展全面质量管理取得了丰硕的成果,引起了世界的关注。质量管理是指导和控制某组织与质量有关的彼此协调的活动。指导和控制与质量有关的活动通常包括质量方针和质量目标的建立、质量策划、质量控制、质量保证和质量改进。全面质量管理是基于组织全员参与的一种质量管理形式。它是以质量为中心,由全体职工及有关部门参与,把专业技术、经营管理、数理统计方法和思想教育工作相结合,建立产品研究、设计、生产、服务等全过程的质量管理体系,有效地利用人力、物力、财力、信息等资源,以最经济的手段生产出顾客满意的产品,使组织、全体成员和社会受益,从而使组织获得长期的成功和发展。与以往的质量管理方法相比,全面质量管理有如下转变:从过去以事后检验为主的管理转变为以预防为主的管理,从过去只在局部进行的分散的管理转变

为系统的、全面的和综合的管理,从过去只是少数人参与的管理转变为全员参与的管理,从过去重视结果的管理转变为重视过程的管理,从过去单纯以符合标准为中心的管理转变为以满足顾客需要为中心的管理。总之,全面质量管理与传统的质量管理相比有其独到之处。

三、全面质量管理的特点

全面质量管理的一个重要特点就在于它管理的全面性,即它是全面质量的管理、全过程的质量管理、全员性的质量管理和综合性的质量管理。

(一)全面质量的管理

全面质量的管理,即全面质量管理的对象——"质量"的含义是全面的。全面质量管理不仅要管最终产品质量,还要管产品质量赖以形成的过程质量。实行全面质量管理,就是为达到预期的产品目标和不断提高产品质量水平,经济而有效地提高产品质量的保证条件,使过程质量处于最佳状态,最终达到预防和减少不合格品,提高产品质量的目的,并做到成本降低、价格便宜、供货及时、服务周到,以全面质量的提高来满足用户各方面的使用要求。

(二)全过程的质量管理

全过程的质量管理,即全面质量管理的范围是全面的。工业产品质量是生产活动的成果。产品的质量有一个逐步产生和形成的过程,它是经过企业生产经营的全过程一步一步形成的。所以,好的产品质量是设计和生产出来的,不是靠检验得到的。根据这一规律,全面质量管理要求对产品质量形成的全过程,从市场调研、产品设计、生产制造到使用的各环节,进行有效管理,杜绝不合格品产生,做到防检结合,以防为主。实行全过程的质量管理,以防为主,就是要求企业把质量管理工作的重点,从事后检验产品质量转移到事前控制过程质量上来,在设计和制造过程的管理上下工夫,加强过程的质量管理,保证过程的质量良好,消除产生不合格品的种种隐患,做到防患于未然;还要求企业逐步形成一个包括市场调查、设计研制到销售使用的全过程能够稳定地产出合格品的质量管理体系。

在现代工业生产中,生产过程是按一定程序进行的,后道工序的质量要受前道工序的影响。各工序之间,一环扣一环,一道工序出问题,就会影响整个生产过程和产品质量。因此,要求每道工序的生产和工作质量都要经得起它的用户检验,满足下道工序要求。有些先进企业在生产过程的许多工序,特别是一些关键工序中开展复查上道工序的工作,保证本道工序质量,优质准时地为下道工序服务,这种方法在提高质量方面取得了显著效果。只有每道工序都为下道工序和用户着想,在质量上高标准、严要求,才能确保最终生产出优质产品。当然,实现生产全过程的质量管理,仅仅保证上述设计和工艺加工过程的产品质量,保证产品的出厂质量是不够的,还要保证产品的使用质量,就是要建立担保用户能够长期正常使用的质量保证制度。这样就把质量管理从原来的生产制造过程,扩大到产品市场调查、研制、质量设计、试验、试制、工艺、技术、工装、原材料供应、生产、计划、劳动、行政、销售直至用户服务等各个环节,形成从产品设计一直到销售使用的总体(综合)质量管理。从这方面来看,全面质量管理在工作范围和职能上都比以往的质量管理扩大了,它在管理的深度和广度上都有了新的发展。质量管理向全过程管理的发展,有效地控制了各项质量影

响因素,它不仅充分体现了以预防为主的思想,保证质量标准的实现,而且着眼于工作质量和产品质量的提高,争取实现新的质量突破。根据用户要求,每一个环节都致力于产品质量的提高,从而形成一种更加积极有效的管理。

(三)全员性的质量管理

全员性的质量管理,即全面质量管理要求参加质量管理的人员是全面的,企业所有的相关部门及人员都应参与质量管理活动。全面质量管理是依靠企业全体职工参加的质量管理,质量管理的全员性、群众性是科学质量管理的客观要求。工业产品质量的好坏是许多工作和许多生产环节活动的综合反映,因此它涉及企业的所有部门和所有人员。这就是说,一方面产品质量与每个人的工作有关,提高产品质量需要依靠所有人员的共同努力;另一方面,在这个基础上产生的质量管理和其他各项管理,如技术管理、生产管理、劳动管理、物资管理、财务管理等各方面之间,存在着有机的辩证关系,它们以质量管理为中心环节,相互联系,又相互促进。因此,全面质量管理要求在企业的集中统一领导下,把各部门的协作有机地组织起来,人人都必须为提高产品质量、为加强质量管理尽自己的职责。只有时刻关心产品质量,都对质量高度负责,企业的质量管理才能搞好,生产优质产品才有稳定基础和可靠保证。实行全员性的质量管理,企业可以开展以质量为中心的各种群众性活动,如开展质量竞赛等,并建立群众质量管理小组。质量管理小组是组织工人进行现场质量管理、开展群众性质量管理活动的基本组织形式。建立广泛的质量管理小组,并不断提高它的效能,是开展全面质量管理的基础,也是衡量全面质量管理水平的一个重要标志。

(四)综合性的质量管理

综合性的质量管理,即全面质量管理用以管理质量的方法是全面的,多种多样的,是由多种管理技术和科学方法组成的综合性的方法体系。质量管理方法的现代化、科学化,充分反映了生产力发展水平的迅速上升,是产品质量大幅度提高的客观要求。随着现代化大工业生产和科学技术的发展,对产品的性能、精度、可靠性等方面的质量要求也大大提高,检验测试的工作量成倍增加。相应地,对质量管理也提出了许多新的要求,推动了质量管理的科学化、现代化发展,使人们在质量管理工作中更加自觉地利用先进的科学技术和管理方法,广泛应用数理统计、运筹学、正交试验法等来分析各部门的工作质量,找出产品质量存在的问题及其关键影响因素,进而有效地控制生产过程质量,达到提高产品质量的目的。同时,由于影响产品质量的因素错综复杂,来自很多方面,既有物的因素,又有人的因素;既有技术因素,又有组织管理因素;既有自然因素,又有人们心理、环境等社会因素;既有企业内部因素,又有外部因素等,要把如此多的因素系统地控制起来,全面管好,也必须根据不同情况,针对不同影响因素,采取不同的管理方法和措施,才能促进产品质量长期、稳定地持续提高。否则,如果只是片面地运用某一管理方法或工具,不仅影响效果,而且在实践中也很难行得通。以上内容说明了全面质量管理的全面性,这些全面的管理又都围绕着一个中心目的,就是要用最经济的办法研制、生产出用户满意的优质产品。这是企业推行科学质量管理的出发点和归宿点。

四、全面质量管理的任务和目标

全面质量管理的任务就是要根据国家建设和人民生活的需要,调查分析国内外科技发

展趋势、市场变化情况;贯彻质量第一的思想,执行先进合理的技术标准;采用科学方法(包括数理统计方法),结合专业技术研究,控制影响产品质量的各种因素;进行产品质量的技术经济分析;开展对用户的技术服务;根据使用要求不断改进产品质量,努力生产物美价廉、适销对路、用户满意、在国内外市场上有竞争能力的产品。各企业生产的产品不同,企业素质不同,其所确定的质量管理目标也有所不同,各有其侧重,但就推行全面质量管理来讲,企业应努力做到以下几方面:

第一,要保证生产出用户认为具有较高质量水平的产品,这是满足用户需要的基本要求,也是保持产品市场竞争能力的重要条件。为此,企业要不断地改进产品设计,完善产品结构,开发新产品,积极采用先进技术,广泛开展技术革新活动,采用国际标准或国外先进标准,并努力提高企业的经营管理水平。

第二,要不断降低产品成本,提高企业经济效益。从市场的角度看,质量好的产品具有较强的竞争能力;而质量水平尽管一般,但价格较低,也具有一定的竞争能力。企业可通过推行全面质量管理,减少各种损失浪费,降低产品成本,并在此基础上科学地确定出最佳质量成本。众所周知,如果产品缺陷严重,产品质量很差时,产品成本必然很高;而如果产品完美无缺,质量非常好,同样,产品成本也会很高,特别是当质量提高到一定水平以后,如果再要提高质量,则产品成本将会明显升高,因此企业必须确定最佳的质量成本。

第三,要保证必要的产量。就企业来说,保证必要的产量是质量管理的目标之一。如果企业按用户的需要组织生产,产品质量好,受到用户的欢迎,那么产品的销量将增加,市场占有率也将发生变化。另一方面,产品的产量与产品的单位成本成反比关系,即产量增加,成本降低;相反,产量减少,成本升高,当产量减少到一定程度时就要亏本。这就要求企业根据自己的生产能力和市场需求情况,确定合理的产量,以满足市场需要和获得较好的经济效益。

第四,做好售前售后的服务工作,让用户满意。主要包括定期访问用户,征求意见,建立良好的质量反馈系统;建立畅通的销售渠道和方便的消费场所;提供必要的技术咨询和人员培训;建立完善的退换货制度和维修服务网点等工作。

从根本上说,全面质量管理的目标和企业的经营目标应该是一致的。企业把生产经营管理和质量管理有机地结合起来,才能保证生产出满足顾客需要的产品,也才能使企业获得长期稳定的发展,使企业在激烈的市场竞争中立于不败之地。

五、全面质量管理的基本观点

(一)质量第一的观点

任何产品都必须达到所要求的质量水平,否则就没有或未能完全实现其使用价值,从而给消费者和社会带来损失。从这个意义上讲,质量必须是第一位的。20世纪80年代以来,国际市场的竞争异常激烈。日本在产品质量和经济上的成功与欧美工业发达国家的衰退,促使了欧美国家质量管理的复兴。例如,1984年英国政府发起了一项质量改进运动,与此同时,美国政府也发起了一项有关质量的五年运动。现在西方国家又把统计过程控制(SPC)列为现代高新技术之一。市场的竞争归根结底就是质量的竞争,企业的竞争能力和生存能力主要取决于它满足社会质量需求的能力。1984年首届世界质量会议提出"以质量求繁荣",1987年第二届世界质量会议提出"质量永远第一",这些都说明"质量第一"的指

导思想已成为世界各国的共同认识。

贯彻"质量第一"就要求企业全体职工,尤其是领导层,要有强烈的质量意识;要求企业在确定经营目标时,应根据用户或市场的需求,科学地确定质量目标,并安排人力、物力、财力予以保证。当质量与数量、社会效益和企业效益、长远利益与眼前利益发生矛盾时,应把质量、社会效益和长远利益放在首位。"质量第一"并非"质量至上"。质量不能脱离当前的消费水平,也不能不问成本一味讲求质量。应该重视质量成本的分析,把质量与成本加以统一,确定最适宜的质量。

(二)用户至上的观点

在全面质量管理中,这是一个十分重要的观点。"用户至上"就是要树立以用户为中心、为用户服务的思想,要使产品质量与服务质量尽可能满足用户的要求。产品质量的好坏最终应以用户的满意程度为标准。

这里,所谓用户是广义的,不仅指产品出厂后的直接用户,而且指企业内部,下工序是上工序的用户,下工段或下车间是上工段或上车间的用户等。

(三)重视设计、制造过程的观点

在生产过程中,检验是重要的,它可以起到不允许不合格品出厂的把关作用,同时还可以将检验信息反馈到有关部门。但影响产品质量好坏的真正原因并不在于检验,而主要在于设计和制造。设计质量是先天性的,在设计时就已决定了质量的等级和水平;而制造是实现设计质量,是符合性质量。二者不可偏废,都应重视。从我国目前现状来看,需要特别重视和强调的是设计质量。

(四)用数据说话的观点

要求在全面质量管理工作中具有科学的工作作风,在研究问题时不能满足于一知半解和表面现象,对问题除了有定性分析外还应尽量采用定量分析方法,做到心中有"数"。这样可以避免主观盲目性。在全面质量管理中广泛地采用了各种管理方法和工具,其中既有定性分析方法也有定量分析方法。用得最多的有"七种工具",即因果图、排列图、直方图、相关图、控制图、分层法和调查表。之后日本又提倡和推行了"新七种工具",即关联图法、KJ 法、系统图法、矩阵图法、矩阵数据解析法、过程决策程序(PDPC 法)和箭条图法。常用的数理统计方法有回归分析、方差分析、多元分析、实验设计和时间序列分析等。

(五)重视人的积极因素的观点

在开展质量管理活动中,人的因素是最积极、最重要的因素。与质量检验阶段和统计质量控制阶段相比,全面质量管理阶段格外强调调动人的积极因素的重要性。这是因为现代化生产多为大规模系统,环节众多,联系密切复杂,远非单纯靠质量检验或统计方法就能奏效的,必须调动人的积极因素,加强质量意识,发挥人的主观能动性,以确保产品和服务的质量。全面质量管理的特点之一就是全体人员参加的管理——"质量第一,人人有责"。1962 年日本在我国"鞍钢宪法""三结合小组"的启发下开展了质量管理小组活动,充分调动了人在质量管理活动中的主观能动性,对保证和提高质量起了很大的作用。要提高质量意识,调动人的积极因素,一靠教育,二靠规范,需要靠教育培训和考核,同时还要依靠有关

质量的立法以及必要的行政手段等各种激励及处罚措施。

六、实施全面质量管理的五步法

1.决策。这是一个决定做还是不做决策的过程。

2.准备。第一,高层管理者需要学习和研究全面质量管理,对质量和质量管理形成正确的认识。第二,建立组织,具体包括:组成质量委员会,任命质量主管和成员,培训选中的管理者。第三,确立远景构想和质量目标,并制订为实现质量目标所必需的长期计划和短期计划。第四,选择合适的项目,成立团队,准备作为试点开始实施全面质量管理。

3.开始。这是具体的实施阶段。在这一阶段,需要进行项目试点,在试点中逐渐总结经验教训。

4.扩展。在试点取得成功的情况下,企业就可以向所有部门和团队扩展。

5.综合。在经过试点和扩展之后,企业就基本具备了实施全面质量管理的能力。为此,需要对整个质量管理体系进行综合。通常需要从目标、人员、关键业务流程以及评审和审核这四个方面进行整合和规划。

(1)目标。企业需要建立各个层次的完整的目标体系,包括战略、部门目标、跨职能团队的目标以及个人的目标。

(2)人员。企业应该对所有的人员进行培训,并且授权给他们让其进行自我控制和自我管理,同时要鼓励团队协作。

(3)关键业务流程。企业需要明确主要的成功因素,在成功因素基础上确定关键业务流程。

(4)评审和审核。

第二节　全面质量管理的八项原则

一、以顾客为关注焦点

"组织依存于其顾客。因此,组织应理解顾客当前的和未来的需求,满足顾客要求并争取超越顾客期望。"

关注顾客或以顾客为中心是全面质量管理的一个最基本的概念。组织只有为顾客提供产品和服务才能生存。从顾客的角度出发来思考问题,这是管理企业的一个立场问题,是思考其他问题的出发点和前提。现实中并非所有的组织都是以顾客为中心的。在每个行业演进的过程中,开始阶段关注的焦点通常只是最基本意义上的新产品的质量,目标只是使产品能够使用。早期的汽车、飞机和电话就是生动的例子。那些技术驱动的公司一直都没有向前跨出这一阶段。但是,为大众市场创造定制的产品正在成为在当今的经营环境中生存下去的必要条件。企业必须了解顾客对其产品的满意程度,并以此作为修正其行为的杠杆。

如何明确顾客的满意度与其实际行为之间的关系,这是企业界现在面临的最大挑战。知道顾客满意度是多少并没有什么意义,重要的在于必须了解这个满意度是创造了商机还是丢掉了生意。越来越多的企业已经认识到,留住现有的顾客远比获得新顾客更容易获得利润。施乐公司的一项调查发现,对现有顾客的销售要比对新顾客的销售多获利20%以上。赢得顾客的忠诚正在成为企业经营战略的基石。

以顾客为关注焦点要求采用以下的行动：

1. 了解顾客的需求和期望。

2. 确保组织的目标与顾客的需求和期望联系起来。

3. 确保顾客的需求和期望在整个组织中得到沟通，并采取满足要求的措施。

4. 测量顾客满意程度，并对测量结果采取措施。

5. 处理好与顾客的关系。

6. 确保兼顾顾客和其他相关方的利益。

二、领导作用

"领导者确立组织统一的宗旨及方向，他们应当创造并保持使员工能充分参与实现组织目标的内部环境。"

领导作用就是要在组织中形成一种"上下同欲"的状态，创造一个让员工为实现组织目标充分发挥作用的积极的内部环境。这意味着组织的领导者首先要确立组织的方向，要对诸如"我是谁""我要到何处去"等这样一些最基本的问题进行思考并给出答案，要将思考的结果与组织中的全体成员进行有效的沟通，还要在组织中营造一种能够让人们全力以赴的环境以动员整个组织的力量；在此基础上，还要明确地设定为了实现组织的追求所必需的、关键的少数目标；然后要将这些目标分解到整个组织当中，使每个人都清楚自己的工作是如何与组织的目标相联系的。这实际上涉及的是一个战略计划的问题。

与传统做法的最大区别在于，全面质量管理的战略计划过程中包括了多重的参与者，他们是雇员、顾客、供应商，甚至还有竞争者。组织与顾客、供应商及竞争者之间建立起了一种全新的关系网络，目的在于获得新的竞争优势、新的市场和新的机会。员工的广泛参与是这一过程的重要特点。参与不仅强化了人们执行战略的能力，而且还使人们获得了更高程度的使命感。

有效的战略计划是实现目标的一种工具和手段，而不是目标本身。它应当成为使组织的全体人员都参与其中的一种努力。它必须立足于现行的活动，而不是使组织忙上加忙。它必须有助于高层管理者面对困难，理清轻重缓急。它不只是要启动新的举措，而且还要消除许多不增值的现行活动。每一位成员都必须同组织的目标一致，每一位成员必须能够理解组织的战略目标并且清楚自己应该怎样为此而努力。每一个战略目标必须分解为一系列的子目标，每个子目标进而又分解为年度目标，组织还必须确定具体的工作项目来支持这些年度目标。必须确定出明确的先后次序，建立专门的测量体系，并且为每个项目提供所需资源以实现预期的结果。

发挥领导作用采用的主要行动包括以下方面：

1. 考虑所有相关方的需求，相关方包括顾客、所有者、员工、供方、当地社区及整个社会。

2. 为组织勾画一个清晰的远景。

3. 设定富有挑战性的目标。

4. 在各级组织创造并坚持一种共同的价值观，并树立职业道德榜样。

5. 建立信任，消除忧虑。

6. 为员工提供所需的资源、培训及在职责范围内的自主权。

7. 激发、鼓励并承认员工的贡献。

三、全员参与

"各级人员是组织之本。只有他们充分参与,才能使他们的才干为组织带来最大的收益。"

组织是人的集合。企业组织要实现向以顾客满意为宗旨的转变,没有人员的转变是不可想象的。人力资源不同于资金、设备这些硬性资产,其中蕴含着巨大的潜能,有效的管理能够使人力资源发生聚变和裂变,从而释放出巨大的能量。企业的管理当局必须通过营造适当的环境来激发人们的热情和主动精神,使人们懂得并愿意高效地工作,从而极大地促进组织的彻底转变。员工的参与是全面质量管理的最基本特征之一。丰田公司每年从它的 8 万名雇员中收到的建议数为 400 万条。这些建议 95% 以上都会被采纳,这意味着每年每个雇员被采纳的建议数达 46 条之多。

除了合理化建议之外,还有许多其他形式的员工参与方式,如参与质量改进和质量计划团队,成为业务过程再造小组的成员,对自己的工作过程进行统计质量控制和自我控制等。许多先进的公司都强调使员工能够拥有所需的知识、技能、职权和愿望来决策和行动,为自己的行动结果负责,为公司的成功承担义务。他们通过提供充分的培训努力实现这一点,员工带着改进项目的目的来参加这种培训,质量教练对他们的工作提供直接的支持。

实现全员参与需要采取的主要行动包括以下方面:

1. 使员工了解他们贡献的重要性和在组织中的作用。
2. 识别影响他们工作的制约条件。
3. 在解决问题时,应让员工做主并承担解决问题的责任。
4. 针对每个人自己的目标,评价其业绩。
5. 积极寻找机会来提高员工的能力,增长他们的知识和经验。
6. 自由地分享知识和经验。

四、过程方法

"将活动和相关的资源作为过程进行管理,可以更高效地得到期望的结果。"

过程,即一整套共同为顾客创造价值的首尾相连的活动。除非能够把所有的努力都整合起来,否则就很难实现企业所渴望的结果。自 20 世纪 20 年代的休哈特开始,对过程进行控制就一直是质量管理的一个基本信条。之后,戴明进一步发展了休哈特统计过程控制的思想,提出了著名的 PDCA 循环,朱兰则在其《管理突破》一书中率先提出了过程改进的概念。在 20 世纪 80 年代,随着那些领先的公司纷纷跨入迅速的改进活动中,过程管理的必要性也愈加明确起来。如果工厂装配线上的任何一部分出了问题或产生了瓶颈,整条生产线都会受到影响。许多管理性过程也是如此,如订单录入步骤出了差错,产品或服务的提供就不可能及时正确地完成。

管理重要的过程并对关键过程进行持续改进的步骤已经相当明确。首先是辨识组织的关键过程;然后要建立必要的测量指标,有许多企业的大量的测量指标关注的都是部门内的活动,但对于决定公司成功的关键过程却几乎没什么测量指标;最后一个步骤是要真正、确实地来管理这些过程。为此就必须对组织结构进行重大的改变,任命过程的主管人员,重新部署职权、责任和义务。

人们已经认识到，企业就是一系列过程的组合，顾客只是根据这些过程的输出来认识某一个公司。顾客并不关心该公司究竟是怎样组织起来的，谁向谁报告，都有些什么头衔，以及各个部门究竟位于何处。顾客甚至不关心产品的哪一部分是由该公司生产的，哪一部分是由供应商或是竞争者提供的。顾客需要的只是产品，希望它们准时送到，在需要时能够获得所需要的服务。一个过程若没有向顾客提供价值，这个过程就是在产出浪费。几乎所有的关键过程都会贯穿组织的许多不同领域。要成功地管理这些过程，就必须采取一种团队的方式，团队成员要具有新的技能，具有对公司的战略、目标和竞争者的新的认识，具有完成工作所必需的新的工具。

运用过程方法所采取的行动包括以下内容：

1. 利用已形成的方法确定取得期望结果所必需的关键活动。

2. 为管理关键活动规定明确的职责和义务。

3. 了解并测量关键活动的能力。

4. 规定在组织内各职能部门之间关键活动的接口。

5. 管理上应注意一些改进关键活动的因素，如资源、方法及器材等。

6. 评价风险、后果及对顾客、供方及其他相关方的影响。

五、管理的系统方法

"将相互关联的过程作为系统加以识别、理解和管理，有助于提高组织的有效性和效率。"

相互关联的过程的集合构成了组织系统。组织是存在于环境中的，由包括个人、群体、态度、动机、正式结构、相互作用、目标、职权、资源等相互依赖的多种要素组成的系统。构成系统的要素的有机结合产生了新的质，赋予了系统以生命，使得系统具有了不同于其任何一个要素的特性。组织是存在于一定环境中的开放系统，通过适应环境的变化而得以生存和发展。组织还是一个自适应的系统，具有通过学习而改变自身的能力，企业及各子系统处于不断的变动之中。就企业组织而言，它是一个复杂的多目标系统，绝非单纯地追求利润最大化的"资本的化身"。

全面质量管理的基本思路就是通过建立、实施和改进质量管理体系的方式来实现质量的改进、成本的降低和生产率的提高。质量、成本和生产率是果，而体系则是因。具体而言，就是要确定顾客和其他相关方的需求和期望，建立组织的质量方针和质量目标，确定实现质量目标必需的过程及过程间的相互关系和作用，明确职责和资源需求，规定保证测量过程有效性和效率的方法，应用这些测量方法确定每个过程的有效性和效率，确定防止不合格产生并消除不合格的措施，建立和应用持续改进质量管理体系的过程。

运用系统方法所采取的主要行动包括以下内容：

1. 建立一个体系，使之以最高效的方法实现组织的目标。

2. 了解体系内各过程的内在依赖关系。

3. 关注并确定在体系内特定过程应如何运作。

4. 测量和评价持续改进体系。

六、持续改进

"持续改进总体业绩应当是组织的一个永恒目标。"

改进已经成为当今企业界的一种生存方式,但传统的企业构造中并没有鼓励改进的土壤。厚重的手册、规章等操纵着企业,晋级提升的机会属于"循规蹈矩者",坚固的层级制度控制着所有单位和个人的工作,职位说明书清楚地规定了一个人该做什么和不该做什么。一直到第二次世界大战以后情况才开始发生迅速的变化。日本人当时在许多生产领域都是如此的落后,为了生存而不得不进行迅速的改进。他们所提炼出来的持续改进的方法论发挥了良好的作用。严酷的竞争使得越来越多的其他国家的公司开始模仿这些做法,有些因此而取得了巨大的成功。这些改进发生在制造公司、医院、通信企业、政府机构、各种类型的服务性公司及学校中。有关改进的各种方法已经日益为人们所熟悉,如跨职能的团队、QC 小组、新点子建议制度、过程改进小组等。

推行持续改进要求采取的措施包括以下内容:

1. 在整个组织内采用始终如一的方法来推行持续改进。
2. 为员工提供关于持续改进方法和工具的培训。
3. 使产品、过程和体系的持续改进成为组织内每个人的目标。
4. 为跟踪持续改进规定指导和质量的目标。
5. 承认改进的结果,并对员工给予表扬和奖励。

七、基于事实的决策方法

"有效的决策建立在数据和信息分析的基础上。"

管理者的正确决策建立在把握事实的基础之上。以事实为依据来决策,也就是人们常说的"一切用数据讲话",这是全面质量管理的最主要特征之一。为此就要求组织必须有一个用于测量(收集)、加工和分析数据的有效系统。这不是一件轻而易举的事情。对于当今的企业经理们也同样如此,获取所需的信息是一件耗时、耗资且充满困难的事情。诸如"顾客到底想要什么? 我们对他们的需要满足得如何? 竞争者正准备采取什么行动?"这样的基本问题并不容易回答。无论具有多少令人眼花缭乱的测量装置、顾客调查、统计方法、数据库及网络技术,情况并不会有所改变。正如质量管理是一个永无止境的旅途一样,对所有能够有效利用的数据和信息加以了解、获取、选择和甄别、综合及理解这一工作也是如此。

获取所需信息的一个关键步骤便是测量。另外,选择什么进行测量、分析、归纳及展示其结果信息,同测量活动本身一样重要。测量过程是由收集数据及展示结果所需的各个步骤构成的。在更大的测量系统中还包括了所做的决策及过程的运作所处的前提条件。归根结底,这一测量系统的目标是帮助组织始终如一地做出更好的决策,并采取更好的行动。

基于事实的决策要求采取的主要措施包括以下内容:

1. 明确规定收集信息的种类、渠道和职责。
2. 通过分析,确保资料和信息足够准确和可靠。
3. 资料能被需要者得到。
4. 根据对事实的分析、过去的经验和直觉判断做出决策并采取行动。

八、与供方互利的关系

"组织与供方是相互依存的,互利的关系可增强双方创造价值的能力。"

外购产品和服务对于许多产业的企业来说,都在成本中占据着巨大的份额。这些外购

产品和服务的质量在很大程度上影响着某个组织的成品质量。而且，质量差的供应商会成为组织中不良质量成本的"主要贡献者"。只有当供应商被视为与顾客追求共同目标的伙伴，而非讨价还价的敌手时，只有当供应商关系建立在合作和信任的基础上时，供应商关系才能成为一种互利共赢的关系。随着全面质量管理的普及和深入，质量日益成为选择供应商的一个关键的甄别标准。人们对采购的期望不再只是购得产品和服务，而是对供应商关系的前瞻性管理，以寻求在整个供应链中增加价值的机会。供应商关系开始从对手之间的对抗演化为合作伙伴的协助，双方携手努力以实现共同顾客的满意，即最终产品或服务的终端用户的满意。

在全面质量管理的原则下，改进供应链的绩效成为采购的目标。为此就必须考虑到整个供应链上的参与者，包括间接的供应商、制造商、分销商和最终用户。供应链优化是以质量为中心的，其压倒一切的目标是通过在供应链中联合供应商和最终用户来共同创造价值进而增进顾客的满意。供应链的优化大大促进了质量改进、运转周期缩减、不良质量成本降低、总占有成本降低、技术创新和风险共担等。

建立互利的供方关系所采取的措施包括以下内容：

1. 识别并选择关键供方。

2. 在建立与供方的关系时，既要考虑眼前利益，又要考虑长远利益。

3. 与关键伙伴共享专门技术和资源。

4. 创造一个通畅和公开的沟通渠道。

5. 确定联合改进活动。

6. 激发、鼓励和承认供方的改进及成果。

九、八项原则之间的逻辑关系

上述八项原则之间存在着内在的逻辑关系。要实现成功转型，首先要解决一个立场问题，这体现了原则1的要求（以顾客为关注焦点）；在明确了立场的基础上，管理当局要带领（原则2的"领导作用"）全体成员（原则3的"全员参与"）去实现这种转变；上下同欲的努力还必须有正确的方法论（原则4的"过程方法"和原则5的"系统方法"）；因为存在激烈的竞争，同时顾客的期望也在不断地升高，因而所建立起来的管理系统必须得到持续不断的改进（原则6）；基于事实的决策方法（原则7）是持续改进的最有力的武器；这种改进仅仅局限于组织内部所能够取得的成果还是非常有限的，组织还必须与自己的顾客和供应商进行紧密的合作才有可能取得更大的成功（原则8）。

第三节 全面质量管理的基本内容

全面质量管理是质量管理的一种形式，它是以经营为目标，由全体职工参加，在全过程中对产品的全部广义质量所进行的管理，包括进行思想教育等各种科学方法。全面质量管理内容概括起来是"三全""四一切"。

一、"三全"是指对全面质量、全部过程和由全体人员参与的管理

第一，全面质量的管理。过去我们一说到质量，往往是指产品质量，它包括性能、寿命、

可靠性和安全性,即所谓的狭义质量概念。当然,产品质量是非常重要的。但是,产品质量再好,如果制造成本高,销售价格高,用户还是不欢迎的。即使产品质量很好,成本也低,还必须交货及时和服务周到,才能真正受到用户欢迎。因此,一个企业必须在抓好产品质量的同时,要抓成本质量、交货期质量和服务质量。这些质量的全部内容就是所谓广义的质量概念,即全面质量。可见,质量管理必须对这种广义质量的全部内容进行管理。

第二,全部过程的管理。产品是怎样形成的呢?它是包括企业一系列活动的整个过程。这个过程包括市场调查、研究、设计、试制、工艺与工装的设计制造、原材料供应、生产制造、检验出厂和销售服务。用户的意见又反馈到企业加以改进,这整个过程可看作是一个循环过程。可见,产品质量的提高依赖于整个过程中每个环节的工作质量的提高,因此,质量管理必须对这种全部过程的每个环节都进行管理。

第三,由全体人员参与的管理。产品质量的好坏是企业许多环节和工作的综合反映。每个环节的每项工作都要涉及人。企业的人员,无论是前方的还是后方的,是车间的还是科室的,没有一个人不与产品质量有着直接或间接的关系。每个人都重视产品质量,都从自己的工作中去发现与产品质量有关的因素,并加以改进,产品质量就会不断提高。因此,质量管理,人人有责。只有人人都关心质量,都对质量高度负责,产品质量才能有真正的提高和保证。所以,质量管理必须由全体人员进行管理。

二、"四一切",即一切为用户着想,一切以预防为主,一切以数据说话,一切工作按 PDCA 循环进行

第一,一切为用户着想——树立质量第一的思想。产品生产就是为了满足用户的需要。因此,企业应把用户看作是自己服务的对象,也是为人民服务的具体内容。为了保持产品的信誉,必须树立质量第一的思想,在为用户提供物美价廉的产品的同时,还要及时地为用户提供技术服务。"下道工序是用户"这个口号在企业里应大力提倡和推行。我们知道,企业的每个部门、每个人员在工作中都有前、后或上、下的相对关系,都有工作服务对象。工作服务对象就可以看作是下道工序。在企业里,树立质量第一的思想就体现为更好地为下道工序服务的行动。

第二,一切以预防为主——好的产品是设计和生产出来的。用户对企业的要求,最重要的是保证质量,怎样理解保证质量呢?当前有两种片面的看法:一是认为坚决实行"三包"制度就可以保证质量,另一种看法认为只要检查从严就保证了质量。这些看法是对保证质量的误解。因为这种事后检查,把保证质量的重点放在检查上是不能从根本上保证质量的。不解决产生不良品的问题,不良品还是照样产生,致使产品成本增高。由于质量不是一步形成的,也不是最后一道工序突然形成的,而是逐步形成的。因此,也就可能和应该在工序中加以控制,把影响生产过程中的因素统统控制起来,这就从过去单纯以产品检验、"事后检查"的消极"把关",改变为以"预防为主",防检结合,采用"事前控制"的积极"预防"。显然,这样生产出来的产品自然是好的。所以说,好的产品是设计和生产出来的,不是检验出来的。

第三,一切用数据说话——用统计的方法来处理数据。"一切用数据说话"就是用数据和事实来判断事物,而不是凭印象来判断事物。收集数据要有明确的目的性。为了正确地说明问题,必须积累数据,建立数据档案。收集数据以后,必须进行加工,才能在庞杂的原

始数据中,把包含规律性的东西提取出来。加工整理数据的第一步就是分层。分层在全面质量管理中具有特殊的重要意义,必须引起我们的重视。对数据进行分析的基本方法是画出各种统计图表,如排列图、因果图、直方图、管理图、散布图,统计分析表等。

第四,一切工作按 PDCA 循环进行。大家知道,人们为了使思维活动条理化、形象化、科学化,往往用各种图表辅助语言进行思维,同时也需要先进的合乎科学的思考做事的方法。PDCA 循环就是全面质量管理的思想方法和工作步骤,P 是计划,D 是实施,C 是检查,A 是处理。任何一个有目的有过程的活动都可按照这四个阶段进行。第一阶段是计划,包括方针、目标、活动计划、管理项目等。第二阶段是实施,即按照计划的要求去干。第三阶段是检查,检查是否按规定的要求去干,哪些干对了,哪些没有干对,哪些有效果,哪些没有效果,并找出异常情况的原因。第四阶段是处理。就是说,要把成功的经验肯定下来,变成标准。以后就按照这个标准去做。失败的教训也要加以总结,使它成为标准,防止以后再发生。没有解决的遗留问题要反映到下一个循环中去。计划、实施、检查、处理这个过程,不断反复进行,一个循环接着另一个循环,每一次循环都赋予新的内容,好像车轮一样,转动一次工作就前进一步。整个企业的工作要按 PDCA 循环进行,企业各部门、车间、班组直到个人也要根据企业的总目标、总要求,具体制订出自己单位和个人的 PDCA 工作循环,形成"大环套小环,一环扣一环;小环保大环,推动大循环"的模式。PDCA 循环作为质量管理的一种科学方法,适用于企业各个环节、各方面的质量工作。

第四节　全面质量管理中常用方法

所谓全面质量管理常用方法,就是在开展全面质量管理活动中,用于收集和分析质量数据,分析和确定质量问题,控制和改进质量水平的常用七种方法。这些方法不仅科学,而且实用。

一、统计分析表法和措施计划表法

质量管理讲究科学性,一切凭数据说话。因此,对生产过程中的原始质量数据的统计分析十分重要,为此必须根据本班组、本岗位的工作特点设计出相应的表格。

二、排列图法

排列图法是找出影响产品质量主要因素的一种有效方法。

制作排列图的步骤:

第一,收集数据,即在一定时期里收集有关产品质量问题的数据。例如,可收集 1 个月、3 个月或半年时期里的废品或不合格品的数据。

第二,进行分层,列成数据表,即将收集到的数据资料,按不同的问题进行分层处理,每一层也可称为一个项目;然后统计一下各类问题(或每一项目)反复出现的次数(即频数);按频数次序,从大到小依次列成数据表,作为计算和作图时的基本依据。

第三,进行计算,即根据已知数据,相应地计算出每类问题在总问题中的百分比,计入相应栏中,然后计算出累计百分数。

第四,作排列图。即根据上表数据进行作图。需要注意的是累计百分率应标在每一项目的右侧,然后从原点开始,点与点之间以直线连接,从而作出帕累托曲线。

三、因果分析图法

因果分析图又叫特性要因图。按其形状,有人又叫它树枝图或鱼刺图。它是寻找质量问题产生原因的一种有效工具。画因果分析图的注意事项:第一,影响产品质量的大原因,通常从五个大方面去分析,即人、机器、原材料、加工方法和工作环境。每个大原因再具体化成若干个中原因,中原因再具体化为小原因,越细越好,直到可以采取措施为止。第二,讨论时要充分发挥技术民主,集思广益。别人发言时,不准打断,不开展争论。各种意见都要记录下来。

四、分层法

分层法又叫分类法,是分析影响质量(或其他问题)因素的方法。我们知道,如果把很多性质不同的原因搅在一起,那是很难理出头绪来的。其办法是把收集来的数据按照不同的目的加以分类,把性质相同、在同一生产条件下收集的数据归在一起。这样,可使数据反映的事实更明显、更突出,便于找出问题,对症下药。企业中处理数据常按以下原则分类。

1. 按不同时间分:如按不同的班次、不同的日期进行分类。
2. 按操作人员分:如按新、老工人、男工、女工、不同工龄分类。
3. 按使用设备分:如按不同的机床型号、不同的工夹具等进行分类。
4. 按操作方法分:如按不同的切削用量、温度、压力等工作条件进行分类。
5. 按原材料分:如按不同的供料单位、不同的进料时间、不同的材料成分等进行分类。
6. 按不同的检测手段分类。
7. 其他分类:如按不同的工厂、使用单位、使用条件、气候条件等进行分类。

总之,因为我们的目的是把不同质的问题分清楚,便于分析问题找出原因。所以,分类方法多种多样,并无任何硬性规定。

五、直方图法

直方图(Histogram)是频数直方图的简称。它是用一系列宽度相等、高度不等的长方形表示数据的图。长方形的宽度表示数据范围的间隔,长方形的高度表示在给定间隔内的数据数。

六、控制图法

控制图法是以控制图的形式,判断和预报生产过程中质量状况是否发生波动的一种常用的质量控制统计方法。它能直接监视生产过程中的过程质量动态,具有稳定生产、保证质量、积极预防的作用。

七、散布图法

散布图法是指通过分析研究两种因素的数据之间的关系,来控制影响产品质量的相关因素的一种有效方法。在生产实际中,往往是一些变量共处于一个统一体中,它们相互联系、相互制约,在一定条件下又相互转化。有些变量之间存在着确定性的关系,它们之间的关系,可以用函数关系来表达,如圆的面积和它的半径关系:$S = \pi r^2$;有些变量之间却存在着相关关系,即这些变量之间既有关系,但又不能由一个变量的数值精确地求出另一个变量

的数值。将这两种有关的数据列出,用点标示在坐标图上,然后观察这两种因素之间的关系。这种图就称为散布图或相关图。

第五节 质 量 检 验

质量检验是人们最熟悉、最传统的质量保证方法,质量检验是生产过程的一个有机组成部分,通过加强质量检验工作可以分离并剔除不合格品,以保证满足客户的要求。同时,通过检验还可以及时预防不合格品的产生,以避免损失。因此,质量检验是全面质量管理中不可缺少的重要组成部分。

一、质量检验的含义和任务

ISO 9001:2000 中指出,检验是"通过观察和判断,必要时结合测量、试验所进行的符合性评价"。质量检验实际上是针对生产过程或服务的"质量特性"所进行的技术性检查活动。一般说来,检验包括以下几个步骤:(1)度量。采用试验、测量、化验、分析与感官检查等方法测定产品的质量特性。(2)比较。将测定结果同质量标准进行比较。(3)判断。根据比较结果,对检验项目或产品做出合格性的判定。(4)处理。对单件受检产品,决定合格放行还是不合格返工、返修或报废。对受检批量产品,决定接收还是拒收。对拒收的不合格批产品,还要进一步做出是否重新进行全检或筛选甚至报废的结论。

一般来说,质量检验有下列五项基本任务:(1)鉴别产品或零部件、外购物料等的质量水平,确定其符合程度或能否接收。(2)判断工序质量状态,为工序能力控制提供依据。(3)了解产品质量等级或缺陷的严重程度。(4)改善检测手段,提高检测作业发现质量缺陷的能力和有效性。(5)反馈质量信息,报告质量状况与趋势,提供质量改进建议。

为了做好质量检验工作,必须具备一些基本条件,如要有一支熟悉业务、忠于职守的质量检验队伍,要有可靠和完善的检测手段,要有一套齐全明确的检验标准,要有一套既严格又合理的检验管理制度等。

二、检验的质量职能

在产品质量形成的全过程中,为了最终实现产品的质量要求,必须对所有影响质量的活动进行适宜而连续的控制,而各种形式的检验活动正是这种控制必不可少的条件。质量检验作为一个重要的质量职能,其表现可概括为五个方面:鉴别职能、保证职能、报告职能、预防职能和改进职能。

(一)鉴别职能

检验活动的过程就是依据产品规范(如产品图样、标准及工艺规程等),按规定的检验程序和方法,对受检物的质量特性进行度量,将度量结果与产品规范进行比较,从而对受检物是否合格做出判定。正确地鉴别产品质量是检验活动的基础功能,是检验质量职能种种表现的前提。

(二)保证职能

在正确鉴别受检物质量的前提下,一旦发现受检物不能满足规定要求时,应对不合格

品做标记,进行隔离,防止在适当处理前被误用。这种层层把关使"不合格的材料不投产,不合格的毛坯不加工,不合格的零件不转序,不合格的零部件不装配,不合格的产品不出厂",从而保证产品的符合性质量,这就是检验的保证职能,保证是任何检验都必须具备的最基本的质量职能。

(三)报告职能

报告职能就是信息反馈的职能,是全面质量管理得以有效实施的重要条件。在检验工作的过程中,及时进行信息反馈,采取纠正措施只是报告职能的最起码的要求。报告职能的更重要的表现是通过检验活动系统地收集、积累、整理及分析研究各种质量信息,根据需要编制成各类报告或报表,按规定向企业有关人员及部门报告企业产品质量的情况、动态和趋势,为企业质量决策提供及时、可靠和充分的依据。一般而言,检验质量报告大致应包括如下内容:(1)原材料、外购件、外协件进厂验收检验的情况;(2)成品出厂检验情况,如合格率、返修率、报废率、降级率及相应的经济损失;(3)各生产单位质量情况,如平均合格率、返修率、报废率及相应的经济损失,以及质量因素的排列图分析;(4)产品报废原因的排列图分析;(5)不合格品的处理情况;(6)重大质量问题的调查、分析和处理情况;(7)改进产品质量的建议;(8)其他有关问题。

(四)预防职能

鉴别、保证和报告三个方面互相配合,共同构成检验质量职能的基础。但是,检验毕竟只能在质量事实发生之后才能进行,所以,仅靠检验的鉴别、保证和报告职能不可能从根本上解决生产中的质量问题。现代质量管理对其职能的强化主要着眼于两个方面,即在检验的鉴别、保证和报告职能的基础上进一步把检验工作和其他有关工作结合起来,发挥检验对质量的预防职能和改进职能。检验的预防职能大致反映在下列四个方面:(1)在生产过程中,要求首件检验符合规范的要求,从而避免批量产品质量问题的发生;(2)通过巡回检验及时发现工序或工步中的质量失控问题,从而避免出现大的质量事故;(3)保证检验人员和操作人员统一测量仪器的量值,从而预防测量误差造成的质量问题;(4)当终检发现质量缺陷时,及时采取改进措施,预防质量问题的再次发生。

(五)改进职能

检验的改进职能表现在下列三个方面:

(1)通过检验工作获取的生产过程的质量信息及暴露的设计问题,为产品整顿时的设计改进提供依据。

(2)向工艺部门提供有关加工、转运和装配等方面的质量信息,帮助工艺部门对其工艺方案、工艺路线和工艺规程的质量保证能力进行审查、验证和改进。

(3)在质量检验和试验中发现的外购件、外协件及配套件的质量问题,主要是进货检验中难以发现的内在质量、功能质量及可靠性指标等,通过将这些问题及时反馈给采购职能部门,帮助其对供应商的质量保证能力进行审查。

三、质量检验的方式

在实践中,常按不同的特征对质量检验的方式进行分类。

（一）按检验的数量特征划分为全数检验和抽样检验

1. 全数检验

全数检验就是对待检产品百分之百地逐一进行检验，又称全面检验或百分之百检验。全数检验存在如下的一些缺点或局限性：

（1）检验工作量大，周期长，成本高，占用的检验人员和设备较多，难以适应现代化大生产的要求。

（2）虽然投入了很大的检验力量，但是由于受检个体太多，往往导致每个受检个体检验标准降低，或检验项目减少，因此，反而削弱了检验工作的质量保证程度。

（3）检验的质量鉴别能力受到各种因素的影响，差错难以完全避免，在全数检验中，这个问题往往更加突出，由于错检和漏检的客观存在，全数检验的结果并不像人们想象中的那么可靠。

（4）不能适用于破坏性的或检验费用昂贵的检验项目。

（5）对批量大但出现不合格品不会引起严重后果的产品，全数检验在经济上得不偿失。

由于上述原因，在质量检验中，如无必要一般不采用全数检验的方式。全数检验适用于以下条件：精度要求较高的产品和零部件，对后续工序影响较大的质量项目，质量不太稳定的工序，需要对不合格交验批进行百分之百重检及筛选的情况。

2. 抽样检验

所谓抽样检验是按照数理统计原理预先设计的抽样方案，从待检总体，如一批产品、一个生产过程中，取得一个随机样本，对样本中每一个体逐一进行检验，获得质量特性值的样本统计值，并同相应标准比较，从而对总体质量进行判断，做出接收或拒收、受控或失控等结论。

由于抽样检验只检验总体中的一部分个体，其优点是显而易见的。可以认为，全数检验的缺点或局限性恰恰是抽样检验的优点或长处。然而，抽样检验也有其固有的缺点，主要反映在两个方面：一方面，在被判为合格的总体中，会混杂一些不合格品，或反之；另一方面，抽样检验的结论是对整批产品而言的，因此错判，如将合格批判为不合格批而拒收或将不合格批判为合格批而接收，从而造成的损失往往很大。虽然运用数理统计原理精心设计抽样方案可以减小和控制错判风险，但不可能绝对避免。一般地，抽样检验适用于全数检验不必要、不经济或无法实施的情况，应用非常广泛。

（二）按检验的质量特性值的特征划分为计数检验和计量检验

计数检验适用于质量特性值为计点值或计件值的场合，计量检验适用于质量特性值为计量值的场合。计数检验和计量检验将在质量管理数理统计方法一部分中做详细介绍。

（三）按检验方法的特征划分为理化检验和感官检验

1. 理化检验

理化检验是应用物理或化学的方法，依靠量具、仪器及设备装置等对受检物进行检验。理化检验测得检验项目的具体数值通常精度高，人为误差小。理化检验是各种检验方式的主体，特别受到人们的关注。随着现代科学技术的进步，理化检验的技术和装备不断得到改进和发展，例如过去的破坏性试验有些已用无损检测手段代替，钢材化学成分的快速分

析由于光谱分析技术的发展而得以实现。

2. 感官检验

感官检验就是依靠人的感觉器官对质量特性或特征做出评价和判断,例如对产品的形状、颜色、气味、伤痕、污损、锈蚀和老化程度等,往往要靠人的感觉器官来进行检查和评价。感官质量的判定基准不易用数值表达,感官检验在把感觉数量化及比较判断时也常受人的自身个性及状态的影响。因此,感官检验的结果往往依赖于检验人员的经验,并有较大的波动性。虽然如此,但由于目前理化检验技术发展的局限性以及质量检验问题的多样性,感官检验在某些场合仍然是质量检验方式的一种选择或补充。

(四)按检验对象检验后的状态特征划分为破坏性检验和非破坏性检验

破坏性检验后,受检物的完整性遭到破坏,不再具有原来的使用功能,如寿命试验、强度试验以及爆炸试验等都是破坏性检验。随着检验技术的发展,破坏性检验日益减少,而非破坏性检验的使用范围在不断扩大。破坏性检验只能采用抽样检验方式。

(五)按检验实施的位置特征划分为固定检验和流动检验

1. 固定检验

固定检验就是集中检验,是指在生产单位内设立固定的检验站,各工作点上的产品加工以后送到检验站集中检验。固定检验站专业化水平高,检验结果比较可靠,但也有不足之处,例如需要占用生产单位一定的空间,易使生产工人对检验人员产生对立情绪,以及可能造成送检零件之间的混杂等。

2. 流动检验

流动检验就是检验人员直接去工作点检验。流动检验的应用场合有其局限性,但由于不受固定检验站的束缚,检验人员可以深入生产现场,及时了解生产过程的质量动态,容易和生产工人建立相互信任的合作关系,有助于减少生产单位在制品的占用。

(六)按检验目的的特征划分为验收检验和监控检验

1. 验收检验

验收检验广泛存在于生产全过程,如原材料、外购件、外协件及配套件的进货检验,半成品的入库检验,产成品的出厂检验等。验收检验的目的是判断受检对象是否合格,从而做出接收或拒收的决定。

2. 监控检验

监控检验也叫过程检验,目的是检查生产过程是否处于受控状态,以预防由于系统性质量因素的出现而导致的不合格品的大量出现,例如生产过程质量控制中的各种抽样检验就是监控检验。质量检验方式的分类还有很多,在此不一一列举。实际上,一种检验活动往往具有多种特征,因此可以同时属于多种检验方式。

四、质量检验的基本类型

实际的检验活动可以分成三种类型,即进货检验、工序检验和完工检验。

（一）进货检验

进货检验是对外购货品的质量验证,即对采购的原材料、辅助材料、外购件、外协件及配套件等入库前的接收检验。为了确保外购货品的质量,进厂时的收货检验应由专职质检人员按照规定的检查内容、检查方法及检查数量进行严格的检验。进货检验的深度主要取决于需方对供方质量保证体系的信任程度。需方可制定对供方的质量监督制度,例如对供方的定期质量审核,以及在生产过程的关键阶段派人对供方的质量保证活动进行现场监察等。需方对供方进行尽可能多的质量验证,以减少不合格品的产出,这是需方保证进货质量的积极措施。进货必须有合格证或其他合法证明,否则不予验收。供方的检验证明和检验记录应符合需方的要求,至少应包括影响货品可接受性的质量特性的检验数据。

进货检验有首件(批)样品检验和成批进货检验两种。

1. 首件(批)样品检验

首件(批)样品检验是需方对供方提供的样品的鉴定性检验认可。供方提供的样品必须有代表性,以便作为以后进货的比较基准。首件(批)样品检验通常用于以下三种情况:供方首次交货,供方产品设计或结构有重大变化,供方产品生产工艺有重大变化。

2. 成批进货检验

成批进货检验是按购销合同的规定对供方持续性后继供货的正常检验。成批进货检验应根据供方提供的质量证明文件实施核对性的检查。

进货检验应在货品入库前或投产前进行,可以在供方处也可在需方处进行。为保证检验工作的质量,防止漏检或错检,应制定"入库检验指导书"或"入库检验细则"。进货经检验合格后,检验人员应做好检验记录,及时通知仓库收货。对于检验不合格的应按照不合格品管理制度办理退货或进行其他处置。

（二）工序检验

工序检验有时称为过程检验或阶段检验。工序检验的目的是在加工过程中防止出现大批不合格品,避免不合格品流入下道工序。因此,工序检验不仅要检验在制品是否达到规定的质量要求,还要检验影响质量的主要工序因素(即"5M1E"),以决定生产过程是否处于正常的受控状态。工序检验的意义并不是单纯剔除不合格品,还应看到工序检验在工序质量控制乃至质量改进中的积极作用。

工序检验通常有以下三种形式:

1. 首件检验。所谓首件,是指每个生产班次刚开始加工的第一个工件,或加工过程中因换人、换料、换活以及换工具、调整设备等改变工序条件后加工的第一个工件。对于大批量生产,"首件"往往是指一定数量的样品。实践证明首件检验是一项尽早发现问题,防止系统性质量因素导致产品成批报废的有效措施。

首件检验一般采用"三检制"的办法,即先由操作者自检,再由班组长复检,最后由检验员专检。首件检验结果应由专职检验员认可,并打上规定的质量标记,做好首件检验的记录。无论在何种情况下,首件未经检验合格,不得继续加工或作业。检验人员必须对首件的错检、漏检所造成的后果负责。

2. 巡回检验。巡回检验要求检验人员在生产现场对制造工序进行巡回质量检验。检验人员应按照检验指导书规定的检验频次和数量进行,并做好记录。工序质量控制点应是

巡回检验的重点,检验人员应把检验结果标在工序控制图上。巡回检验对检验人员提出了较高的素质要求,也是检验人员充分发挥职能作用的检验方式。检验人员在认真履行检验职能的同时,还应积极主动地帮助操作工人树立"质量第一"的思想意识,分析质量原因,提高操作技术。当巡回检验发现工序质量问题时不能有情面观念,要严格把关。一方面,要和操作工人一起找出工序异常的原因,采取有效的纠正措施,恢复工序受控状态;另一方面,必须对上次巡回检验后到本次巡回检验前所有的加工工件全部进行重检或筛选,以防不合格品流入下道工序或流向用户。

3. 末件检验。末件检验是指在主要靠模具、工艺装备保证质量的零件加工场合,当批量加工完成后,对最后加工的一件或几件产品进行检查验证的活动。末件检验的主要目的是为下批生产做好生产技术准备,保证下批生产时能有较好的生产技术状态。末件检验应由检验人员和操作人员共同进行,检验合格后双方应在"末件检验卡"上签字。

(三) 完工检验

完工检验又称最终检验,是全面考核半成品或成品质量是否满足设计规范标准的重要手段。由于完工检验是供方验证产品是否符合顾客要求的最后一次机会,所以是供方质量保证活动的重要内容。完工检验必须严格按照程序和规程进行,只有在程序中规定的各项活动已经圆满完成,以及有关数据和文件齐备并得到认可后,产品才能准许发出。

完工检验可能需要模拟产品用户的使用条件和运行方式。在有合同要求时,经由用户及用户指定的第三方一起对产品进行验收。必要时,供方应向用户提供有关质量记录。成品质量的完工检验有两种,即成品验收检验和成品质量审核,这些必须有用户的参与并得到用户的最终认可。完工检验可以是全数检验,也可以是抽样检验,应该视产品特点及工序检验情况而定。供方质量体系应保证,在质量计划规定的活动完成以前绝不发货;同时,质量体系还应该保证收集所有影响质量活动的记录,以便生产结束后对它们立刻进行评审。

五、不合格品的管理

不合格品的管理是质量检验,也是整个质量管理中的重要问题。不合格品是指没有满足某个规定的要求的产品。在质量检验工作中,对可疑的不合格品或生产批次,必须认真加以鉴别,对确实不符合要求的产品必须确定为不合格品。

对质量的鉴别有两种标准:一种是符合性标准,即产品是否符合规定的技术标准。这种鉴别有明确的标准可以对照,是质量检验人员及机构的经常性工作。另一种是适用性标准,即产品是否符合用户要求。用户要求往往因人、因时、因地而异,较多个性而较少共性,因此,产品质量的适用性标准可能会超出质量鉴定的范畴。从现代质量观来看,产品质量的符合性标准和适用性标准在本质上应该是一致的,但在现实生活中这两种标准未必总能合拍。某些用户对一个完全符合质量标准的产品可能会觉得并不称心如意,而某些用户对一个不完全符合质量标准的产品反而觉得其性能和质量正合心意。但是,不管怎样,为了真正发挥质量检验的把关和预防职能,任何情况下都应坚持质量检验的"三不放过"原则,即"不查清不合格原因不放过,不查清责任者不放过,不落实改进措施不放过"。

当生产过程的某个阶段出现不合格品时,决不允许对其做进一步的加工。同时,根据"三不放过"原则,应立即查明原因。如是生产过程失控造成,则在采取纠正措施前,应暂停

生产过程,以免产生更多的不合格品。根据产品和质量缺陷的性质,可能还需对已生产的本批次产品进行复查全检。对不合格品本身,应根据不合格品管理程序及时进行标示、隔离、评审、处置,提出预防措施,防止不合格再发生。

（一）标示

对不合格品的标示,应按产品特点和质量体系程序文件的规定进行。对不合格品的标示应当清楚醒目,并应采用不能消除或更改的标示方法,对不合格品及其标示必须按统一格式认真做好记录。

对已做了标记和记录的不合格品,供方应在等候评审和最终处置期间将其放置在特定的隔离区,并实行严格控制,以防在此之前被动用。

（二）隔离

有了标记以后,将不合格品和合格品进行隔离,放置在指定的隔离区,予以标明,以防止在适当处置前继续使用或与合格品混用或错用。

（三）评审

出于经济上的考虑,企业可以指定有关部门和人员对不合格品进行评审,以便确定是否特许（或让步）、接收（经修理或不修理）或返修、返工、降级、报废。进行评审的人员应有能力判定评审的决定对互换性、进一步加工、性能、可靠性、安全性及外观的影响。

（四）处置

从某种意义上说,处置就是实现评审所做出的决定,对不合格品的处置主要包括:

1. 返修。对虽然可能不符合原规定要求,但能使其满足预期的使用要求的不合格品所做出的处置。

2. 降级。对因外表或局部的质量问题达不到质量标准,但并不影响主要性能的不合格品所进行的降低级别的处置。

3. 报废。对无法修复或在经济上不值得修复的不合格品予以废弃的处置。

4. 特许（或让步）。对使用和放行不符合规定要求的产品的书面认可。这种情况有时称为"弃权"或"回用"（该产品称为回用品）。特许一般限于某些特定不合格特性在指定偏差内的情况,并限于一定期限或数量的产品。

需要明确的是,不合格品的评审结论是一次性的,也就是说只对当时被处置的不合格品有效,不能作为以后验收其他产品的依据。

（五）预防措施

预防措施是指为了防止潜在的不合格、缺陷或其他不希望的情况的发生,为消除其产生原因所采取的措施。对按同样设计或同样程序加工的其他不合格产品的评审和对以前各批同样产品的评审都在预防措施之列。

预防措施的目的是确保工作的顺利进行,以及减少返工、返修或报废的费用。因此,应对返修、返工和改进的产品进行重新检验或重新试验,以验证其是否符合规定要求。此外,在有必要追回不合格的成品时,不论该成品是在成品库房、输送途中、销售商仓库,还是已

经使用都应追回。在做出追回的决定时要考虑安全性、产品责任及顾客满意程度这些因素的影响。

(六)防止不合格再发生

这是指防止再次发生同样性质的不合格品,因此要求:

1. 出现不合格品(批)后,应对其进行质量分析,努力做到"三不放过",即原因未查清不放过,责任未明确不放过,改进措施未落实不放过。

2. 对不合格品(批)的档案要定期进行统计分析,查清造成不合格的系统性原因和偶然性原因,以便采取针对性措施,努力排除问题再次发生的可能性,或把再次发生的可能性减少到最低程度。

不合格品的控制是一项综合性、技术性很强的工作,它涉及向顾客提供质量保证,加强质量分析和采取纠正措施等一系列问题,要求必须明确职责权限,把不合格品的控制所包含的各项职能落实到有关部门。一般来说,不合格品的鉴别与隔离,属于符合性判断,应以检验部门为主;但不合格品的评审和处置属于适用性判断,应由企业另行指定的部门,如质量保证部门或不合格材料审查委员会等及其人员进行评审,以确保它们能够使用、返修、降级、让步或者报废。

思 考 题

1. 质量管理经历了哪些发展阶段,各阶段的特点是什么?
2. 什么是全面质量管理? 简述全面质量管理的特点。
3. 简述全面质量管理的基本观点。
4. 简述全面质量管理的八项原则。
5. 简述全面质量管理的基本内容。
6. 简述全面质量管理中常用方法。

【阅读材料】

质量管理案例分析——名牌的凋落

河北环宇集团从 1970 年开始生产电视机,曾在全国较有名气,获得过几十种荣誉,如"全国彩电评比一等奖"、"国家银质奖"、1985 年"全国十大名牌"等,可谓名噪一时。可是到 1995 年底,河北环宇集团明亏 1.48 亿元,潜亏 4 915 万元,负债 2.96 亿元,宣告破产。环宇的彩电 1974 年就送进了中南海,1984 年又较早地引进了彩电生产线,产品进军欧洲市场,还在英国成立了英环公司,生产环宇电视机,此举吸引了 23 个国家的驻华大使、参赞来厂参观,1988 年生产了电视机 40 万台,当时规模已不算小了。但到了 1989 年国内市场开始疲软后,工厂领导对电视机市场发展前景做了错误的估计,认为前途不是很远大。因此,对这个产品不重视,从 1989 年到 1995 的 6 年间仅投入 3 000 万元,该厂电视机从 1984 年到 1989 年的五年,只销售了 47C-2 型一种机型,1989 年后虽然开发了 54 厘米的几个品种,但是别的厂家 64 厘米、74 厘米、画中画等新产品迭出,而环宇彩电还是老面孔,当然没有市场。从市场开拓来说,环宇根本没有开辟和形成自己的销售渠道与网络。电视机走俏时,该厂的销售只考虑先卖给谁,后卖给谁就行了,根本不去抓市场,市场疲软时,又不知道产品往哪里销,没有自己的销售系统,在全国的经销单位只有20多个。从集团内部运作机制上看,其内部运作不规范,内部结构变化频繁。1987年后机构每年一变或几变,从1987年到1991年的4年间进行了6次大调整,还不包括小调整。1991年后集团内又做了3次分与合的调整。电视机厂的厂长平均一年换一次,最长的为1年7个月,最短的8个月,连中层干部还没认识就下台了,而且,这些机构的调整,并没有把责、权、利理顺,厂长具体管企业,但没有权,公司总经理有权,但不直接管理企业,企业运作很不好。环宇集团最终于1995年7月宣告破产,1996年被宝石集团收购。

环宇集团破产的主要教训是什么,给我们什么启示?

(一)环宇集团主要教训

1.对市场前景的错误估计。

(1)由于环宇集团在市场预测上出现了偏差,以致错误地估计了形势,认为电视机市场发展前景不是很远大,因此,在接下来的一段时间内对产品并不够重视,投资规模较小,从1989年到1995的6年间仅投入3 000万元。

(2)该厂电视机从1984年到1989年的五年中只销售了47C-2型一种机型,在新产品开发方面有些落后于竞争者。据资料显示,1989年后虽然开发了54厘米的几个品种,但是别的厂家64厘米、74厘米、画中画等新产品迭出,而环宇彩电还是老面孔,所以导致了后来环宇产品为市场所淘汰。

(3)由于对前景的估计不当,使公司缺乏开拓进取的精神,缺少创新,而众所周知,没有竞争的市场是缺乏活力的,创新也是企业提升竞争力的重要方面,所以,环宇的衰落与此也是紧紧相关的。

2.从市场开拓角度说,环宇没有开辟和形成自己的销售渠道与网络。

在渠道为王的今天,企业与企业之间的竞争越来越多地向渠道倾斜,各企业都更加重视自身渠道建设和渠道的管理,以保证通路的顺畅,同时节约成本、促进利润最大化。而且对渠道的建设也已经成为影响企业整体质量的重要方面,所以必须更加重视销售渠道与网络的建设。而环宇集团在全国的经销单位只有20多个,在电视机走俏时,其销售也只考虑先卖给谁,后卖给谁就行了,根本不去抓市场,而市场疲软时,又不知道产品往哪里销,没有自己的销售系统。

3.从集团内部运作机制上看,其内部运作不规范,内部结构变化频繁。

根据案例我们知道,从1987年到1991年的4年间环宇进行了6次大调整,还不包括小调整。1991年后集团内又做了3次分与合的调整。电视机厂的厂长平均一年换一次,最长的为1年7个月,最短的8个月,连中层干部还没认识就下台了,而且,这些机构的调整,并没有把责、权、利理顺,厂长具体管企业,但没有权,公司总经理有权,但不直接管企业,企业很难运作。这么频繁的内部调整使得公司里面组织的稳定性较差,而且组织成员之间的交流也难以非常迅速、深入地实现,同时频繁地调整,企业凝聚力和协调性也较差,这都对企业长期的发展不利。除此之外,调整后的机构权责不统一、不协调,使得效率降低,这也是环宇失败的又一原因。

4. 对质量的认识不足

环宇集团符合性的质量观点以"符合"现行标准的程度作为衡量的依据。"符合标准"就是产品的质量,"符合"的程度就是质量的水平。这是在生产力不发达、市场竞争不充分条件下的产物。随着社会经济的发展,市场竞争的加剧,符合性质量概念的局限性逐步显示出来。正是企业的这种质量观念,所以才导致了其不能以长远的、动态的眼光来看待质量,对消费者的需求也很难有一个比较清晰、准确的认识,在质量管理上也就难以采取合理、有效的措施了。

(二)启示

1. 企业的发展必须要有一个长期的战略规划,对企业的发展目标、任务,企业的组织机构设置,各个时期要达到一个怎样的程度等,都要有一个明确的认识,使得企业的各项活动都在一个指导思想下进行,而不至于盲目而缺乏章法。

2. 坚持全面质量管理。

(1)所谓全面质量管理(TQM)就是一个组织以质量为中心,以全员参与为基础,是通过让顾客满意和本组织所有成员及社会受益而达到长期成功的管理途径。

(2)全面质量管理有三个核心的特征,即全员参加的质量管理、全过程的质量管理和全面的质量管理。全员参加的质量管理,即要求全部员工,无论高层管理者还是普通办公职员或一线工人,都要参与质量改进活动。参与"改进工作质量管理的核心机制"是全面质量管理的主要原则之一。全过程的质量管理必须在市场调研、产品的选型、研究试验、设计、原料采购、制造、检验、储运、销售、安装、使用和维修等各个环节中都把好质量关。其中,产品的设计过程是全面质量管理的起点,原料采购、生产、检验过程是实现产品质量的重要过程;而产品的质量最终是在市场销售、售后服务的过程中得到评判与认可。全面的质量管理是用全面的方法管理全面的质量。全面的方法包括科学的管理方法、数理统计的方法、现代电子技术、通信技术等。全面的质量包括产品质量、工作质量、工程质量和服务质量。

(3)全面质量管理还强调以下观点:

①用户第一的观点,并将用户的概念扩展到企业内部,即下道工序就是上道工序的用户,不将问题留给用户。

②预防的观点,即在设计和加工过程中消除质量隐患。

③定量分析的观点,只有定量化才能获得质量控制的最佳效果。

④以工作质量为重点的观点,因为产品质量和服务均取决于工作质量,强化工作质量可以提高产品质量、改善产品设计、加速生产流程、鼓舞员工的士气和增强质量意识、改进产品售后服务、提高市场的接受程度、降低经营质量成本、减少经营亏损、降低现场维修成本、减少责任事故。

3. 转变质量观。

用动态的眼光去看待消费者需求,时时刻刻洞察广大消费者的需求,环宇集团正是因为对质量的认识不足,不够全面,而放松了产品的创新,不能更好地满足顾客的新的需求,所以渐渐地失去了市场。

4. 坚持创新。

在现代市场中,创新已经越来越成为企业核心竞争力的重要推动力量,只有不断地创新,才能够不断适应市场需求,提高竞争能力,为企业创造更多的利益,使企业在市场上占据有利地位,所以任何企业都不能放松。环宇集团正是因为在对市场前景做出错误的估计后,对电视机市场投入过少,创新不足,才被市场淘汰,进而破产。所以更多的企业必须将创新放在重要位置。

5.重视营销渠道的建设。

渠道是企业最重要的资产之一,同时也是变数最大的资产。只有建立良好的渠道,企业产品才能更好地到达市场。而环宇根本没有认识到这一点,在市场开拓方面,根本没有开辟和形成自己的销售渠道与网络,不去抓市场,使得其在与其他厂家竞争时受到严重制约。因此,企业要获得较大的市场份额和占据有利的竞争地位,必须在渠道的建设上下足功夫,对渠道管理也丝毫不能松懈,本着全面质量管理的精神增强渠道竞争力。

第四章　顾客需求管理

"从满足顾客需求出发,一切为了顾客满意",这是质量管理的一个永恒话题。顾客满意是动因,是归宿。满足顾客需求是前提,而要想达到甚至超过顾客的需求,必须致力于质量水平的持续改进。

那么,顾客在哪里? 如何识别顾客的真正需求? 顾客关系管理包含哪些内容? 如何测评顾客满意度? 这些问题有时是那样的显而易见,有时又百思不得其解。

第一节　顾客需求调查

一、顾客的认识

顾客就是某个机构提供任何种类产品或服务的接受者,他们包括公司的股东、雇员、合作公司的合作者、社区的居民、政府官员,甚至供应商。由于顾客的存在,企业才得以生存,因此,企业都竭尽全力将可以运用的资源,投注在顾客身上,以期从中获取利润。

(1)按时间划分顾客。从时间的角度考虑,顾客可分为三种类型。

第一种类型:过去型顾客。

这些客户就是过去曾经购买过该企业的产品的人。无论他们过去购买交易次数是多是少,是出于冲动还是有计划地进行购买,只要有过交易记录,这些人就是该企业的顾客。

第二种类型:现在型顾客。

这类顾客就是指正在和某企业进行交易的人。即使是第一次,只要正在进行交易,不论是否达成交易,都是顾客。

第三种类型:未来型顾客。

这类顾客指将来有可能会购买企业产品的人。在过去没有发生过交易的人,并不意味着以后不是企业的顾客。

(2)按所处位置划分顾客。这种划分方法依据顾客所处位置,把顾客分为两类。

第一种顾客:内部顾客。

这类顾客指企业内部的从业人员、基层员工、主管甚至股东都包括在内。由于符合客户的定义,内部顾客上班时固然是企业内部从业人员,但在下班后,就是一般性的顾客了。

第二种顾客:外部顾客。

外部顾客分为以下两类。

第一类:显著型顾客。

必须具备以下条件,才可以称得上是企业的显著型顾客:具有足够的消费能力;对某种商品有购买的需求;了解商品的信息和购买渠道;可以为从业者立即带来收入。

显著型顾客由于能为企业带来眼前立即的利益,所以是企业所极力争取的消费群体。

第二类:隐藏型顾客。

隐藏型顾客具有以下一些特征:目前预算不足,或不具有足够的消费能力;拥有消费能

力,但没有对某种商品的购买需求;具有消费能力,也有购买需求,但缺乏商品的购买信息和渠道;会随着环境、个人条件或需要的变化,而成为显著型顾客。

隐藏型顾客虽然不能为企业立即带来收入,但企业想要长期发展,就不能忽略这一群体。一般而言,显著型顾客重视的是效用与满足的问题,隐藏型顾客重视的是需要与满足的关系。企业既要保持对显著型顾客的吸引力,也要有长远发展的眼光,对隐藏型顾客有足够的重视。

二、顾客的需求分析

市场调查专家们曾做过一项有趣的测试:将一批同类的由不同企业生产的产品,除去它们的品牌标识,发现被测试者常常分不出它们之间的差异,但只要到了超市的货架上,他们却又坚持非某个品牌的产品不买。顾客到底有什么样的需求,他们到底希望得到什么呢?

(一)顾客需求的概念和特点

科特勒在《营销管理》一书中指出:需求是指那些人类有能力满足,而且又愿意满足的需要。一般而言,顾客需求具有如下特点:

(1)对象性:所有的顾客需求,总是包括一定的内容,或是某种具体的事物。

(2)选择性:顾客需求是多种多样的,已经形成的需求经验使人们能够对需求的内容进行选择,这包括了对同类需求对象的选择和相互替代的选择。

(3)连续性:顾客的需求总是不断地出现,满足,再出现。在大多数情况下,会有多种需求同时产生,但总有一种需求居主要地位,起支配作用。当主要需求被满足后,原先处于次要地位的需求便可能上升为主要需求,成为支配人们行为的目标和动力。

(4)相对满足性:顾客需求存在一个可以被达到的具体标准,只要等于或高于这一标准,人们便会有感到需求被满足后的愉悦。

(5)发展性:顾客需求会随着社会经济和文明的不断发展,由低级到高级、由物质到精神、由简单到复杂而不断发展变化。

(6)伸缩性:顾客对某种商品的需求量会随着条件的变化而变化,或增加,或减少。条件包括收入水平、价格波动、社会舆论大气候等。

(7)可诱导性:在外部各种刺激的影响下,消费者的需求也会发生变化,它既可以被诱发,也可以被引导和调节。

(8)可替代性:只要能获得相同或相类似的效用,顾客便可以在不同的替代性产品与服务之间选择。这种选择,有时与市场的供应量有关,有时还和顾客的消费倾向以及消费习惯的变化有关。

(9)不满足性:一方面,当顾客旧的需求得到满足后,新的需求便会产生并有待满足;另一方面,由于市场生产能力的限制,需求有时未能得到完全满足。即使能找到替代品,不满足感也会在一段时间里一直存在。

(二)顾客需求的内涵

人类的各种需要和欲望是市场营销的出发点,顾客满意是企业取得良好业绩的保证。需要(Need)、欲望(Lust 或 Desire)、需求(Demand)和满意(Satisfaction)之间存在密切的内在联系。

　　人类的需要是指没有得到某些基本满足的感受状态。人们为了生存,需要食品、衣服、住所、安全、归属和受人尊重。这些需要都不是社会和营销者创造的,它们存在于人的生理及心理要求之中。需要是个体动力的源泉,它直接影响着人的基本行为。人为满足需要,有时要付出巨大的意志努力,克服各种困难。因此,没有需要,就不会有顾客的认识行为、情绪行为和意志行为,因而也就不会有购买行为。需要是顾客购买行为的原动力。

　　欲望是指对具体满足物的愿望。需要是一种不稳定状态,当它明确指向一定目标,并产生希望满足的要求时,便称为欲望。所以欲望是需要的发展。欲望已经具有了指向性的特征,也就是它已指向一定的目标物。但这并不表明个体一定会去满足它。因为欲望毕竟仅是一种愿望,无论它有多么强烈,仍是一种愿望而已。欲望的广度比需要窄得多,它仅是有明确指向的需要部分。而它的强度比需要高得多,因为它向现实迈进了一步。

　　需求是指对有能力购买并且愿意购买的某个具体产品的欲望。当具有购买能力时,欲望便转化成需求,因此需求与需要和欲望有质的不同。需求构成了现实市场,具有当前获利性,而需要和欲望构成未来市场,只具有未来获利性。需求的广度比欲望和需要窄得多,它只是有购买力支持的欲望和需要。在需要和欲望上,个体之间是难分高低的,但一旦与购买力结合,社会就分出了层次。购买力强者,需求的广度更广,购买力弱者,需求广度就窄。在强度上,需求比欲望和需要强得多,因为它距现实最近,它是可以满足得起的需要。

　　满意是对需求是否得到满足的一种界定尺度。当需求被满足时,个体便体验到一种积极的情绪反应,这称为满意,否则即体验到一种消极的情绪反应,这是不满意。高度满意的顾客会忽视竞争品牌和广告,并对价格不敏感。

　　顾客需求是人类的一种需要与欲望。在无限的需要与永远无法完全满足的欲望当中,那些对顾客来说有足够的经济实力而可以购买的需要与欲望,构成了顾客需求的主体。对企业来说,只有对这一部分的需要进行满足,也就是满足了顾客需求,才可能使顾客满意。

(三)顾客需求的发展属性分析

　　要成为一个成功的产品或服务品牌,就必须进行顾客细分,了解顾客的需求特征,并通过产品和服务去努力满足顾客的基本要求和形形色色的差别化需求。根据马斯洛的层次理论,按紧迫程度及满足难度大小来划分,需求可分成5个层次:生理、安全、社会、尊重与自我实现。

　　(1)生理需求:这是人类(顾客)最基本、最起码的需求,如食物、饮料、穿着、住所等。在这种需求未得到最低限度的满足时,其他需求都只能退到被压抑的位置。

　　(2)安全需求:生理需求得到初步满足之后,人们就会希望获得一种较为长期的安全感。

　　(3)社会需求:当人们的个人基本需求得到满足后,还希望能从社会获得友谊、理解和爱情,并希望能从属于某一社会团体,参加各种社交活动,受到社会的承认与接纳。

　　(4)尊重需求:人们都希望自己有一定的社会地位,受到别人的尊重和信赖。这种需求的满足,可以使人认识到自身存在的价值,增强对自己、对社会的信心。

　　(5)自我实现需求:人们要求能从事可以充分发挥自己聪明才智的工作,渴望能实现自己的理想和抱负,渴望充分实现自身的价值。这是最高层次的需求,也最难满足。

　　这五种需求是按层次逐级上升的,当低层次的需求得到基本满足后,就会进一步追求更高层次的需求。人们需求的发展是一个缓慢交替的过程。各层次的需求实际上是同时存在的,只不过在不同时期不同条件下,由某一种需求占主导地位罢了。

三、顾客需求调查方法

(1)询问法。询问法就是由调查人员拟定好调查提纲,请顾客提出对某一产品或服务的需求。顾客需求调查问卷是一种规范的询问法。

表4-1是一家装饰公司的顾客需求调查问卷。实际使用中,装饰公司可根据其目标顾客群或调查重点进行修改。

其他类型的公司或组织可以设计有针对性的调查问题。为尽可能地减少顾客填写问卷的时间,所设计的调查问卷应以选择题为主,辅以开放式的问题。

调查问卷的送达和收回方式有纸质邮寄、电子版邮箱发送和回复、调查人员送达和回收等。无论采用何种方式,为保证调查质量,均需做适当的培训,必要时可支付一定的报酬。

表4-1 某装饰公司顾客需求调查问卷

尊敬的顾客:

您好!

本公司是一家装饰公司,为了更好地服务顾客,特进行本次问卷调查。为保证调查结果的客观性,请独立完成本次调查问卷,此外,在填写时,请仔细阅读所给出的问题,以便给出确切的答案。

1.请问您的年龄是多少?

□25 岁或以下 □26~30 □31~35 □36~40 □41~45 □46~50 □51~60 □61 岁或以上

2.请问您的职业是什么?

□公司高管 □公司中层管理 □公司一般管理人员 □公司服务人员 □个体老板 □专业人士(医生/律师/工程师等) □公务员 □教师 □自由职业者

3.请问您家有多少人常住(一周至少住五天的家庭成员)?

□1~2 人 □3~4 人 □5~6 人 □7 人或以上

4.您的住房面积是多少?

□70 m² □70~100 m² □100~150 m² □150~200 m² □200 m² 以上

5.您的装修预算是多少?

□8 万元以下 □8~10 万 □10~15 万 □15~25 万 □25~35 万

□35~50 万 □50 万以上

6.对于住房装饰,您最担心的问题是什么颜色?

□不能看到施工过程 □对施工质量不放心 □主体材料质量不能保证

□后续维修服务不能保证

7.请问您家客厅的空调是哪种机型?

□柜机 □挂机 □集中式

8.您希望客厅地面用什么材料?

□实木地板 □实木复合地板 □强化复合地板

9.您希望房间(卧室或书房)的地面用什么材料?

□实木地板 □实木复合地板 □强化复合地板

10.您希望客厅的墙面用什么材料?

□涂料 □墙纸 □涂料+墙纸 □瓷砖

11. 您希望卧室或书房的墙面用什么材料?

□涂料　□墙纸　□涂料＋墙纸　□瓷砖

12. 您希望客厅和卧室地面的主色调是什么?

□淡黄色　□淡粉色　□其他

13. 您希望客厅和卧室墙面的主色调是什么?

□淡黄色　□淡粉色　□其他

14. 您准备在主卧放多宽的床?

□1.8 m　□2 m　□2 m 以上

15. 您通常在哪些房间上网?

□客厅　□卧室　□书房

16. 在卫生间的以下部件中,您认为哪些是必备设施(复选)?

□洗面盆　□洗手台　□镜前灯　□浴缸　□淋浴屏　□花洒　□毛巾挂杆　□马桶

□厕纸　□冷热水龙头

17. 在泡浴和淋浴中,您更喜欢哪一种?

□泡浴　□淋浴

18. 您更喜欢哪种类型的花洒?

□手持花洒　□头顶花洒　□侧喷花洒

19. 您一般在哪里洗需要手洗的衣服?

□卫生间洗衣盆　□洗面盆　□浴缸　□其他

20. 您的洗手台上需要摆放多少件物品?

□5 件以内　□6～10 件　□11～15 件　□16～20 件　□20 件以上

21. 您通常需要在手巾架上挂多少块毛巾?

□1～2 块　□3～4 块　□5～6 块　□7 块及以上

22. 请问您更喜欢用燃气热水器还是电热水器?

□燃气热水器　□电热水器

23. 您准备装修哪种类型的厨房?

□开放式　□封闭式　□其他

24. 下列厨房电器哪些是您经常使用的(复选)?

□电饭煲　□电磁炉　□微波炉　□多士炉　□豆浆机　□咖啡机　□搅拌机　□消毒柜

□洗碗机　□电动米桶　□干手机

25. 您是右手为主还是左手为主?

□右手　□左手

26. 您在厨房或洗手间时觉得最不方便的事是什么(复选)?

□住宅电话响了　□门铃响了　□错过想看的电视节目

27. 请在以下空白处填写你认为重要的其他需求信息:

_____

_____

_____

衷心感谢您在百忙之中完成本次调查问卷。

（2）观察法。观察法就是跟踪相同产品或类似产品的生产、包装、运输、消费/使用以及最终处置的全过程，以记录、收集有关产品需求的信息和资料。

（3）实验法。实验法就是采用理化实验方法获得产品的可靠性、安全性、可维护性等性能，可拆卸性、可装配性、可降解性、能源消耗、噪声、废弃物排放、振动等环境属性，以及全生命周期成本。

第二节　顾客关系管理

一、关于顾客关系管理的认识

顾客关系管理（Customer Relationship Management，CRM）作为一个新兴的管理概念，从不同角度有许多不同的代表性定义。

定义1："顾客关系管理就是吸引并保持有经济价值的客户，驱逐并消除缺乏经济价值的顾客。"

定义2："顾客关系管理是指通过围绕顾客细分来鼓励满足顾客需要的行为，并借助实现顾客与供应商之间的联系等手段，以提高盈利、收入和顾客满意度的遍及整个组织的商业策略。"

定义3："顾客关系管理通过协调、整合、集成组织同顾客的所有接触点，即整合销售、营销和服务流程，增强组织的获利能力，增加组织的收益，致力于建立、增进和开发、利用与重要顾客之间的良好个人关系。"

定义4："顾客关系管理是一种顾客导向的管理方法，它是基于整合了前台营销、销售、服务的所有信息的信息系统。"

定义5："顾客关系管理是组织通过富有意义的沟通，理解并影响顾客行为，最终实现提高顾客获得、顾客保留、顾客忠诚和顾客创利的目的。"

上述这些关于顾客关系管理的界定，各有其侧重之处。定义1是从顾客关系的本质出发，强调了"关系"的经济价值，这也是如今人们普遍接受的一种定义；定义2强调了商业策略；定义3则强调了整合顾客接触点和前台各流程；定义4认为顾客关系管理是一种管理方法，强调以信息系统为基础，前后台信息共享；定义5强调的则是管理与顾客的关系。

顾客关系管理有三种理解思路：一是顾客关系管理是把顾客置于决策出发点的一种商业哲学，它使组织与顾客的关系更加紧密；二是从组织战略的角度来理解，认为顾客关系管理是通过组织对顾客关系的引导，达到组织最大化盈利的组织战略；三是从系统开发的角度来理解，认为顾客关系管理是帮助组织以一定的组织方式来管理顾客的互联网软件系统。它们之间的关系：顾客关系管理的理念是促成组织战略观形成的思想基础，顾客关系管理系统是在互联网环境下辅助这一组织战略观得以实现的有力工具。

顾客关系管理应定位于战略高度，基于以下几点认识：

（1）顾客关系管理是一种组织发展的整体战略观，是组织决策的基础，涉及组织的各个层面，团队协作是实现这一战略的必不可少的条件。当前有些观点认为，顾客关系管理是营销范畴的概念，或者说它就是一对一营销、关系营销或数据库营销，将顾客关系管理局限于组织营销部门。其实顾客关系管理并不等同于传统的组织营销，组织营销只是顾客关系管理战略的一部分。

（2）顾客关系管理的核心是价值。在对顾客的识别、保留和发展的整个生命周期里,对价值的评判始终是贯穿其中的核心问题。这种价值评判包括两个方面:一是组织为顾客提供的价值的评价,二是顾客对组织的价值贡献的评价。顾客关系管理的实施过程是一个使关系增值的管理过程。

（3）对长期价值的关注是顾客关系管理的重要特点。顾客关系管理强调的是组织与顾客长期的价值互动关系,并最大化长期互动关系的效用,实现顾客与组织的双赢。

（4）顾客关系管理是集中体现为对价值客户的认识、保留和发展的动态管理。由于顾客关系管理关注的是长期价值关系,因此对顾客的选择尤为关键。顾客关系管理并不是对所有顾客不加区别地对待,而是不断为价值顾客提供优厚的价值服务,并从价值顾客那里得到卓越回报的一种有目的的价值交换战略。

（5）顾客关系管理实质上是对组织客户资产的增值管理。顾客要成为组织的无形资产,两个必备的条件是组织与顾客之间有事实关系存在,以及对这种关系组织有数据和文件记录来保证双方之间的双向沟通。显然,顾客关系管理的实质就是组织对顾客资产的增值管理。

二、顾客关系管理的重要环节

有效的顾客关系管理依赖于若干重要环节,这便是组织的可达性与承诺、选拔和培训与顾客直接接触的员工、明确顾客接触要求、有效的投诉管理、全面分析顾客价值,以及寻求战略伙伴与联盟。

（1）组织的可达性与承诺

以顾客为关注焦点的组织都非常重视其组织和员工的可达性(Accessibility),即当顾客需要时能够使之非常方便、快捷地联系到相关的部门或人员的一种能力。除了人工值守的顾客接触渠道之外,800电话、传真、电子邮箱、公司网站都是常用的实现可达性的手段。

笃信自身产品和服务质量的组织会向其顾客做出可靠的承诺。这些承诺指向顾客关切或担忧的事项,旨在排除一切可能降低顾客信心的情况,并会清晰简明地向顾客沟通。许多承诺表现为担保或保证的形式。例如,美国的联邦快递公司向顾客做出了"晚送达一分钟即全额退费"的承诺。我国的一些家装公司则向顾客做出了"先行赔付"的保证。

（2）选拔和培训与顾客直接接触的一线员工

与顾客直接接触的一线员工在顾客关系管理中发挥着十分重要的作用。这些员工所担负的职责使得他们必须与顾客进行日常的接触,无论是面对面还是打电话或是其他的方式。这些人员的工作能力和工作水准会直接地投射在顾客的心理感受上,并在很大程度上影响着企业与顾客的关系。

这些直接与顾客接触的员工必须仔细地加以选拔和培训,赋予他们必要的职权和能力使其满足和超越顾客的需要和期望。一些公司在招聘过程中就注重选拔那些具有相应能力并且渴望建立良好顾客关系的人员。这类人员应当具有良好的人际和沟通技能、较强的分析问题和解决问题的技能,他们应当自信、抗压力、有耐心,并能够设身处地替他人着想,应当对细节敏感和关注,应用电子计算机和新的网络技术设备的能力常常也是必需的。注重顾客关系管理的组织还要确保与顾客接触的员工对产品和服务有充分的了解,以回答顾客的任何问题,要培养他们倾听和解决问题的技巧。有效的培训不仅会增加员工的知识,而且会增加他们的自信和对公司的忠诚度。与顾客接触的每个人都应接受这方面的培训。

顾客讨厌为了解决某个问题而被迫在许多人员或部门之间被推来推去。以全面质量管理为理念的公司通过员工的活性化来避免出现这种状况。活性化意味着赋予员工决策和行动的知识、技能、职权和欲望，并使他们树立起对自己组织成败及自身行为后果负责的高度责任感。

（3）明确顾客接触要求

顾客的感知质量和满意程度很大程度上受到每天发生的、与顾客直接接触的"真实瞬间"的影响，与顾客接触的一线员工对顾客的满意负有很大的责任。他们必须明确与顾客接触应当遵循或符合的标准，这种标准便是顾客接触要求。顾客接触要求就是规定顾客与企业人员之间接触质量的可测的绩效水平或绩效期望。其中，可能会包括响应时间这样的技术性要求，也可能会包括行为、态度方面的要求，如对顾客的称呼方式、语气和表情等。企业要将这些要求传达给每一位与顾客直接接触的员工。这种沟通始于新员工的入职培训，在以后的工作中也要不断地加以强化。企业还应对这些要求的遵守情况加以追踪，并向员工提供反馈，以改进其绩效。信息技术在这方面发挥着很大的作用。

（4）有效的投诉管理

企业即使全力以赴，也还是会遇到不满意的顾客。顾客的抱怨或投诉若是得不到有效地处理，就会对企业造成十分不利的影响。研究表明，大多数不满意的顾客并不向企业投诉，但坏消息却会迅速在其周围扩散。近来，人们还发现，有4%的满意顾客会将其感觉上传到网上，而这样做的不满意顾客却有15%。

那些领先的组织将投诉视为改进的机会。他们鼓励顾客投诉，使其投诉更方便，并能够有效地解决所投诉的问题。有的公司除了使用免费电话号码的形式之外，还主动地征求顾客的投诉。例如，日产公司会给每一位购买新车或是前来保修的顾客打电话，24小时内解决所有的不满意事项是日产公司的目标。

与顾客直接接触的人员应当接受如何与愤怒的顾客打交道的训练。他们应仔细地倾听以确定顾客的感觉，要能够充满关心地做出回应，确保理解所抱怨的问题，并应尽最大努力来快速解决问题。许多公司建立了良好的投诉处理过程，如图4-1所示，使得投诉的处理能够在规范化的基础上进行。

顾客的投诉为改进产品和过程提供了创意的来源。企业只是单纯地解决问题是远远不够的，还必须通过一个系统的过程来收集和分析投诉数据，而后利用这些信息进行改进。通常可以利用跨职能的团队来研究信息，确定投诉的真正原因并提出解决的建议。投诉处理过程本身的绩效也应当加以监测。

（5）全面分析顾客关系价值

特定的组织或个人从成为企业顾客、与企业建立关系到最后流失或消亡的整个周期过程中，在获得满足，即实现顾客价值的同时，为企业带来各个方面的收益和好处，即顾客关系价值。这种价值体现在两个方面：有形的顾客收益价值和无形的商誉价值。

有形的顾客收益直接表现为从顾客处获得的长期净现金流量，即来自特定顾客的收益减去顾客的获取成本、开发成本和保留成本。这一现金流的大小和价值取决于顾客长期购买量、购买的利润和这种关系的持有期（顾客购买次数）。研究得出，有70%的销售来自于忠诚顾客，而且顾客忠诚度每增加5%就可以使公司的盈利能力翻一倍。忠诚的顾客会随着他们满意度和舒适程度的提高而增加与这家公司的业务量。公司80%的利润来自于20%的顾客。这20%的忠诚顾客把自己这方面的绝大部分业务都给了这家公司。

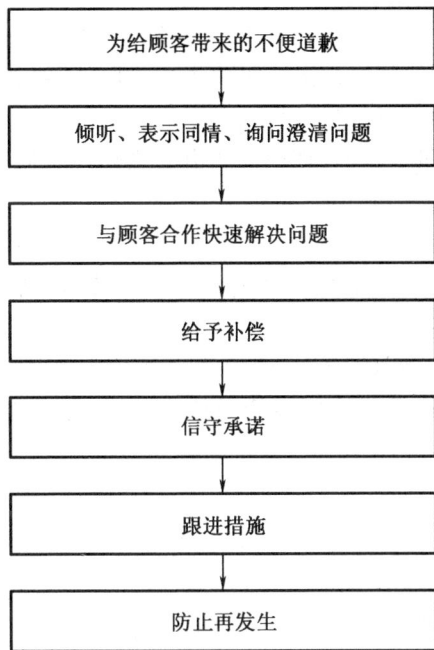

图4-1 典型的投诉处理过程

全面分析顾客价值是确定顾客关系的前提,是顾客关系管理的关键环节之一。顾客价值分析综合考虑有形价值和无形价值、一次交易价值和长期保有关系价值,选择和确定顾客关系计划,从而可以决定:值得花多少资源去赢得一个新客户,值得花多少资源去保持或激活已存在的客户,哪些客户是最有盈利能力的长期客户及他们的特征是什么。

(6)寻求战略伙伴与联盟

在当今的经营环境中,作为供方的组织必须承担更大的责任来帮助顾客。企业的经营越来越聚集于其核心能力,也就是他们做得最好的那些事情,因此,一些非关键性的支持性过程就只能求助于外部组织。这种供需双方的合作伙伴关系成为企业实现卓越过程中的一种战略联盟。通过这样的伙伴关系,可以使用自身没有的技术和分销渠道,共担新投资和新产品开发的风险,及早根据基于供方能力提出的设计建议来改进产品,通过更好地沟通减少运营成本,在更长的价值链中寻求整体竞争优势。

三、顾客关系管理系统

1. CRM 系统的基本功能模块

CRM 的功能可以归纳为三个方面:对销售、营销和客户服务三部分业务流程的信息化;与客户进行沟通所需要的手段(如电话、传真、网络、Email 等)的集成和自动化处理;对上面两部分功能所积累下的信息进行的加工处理,产生客户智能,为企业的战略战术的决策做支持。

(1)销售模块

销售是销售模块的基础,用来帮助决策者管理销售业务,它包括的主要功能是额度管理、销售力量管理和地域管理。现场销售管理,即为现场销售人员设计,主要功能包括联系

人和客户管理、机会管理、日程安排、佣金预测、报价、报告和分析。现场销售/掌上工具是销售模块的新成员。该组件包含许多与现场销售组件相同的特性,不同的是,该组件使用的是掌上型计算设备。电话销售可以进行报价生成、订单创建、联系人和客户管理等工作,还有一些针对电话商务的功能,如电话路由、呼入电话屏幕提示、潜在客户管理以及回应管理。销售佣金允许销售经理创建和管理销售队伍的奖励和佣金计划,并帮助销售代表了解各自的销售业绩。

(2)营销模块

营销模块对直接市场营销活动加以计划、执行、监视和分析。营销使得营销部门实时地跟踪活动的效果,执行和管理多样的、多渠道的营销活动。对于电信行业的营销部件,在上面的基本营销功能基础上,针对电信行业的B2C的具体实际增加了一些附加特色。营销模块所具有的其他功能:可帮助营销部门管理其营销资料;列表生成与管理;授权和许可;预算;回应管理。

(3)客户服务模块

客户服务模块目标是提高那些与客户支持、现场服务和仓库修理相关的业务流程的自动化,并对服务加以优化,可完成现场服务分配、现有客户管理、客户产品全生命周期管理、服务技术人员档案管理、地域管理等,通过与企业资源计划(ERP)的集成,可进行集中式的雇员定义、订单管理、后勤、部件管理、采购、质量管理、成本跟踪、发票、会计等项工作。合同部件主要用来创建和管理客户服务合同,从而保证客户获得的服务的水平和质量与其所花的钱相当,它可以使得企业跟踪保修单和合同的续订日期,利用事件功能表安排预防性的维护活动。客户关怀模块是客户与供应商联系的通路,此模块允许客户进行记录并自己解决问题,如联系人管理、客户动态档案、任务管理、基于规则解决重要问题等。移动现场服务使得服务工程师能实时地获得关于服务、产品和客户的信息,同时,他们还可使用该组件与派遣总部进行联系。

(4)呼叫中心模块

目标是利用电话来促进销售、营销和服务电话管理,主要包括呼入呼出电话处理、互联网回呼、呼叫中心运营管理、图形用户界面软件电话、应用系统弹出屏幕、友好电话转移、路由选择等。开放连接服务支持绝大多数的自动排队机,如Lucent,Nortel,Aspect,Rockwell,Alcatel,Erisson等。语音集成服务支持大部分交互式语音应答系统。报表统计分析提供了很多图形化分析报表,可进行呼叫时长分析、等候时长分析、呼入呼叫汇总分析、坐席负载率分析、呼叫接失率分析、呼叫传送率分析、坐席绩效对比分析等。管理分析工具可进行实时的性能指数和趋势分析,将呼叫中心和坐席的实际表现与设定的目标相比较,确定需要改进的区域。代理执行服务支持传真、打印机、电话和电子邮件等服务,可自动将客户所需的信息和资料发给客户,可选用不同配置使发给客户的资料有针对性。自动拨号服务管理所有的预拨电话,只有接通的电话才转到坐席人员那里,节省了拨号时间。市场活动支持服务管理电话营销、电话销售、电话服务等。呼入呼出调度管理根据来电的数量和坐席的服务水平为坐席分配不同的呼入呼出电话,提高了客户服务水平和坐席人员的生产率。多渠道接入服务提供与Internet和其他渠道的连接服务,充分利用话务员的工作间隙,进行收看Email、回信等工作。

(5)电子商务模块

电子商店部件使得企业能建立和维护基于互联网的店面,从而在网络上销售产品和服

务。电子营销与电子商店相联合,电子营销允许企业能够创建个性化的促销和提出产品建议,并通过 Web 向客户发出。电子支付是电子商务的业务处理模块,它使得企业能配置自己的支付处理方法。电子货币与支付利用这个模块后,客户可在网上浏览和支付账单。电子支持允许顾客提出和浏览服务请求、查询常见问题、检查订单状态。电子支持部件与呼叫中心联系在一起,并具有电话回拨功能。

2. CRM 系统的发展趋势

全面采用 Web 技术开发:随着 Web 2.0 技术的成熟及市场实务上的需求,软件厂商未来将全面以 Web-based 的技术来进行产品开发。Web-based 产品的优势是只要可以上网的地方都可以使用,符合现代企业的工作地点分散于世界各地的远距离管理需求。

企业内部信息集成平台:企业内部的信息系统大多是逐步建设而成的(如 ERP,SCM,CRM 等),且目前企业以客户为中心的管理需求无法由单一系统满足,因此,CRM 系统与存在于企业中的现有信息系统集成就成为势在必行的关键应用。

提供多样化的访问渠道:CRM 系统的信息借助与移动设备(笔记本电脑、PDA、移动电话)的集成,可让信息访问更为便利,而无线运算技术的发展将提供给使用者更大的弹性与机动性。因此,CRM 系统未来必须提供多样化的访问渠道以满足此需求。

第三节　顾客满意度及测评方法

一、顾客满意战略

(一)顾客满意的含义

顾客满意,即"顾客对其要求已被满足的程度的感受"。对这一概念,应从以下几个方面来理解:

(1)顾客报怨、投诉等是一种满意程度低的最常见的表达方式,但没有抱怨并不一定表示顾客很满意。

(2)规定的顾客需求符合顾客的愿望并得到满足,也不一定确保顾客很满意。

(3)顾客忠诚度提高则是顾客满意或很满意的表现形式。

(4)可把顾客满意的程度分为不满意、满意和很满意三个层次。质量管理的目标是达到顾客满意,并争取超越顾客期望,达到顾客很满意的程度。这是"以顾客为关注焦点"原则的集中体现。

(5)顾客满意是顾客的一种主观感受,是顾客期望与实际感受之间对应程度的反映,具有相对性,随着时间、地点和其他条件的改变而变化。

(6)应当用适当的方法和指标将顾客的这种主观感受客观地、量化地体现出来,即采用科学的方法测评顾客满意度。

(二)顾客报怨及其处理

如前所述,顾客没有抱怨并不一定表示顾客很满意,但是顾客报怨、投诉一定表示顾客很不满意。

1. 顾客报怨的原因分析

影响顾客情绪，导致顾客报怨甚至发展到投诉的原因，无外乎以下三个方面：

（1）产品功能远没有达到预期效果。

（2）因使用产品导致人身或财产受到损害。

（3）服务水平低劣，如不按规范向顾客提供服务，顾客感到自己被忽视、冷落或受到粗暴对待。

2. 顾客抱怨的处理

无论何种原因，当发生顾客抱怨时，都应坚持以下原则去处理：

（1）承认顾客抱怨的事实，并表示同情和歉意。

（2）感谢顾客的批评指正。

（3）快速采取行动，补偿顾客的损失。

（4）评估补偿顾客抱怨的具体措施的实施效果。

（三）顾客满意战略对企业经营的重要作用

（1）有利于增强企业的竞争力

企业实施顾客满意战略，必将促使企业推出让顾客满意的产品和服务；必将积极寻找与竞争者的差距，采取有效的对策，不断赶上并超过竞争对手，从而赢得顾客，掌握市场的主动权；必将努力树立企业良好形象，增强企业的竞争力，使公司赢得经济效益和社会效益。

（2）有利于提高企业员工的素质

企业实施顾客满意战略，首先要对员工进行培训，让他们认同和接受企业全新的经营战略和文化理念，使员工的素质得到提高。企业通过各种方式，使员工深入理解顾客满意的内涵，让他们了解顾客对产品的需求和期望；体验竞争对手与本企业的激烈竞争；感受顾客对产品的不满和抱怨，从而增强他们的市场观念和质量意识、危机感和紧迫感、责任心和事业心。顾客满意又要求企业的经营管理者也要了解和满足员工的需求和期望，关心和爱护员工，调动他们的积极性和创造性，为他们创建良好的工作环境和激励机制，首先让你的员工满意，才能创造顾客的满意。

（3）有利于获得顾客的认同

顾客满意战略将创造使顾客满意的企业形象，并且这种形象会最集中、最有力地表现在企业的产品和服务上。通过顾客满意战略创造出的产品富有文化口味、有个性，使顾客感到舒适、美感，能够体现顾客的自我价值，从而建立对该品牌的偏好和认同。围绕顾客满意运作的特色服务将使顾客感受到企业的温情、时尚和诚信，将有利于增强顾客对产品的识别和认同。

（4）有利于企业管理水平的提高

企业在实施顾客满意战略的过程中，通过制订顾客满意战略的计划和方案，与内外顾客广泛交流和征求意见，在企业管理的各个环节采取切实有效的措施，确定易于识别的、符合顾客需求和愿望的企业形象，使企业管理的科学性不断提高。

企业实施顾客满意战略，将使企业在思想观念上发生深刻的变化。顾客满意战略以顾客为关注焦点，以实现顾客满意为最终目的，营造企业生存和发展的良好环境，形成企业内部的凝聚力和外部的吸引力，使企业不断发展壮大。

二、顾客满意指数

随着顾客满意战略的广泛应用,对顾客满意的研究也从定性描述走向了量化处理。在顾客满意战略实施中必须对顾客满意的程度,即顾客满意度有一个定量研究。而这种定量研究的一个重大成果就是提出了"顾客满意度指数"的概念和评测模型。

顾客满意指数是运用计量经济学的理论来处理多变量的复杂总体进而全面、综合地评测顾客满意程度的一种指标,是从顾客角度来评价经济运行质量的一种新型的经济指标。

顾客满意指数是一种全新的经济指标,要准确评价经济增长状况应该测评"数量增长"和"质量改进"两个方面。而对国家经济质量改进的测评,以往采取的是由质量监测部门对各个经济领域、各个行业的各种产品和服务按照技术指标进行监测或评比的方法。但是由于产品和服务分布在各行各业,其测评的单位和量化不可能相同,这就使测评结果缺乏可比性,要使其综合成一个全国性的指数就缺乏实际的可行性。因此,必须寻找新的测评思路和方法。顾客满意指数测评其基本特点是以顾客购买和使用产品或服务过程中的实际体验来评价产品和服务,因此,顾客满意程度就成为一个统一的对各行各业不同产品和服务的评价标准,这就使测评结果具有可比的基础和综合的基础。正是这一全新的对质量评价的理念使评价宏观经济运行质量水平成为可能,也正因为顾客满意指数是基于这一科学的测评理论,它一经提出和实施,便被众多国家接受并广泛地应用。

由于美国顾客满意指数模型比较典型和成熟,下面进行较详细的介绍。

1. 美国顾客满意度指数模型

美国顾客满意指数测评方法基于如图 4-2 所示的计量经济学模型。

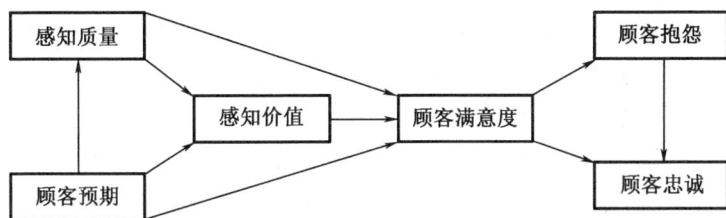

图 4-2 美国顾客满意指数模型

下面对这六个变量分别阐述如下:

(1)顾客期望。顾客期望是顾客在使用产品或接受服务之前对其质量的总体预期。顾客期望基于以前的经验、广告宣传、他人的评价等,是以往产品质量水平的综合表现。顾客期望通过可靠性期望、顾客化期望和总体期望三个观测指标来体现。

可靠性期望是指顾客对产品或服务的可靠性质量特性的期望。顾客化期望是顾客对产品或服务满足其特定需求的期望。总体期望是建立在可靠性期望和顾客化期望基础上的对产品总的看法。

(2)感知质量。感知质量是顾客使用产品或接受服务后对其质量的总体感受。感知质量通过可靠性感知、顾客化感知和总体感知三个观测指标来体现。

感知质量的三个观测指标与顾客期望的三个观测指标相对应。

(3)感知价值。感知价值是顾客在综合考虑了质量和价格两个因素后对所得收益的感受。感知价值通过质量价格比和价格质量比来体现。

质量价格比是在给定价格下对质量的感知。价格质量比是在给定质量的前提下,对所支付价格的感知。

质量价格比与价格质量比是两个具有不同含义的指标。以质量价格比来评价产品或服务时,顾客更看重产品或服务的质量,只要产品或服务的质量水平高,顾客就会认可;以价格质量比来评价产品或服务时,顾客更看重产品或服务的价格,只要能满足基本要求,产品的价格越低越好。通过这两个指标不仅可以测评产品或服务,还有助于细分市场,对不同的细分市场,制订相应营销策略。

(4)顾客满意度。顾客满意度是顾客对其要求已被满足的程度的综合评定。这种评定不是定性描述,而是以一定的定量化指标体现出来。顾客满意度通过与预期差距、与理想差距和总体满意度三个观测指标来体现。

与预期差距是顾客感受到的实际质量水平与顾客预期的质量水平之间的差距。与理想差距是顾客感受到的实际质量水平与其心目中的某一理想产品或服务的质量水平之间的差距。总体满意度是顾客在综合了各方面因素后对产品或服务的总体感受。这种总体感受是建立在实际质量水平与预期或理想质量水平之间的差距基础之上的。

(5)顾客报怨。顾客报怨是顾客在对所使用或接受的服务不满意时所表现的行为。通过抱怨或投诉观测指标来体现。

顾客报怨可分为一般的报怨和严重的报怨,即投诉。不论企业多么努力,其产品或服务如何完美,顾客报怨总是不可避免。如果顾客报怨没有得到有效解决,不但会影响当事人的满意度和忠诚度,还会通过口碑传播,影响其他顾客的满意度和忠诚度。因此,顾客报怨管理越来越为企业所重视。事实上,如果企业切实站在顾客的角度解决顾客报怨,不但会取得顾客的谅解,还能增强顾客的满意度或忠诚度。

(6)顾客忠诚度。顾客忠诚度是顾客使用产品或接受服务的持久性。通过重复购买行为、涨价承受力和降价吸引力三个观测指标来体现。

重复购买表现为顾客重复使用某一产品或接受某一服务,满意度越高,忠诚度也越高,重复购买的倾向也就越大;相反,不满意的顾客可能会降低重复购买的可能性,甚至转而成为竞争对手的顾客。涨价承受力是顾客对产品或服务涨价所能承受的程度,超过某个程度,顾客将转而购买其他产品或接受其他服务。降价吸引力是顾客因产品或服务降价而被打动的程度,低于某个程度,顾客将会购买本企业产品或接受本企业服务,甚至原来不满意的顾客也会继续购买本企业产品或接受本企业服务。

涨价承受力与降价吸引力的含义不同。涨价承受力更多地针对满意的顾客,即对满意的顾客,能容忍的最大涨价幅度;降价吸引力更多地针对不满意的顾客,即对不满意的顾客,能吸引其继续购买的最小降价幅度。同时,通过这两个指标不仅可以测评产品或服务,还有助于细分市场,制订营销策略。

2.顾客满意指数测评指标体系

顾客满意指数测评指标体系由四个层次构成(见图4-3),上一层次的测评指数通过下一层次的测评指数的测评结果来反映,而下一层次的测评指数是由上一层次测评展开的。

第一层次为"顾客满意度指数",即总的测评目标,称为一级指标;第二层次为"指数模型"中的"顾客期望、感知质量、感知价值、顾客满意度、顾客抱怨、顾客忠诚"六大要素,即二级指标;第三层次为根据不同的产品、服务、企业的特点将六大要素展开、具体化,即三级指

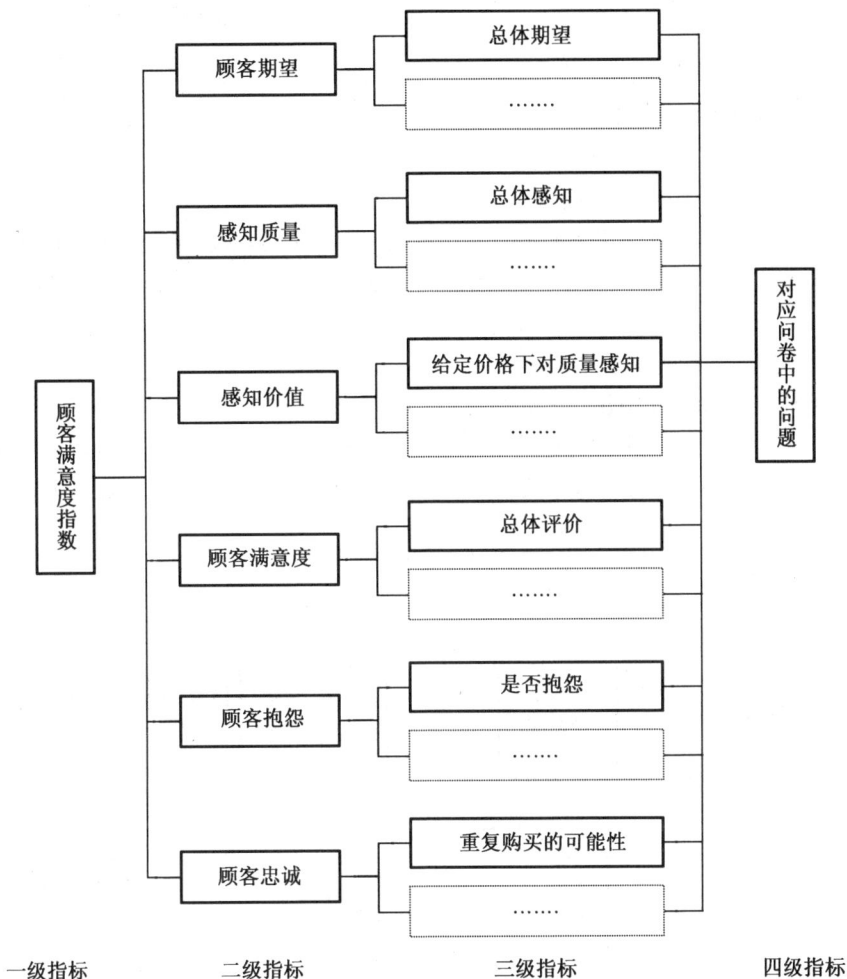

图 4 - 3 顾客满意度指数测评指标体系层次

标;第四层次是将三级指标展开成为问卷上的问题,即四级指标。其中一级、二级指标基本
上适用于所有的产品和服务。

现将三级指标的具体内容表述如下。

顾客期望:对产品或服务质量的总体期望。

对产品或服务质量的满足顾客需求程度的期望。

对产品或服务质量的可靠性的期望。

感知质量:顾客对产品(服务)质量的总体评价。

顾客对产品(服务)质量的满足需求程度的评价。

顾客对产品(服务)质量的可靠性的评价。

感知价值:给定价格时,顾客对质量识别的评价。

给定质量时,顾客对价格识别的评价。

顾客满意度:总体满意度。

感知与期望的比较。

感知与同类理想产品(服务)的比较。

顾客抱怨:顾客抱怨。

处理顾客抱怨的效果。

顾客忠诚:重复购买的可能性。

能承受的涨价幅度。

能抵制的竞争者的降价幅度。

以上三级指标基本适用于各行业,在针对某一具体产品或服务的实际测评中,可根据顾客对产品或服务的期望和关注焦点做选择,将三级指标展开即构成了调查问卷中的问题。

3. 顾客满意度指数测评模型的应用

美国ACSI在实际测评中建立了如图4-4所示的测评体系。在图4-4中,由上而下展示了全美涉及7个经济领域、34个行业、200家公司的四个层次。每个公司选择其提供的主要产品和服务,并对近期购买这一产品和服务的约250个顾客进行访问,访问采用电话访问的形

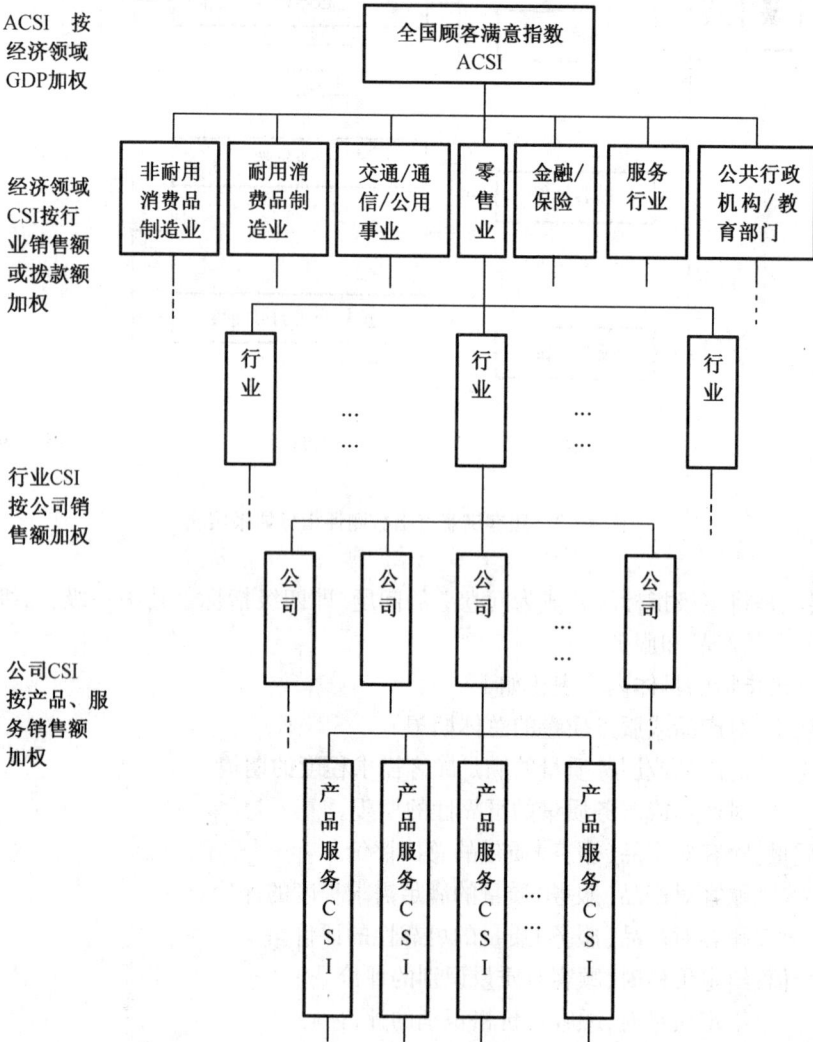

图4-4 ACSI评测体系

式。在图 4－4 中,由下而上综合了 ACSI 产生的方法,即由各产品和服务的 CSI 按其销售额为权计算公司 CSI,再由公司的 CSI 按销售额加权计算行业 CSI,再由行业的 CSI 按销售额或拨款额加权计算经济领域 CSI,再由经销领域的 CSI 按各经济领域的 GDP 加权计算 ACSI。

在实际测评中,存在大量的不确定因素,特别是被访者心理活动的不确定性。为了保持统计的客观性,需要精确地处理各测评变量之间的多重相关性,还要采用偏最小二乘法。由于涉及较深的数学理论,不再介绍。

上面介绍的 ACSI 是一种普遍适用的指数,最后得到的信息具有系统性和综合性的特点,其测评的体系适用于各个领域,并且具有跨经济领域、跨行业门类、跨不同的领域共同适用的特点。由于采用了统一的指标体系,一些著名的企业,如可口可乐、摩托罗拉、通用、花旗银行都成为其测评体系中的一个单位,实际上 ACSI 测评过程对其顾客满意度进行了监控。在测评中得到的信息对这些公司无疑具有十分重要的意义,有利于其把握顾客、掌握市场动态,以改进产品质量、完善经营管理。

三、顾客满意度调查测评

从微观意义上说,各企业可以进行顾客满意指数的测评,但根据我国目前的实际情况,更多的企业还是采用能够体现出自身企业背景的顾客满意程度的调查测评。在测评过程中,结合了顾客消费心理和行为调查,帮助企业了解顾客对自己产品和服务的评价,了解竞争对手对自己产品和服务的评价,了解竞争对手与自己产品的优势比较,并且预测自己企业发展的前景,由此改进企业的经营活动。这种测评具有鲜明的针对性,所得的信息对企业具有更加实际的使用价值和指导作用。在实际测评中,吸收顾客满意指数模型的某些特点,但最终得出的顾客满意度缺乏和其他企业的可比性,仅用于企业本身。

在进行顾客满意度测评时,可以结合调查以下内容:

(1)企业、品牌的不提示知名度和提示知名度、知名来源。

(2)对产品规格、产地、功能的需求。

(3)谁购买、谁参与购买、谁决定购买、何处购买、何时购买。

(4)购买日期、购买次数、重复购买次数、购买原因。

(5)为什么购买、购买心理、购买态度。

(6)使用时间、地点、季节、频率、功能、故障特征。

(7)对产品属性、品牌、功能的评价。

根据这些内容设计的问卷得到的信息是极为丰富的。这里又可采用常用的频数频率分析、集中趋势分析、分散趋势分析、二元列联分析、相关分析以揭示顾客满意相关因素的实际情况,这对企业实施顾客满意战略是具有极其重要意义的。

下面结合一个实例来具体介绍企业 CSI 的测评方法。

例 某旅行社在 2008 年"国庆"长假后,为了了解顾客对旅游质量的满意程度,特开展一次顾客满意度测评。

1. 测评背景

随着我国经济的高速发展,人民生活水平得到显著提高,旅游消费已经在居民总体消费中占有了越来越大的比重。特别是我国实行春节、"国庆"长假制度后,长假的旅游消费更令商家关注。交通拥阻、宾馆爆满、景点人满为患、购物狂潮迭起,无限商机使长假的"黄金价值"清晰地凸现在人们面前。在人们庆幸黄金周为商家带来滚滚财源之时,顾客对旅游的质量问题的抱怨也不绝于耳。顾客在历次的长假出游的真实质量感知中,消费热情从"狂热"转为"理性","国庆"长假的旅游市场更趋有序就充分表明了这点。旅游消费涉及社会的方方面面,需要各方沟通信息、协调关系。从国家专门设立一个办公管理机构就可充分说明这一点。某旅行社从独特的视角——"顾客满意"的理论出发,设计并实施了如下的调查。

此次测评的主要目的:

(1)通过调查了解"国庆"长假本旅行社顾客出游的满意程度。

(2)通过调查了解"国庆"长假顾客出游的形式、旅途、游程、消费状况。

(3)通过调查了解上述各项的分层状况,分层指标为性别、年龄、文化、收入。

2.调查内容

调查内容分三大部分。

第一部分:被访者背景状况。

第二部分:被访者出游状况。

第三部分:被访者出游"满意程度"。

3.问卷设计逻辑

根据上述调查内容,确定了问卷设计逻辑关系,图4-5是部分问卷设计逻辑。

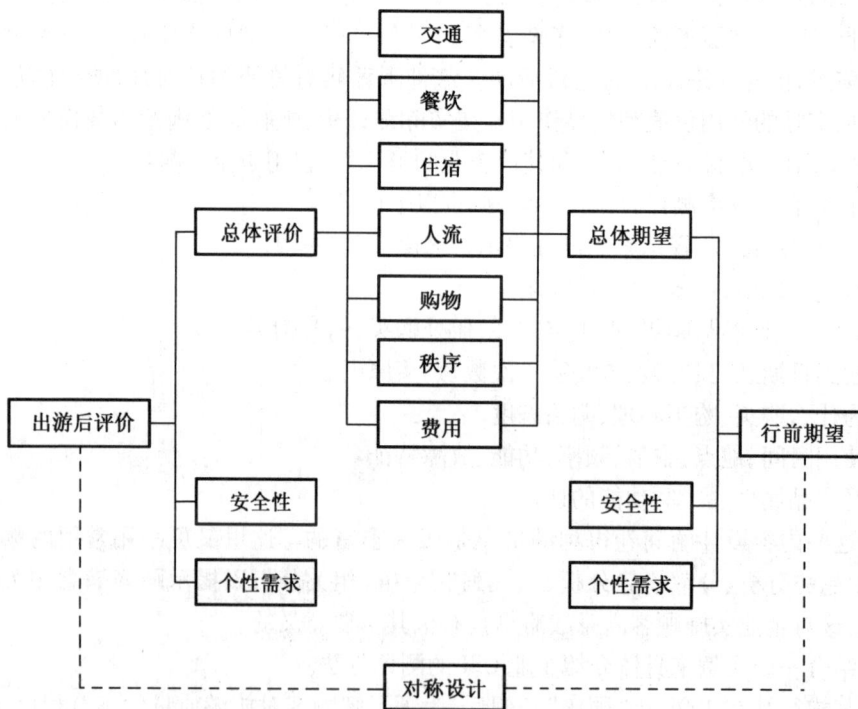

图4-5 部分问卷设计逻辑图示

4.问卷量表

在问卷中,为便于统一处理均采用了对称型的五级量表。对于不同的问题,五级量表采用了不同形式的"语言",例如:

高	较高	一般	较低	低
好	较好	一般	较差	差
高	偏高	一般	偏低	低
很抱怨	抱怨	一般	有点抱怨	无抱怨
很激烈	较激烈	一般	不太激烈	不激烈
完全同意	同意	讲不清	不太同意	完全不同意
涨幅很高	涨幅较大	涨幅一般	涨幅较低	涨幅很低
跌幅很大	跌幅较大	跌幅一般	跌幅较小	跌幅很小

5. 调查形式

采用电话调查形式。

6. 抽样形式

电话号码作为数据库,随机抽样。

7. 调查实施

2008 年"国庆"长假后第一个双休日,在××市场研究公司电话调查室,由 24 名访问员分六轮、每轮 4 名访问员同时用电话进行访问,有效样本 132 个。

8. 统计方法

这里结合"出游后评价"这一结构变量的顾客满意度计算进行介绍。

根据图 4-5 有如下的测评指标结构。

一级指标:μ_1——"出游后评价"顾客满意度。

二级指标:μ_{11}——顾客满意度总体评价。

μ_{12}——安全性。

μ_{13}——个性需求。

三级指标:μ_{111}——交通。

μ_{112}——餐饮。

μ_{113}——住宿。

μ_{114}——人流。

μ_{115}——购物。

μ_{116}——秩序。

μ_{117}——费用。

这 7 个指标是针对旅游业特点进行设计的,对其他结构变量也相应地分解为更细更切合实际的测评项目。

统计的方法采用逐级加权平均法。

(1)对问卷分级量表进行频数统计,如在 132 位被访者中对"μ_{111}——交通"这一项目进行频数统计得到表 4-2。

表 4-2 调查问卷频数统计表

	好	较好	一般	较差	差
频数	87	32	12	1	0
频率	0.66	0.24	0.09	0.01	0
赋值	1	0.75	0.5	0.25	0

"交通"满意度评分 $= 1 \times 0.66 + 0.75 \times 0.24 + 0.5 \times 0.09 + 0.25 \times 0.01 = 0.89$

同样可以得到"餐饮""住宿"等指标的满意度评分。

（2）对 μ_{11j} 分别给以权重 $\omega_{11j}(j=1,\cdots,7)$，如

$$\omega_{111} = 0.16 \quad \omega_{112} = 0.16 \quad \omega_{113} = 0.16 \quad \omega_{114} = 0.12$$
$$\omega_{115} = 0.12 \quad \omega_{116} = 0.14 \quad \omega_{117} = 0.14$$

则可计算"总体评价"的顾客满意度；而 μ_{12}"安全性"、μ_{13}"个性需求"也可同样计算满意度评分；对 $\mu_{11},\mu_{12},\mu_{13}$ 分别赋权 $\omega_{11},\omega_{12},\omega_{13}$ 后，最后再加权计算出"出游后评价"的满意度。

四、我国顾客满意指数测评

我国于1998年10月，由国家质量技术监督局委托清华大学经济管理学院组织开展"我国用户满意度指数评价方法"的研究工作。到2000年底，研究工作取得较快进展：对顾客满意指数测量涉及的经济部门、行业和企业进行了分类和确认；以国内彩电行业作试点做了顾客满意度问卷调查，对彩电行业的顾客满意度指数进行了试运作，并开始对轿车、摩托车、电视机、个人电脑、空调、洗衣机、冰箱等7项产品和民用航空、固定电话2项服务进行用户满意度试点调查。

近年来，上海质量管理科学研究院组织开展了CSI的研究，先后对制造业、邮电通信业、房产业、建筑业、交通运输业、旅游业、商业等行业的200多个项目的产品质量和服务质量，以第三方的方式进行了顾客满意度指数的测评。

顾客满意指数测评可以为我国经济增长的战略目标赋以质量评价的内涵，并可以定量地加以分析研究，从而促使我国经济从数量型增长向质量型增长的方式转变。有了顾客满意指数，也有利于我国产品和服务质量与国外产品和服务质量进行比较，寻找差距，确定改进方向。顾客满意指数又可为产品结构调整和优化提示方向，促进优势企业的发展。公布和宣传顾客满意指数又可使广大公众了解、熟悉一个新的经济指标，由此增强质量意识。

思 考 题

1. 顾客需求调查有哪些常用方法？
2. 顾客关系管理有哪些重要环节？
3. 论述CRM系统的主要功能模块。
4. 什么是顾客满意的内涵？顾客满意战略对企业有哪些重要作用？
5. 论述顾客满意战略的意义及基本模型。

【阅读材料】

新欣家园有限公司

2008年10月20日，何先生家的装修到了最后的收尾阶段，是该把这些剩余的装饰材料退回新欣家园的时候了。包括墙地砖、冷热水管在内，收拾到一块，装满了一辆小面包车。

在退货处，服务人员逐项检查退回来的材料。最后，服务人员告诉何先生，墙地砖，还

有一些电料超过了退货期限。

"那就不能退了?"何先生担心地问。

"是的,这是店里的规定,墙地砖的退货期限是30天,光源类为1周。"服务人员向何先生解释。

"不能退的材料合多少钱?"何先生懊恼地问。

"墙地砖多一点,2 800,其他合计不到1 000。"服务人员计算后说。

"墙地砖超了多长时间?"何先生并未放弃。

"真是不巧,墙地砖刚超过1天,如果昨天来的话,这些墙地砖就可以退了。"服务人员略带歉意地说。

"其他材料就算了,你把墙地砖退了吧。"何先生心想不就超了1天嘛!

"不行,这是店里的规定。"服务人员坚决地说。

"为什么?"何先生疑惑地问。

"不为什么,这是店里的规定。"服务人员以无可商量的口气说。

"就超1天,严格地说,超了大半天,就不能退了?"何先生不满地说。"当初,就是看上了你们到小区促销时的那种热情,才决定到你们店里买这些装修材料,我这里还有促销员小吴的电话呢。"说话间,何先生拨通了小吴的电话。小吴让退货处的服务人员接电话。但一阵通话之后,小吴告诉何先生,她已经尽力了,这些货物退不了。

"你站在顾客角度想一想,别光拿你们的规定来说事,2 800元,也不是小数目,且不说这些墙地砖对我来说已没有任何用途,我放哪呀!"何先生动之以情,晓之以理。

正在这时,有其他顾客来退货,并不断地催促服务人员抓紧时间。看到这种情况,服务人员生气地对何先生说:"你的这些货是铁定退不了的,你在这里磨蹭是在耽误我们的工作!"

何先生一听这话,火冒三丈:"你这是什么话,我在这里磨蹭,是在耽误你的工作,告诉你,这批货我是退定了,找你的经理来,我要投诉你。"

讨论问题:

1. 你认为何先生多余的墙地砖是否应该退货?

2. 退货处服务人员的服务质量如何?

3. 如何解决何先生的报怨?

第五章　质量成本管理

　　质量成本的概念是20世纪50年代由美国质量管理专家朱兰和费根堡姆提出的。他第一次将企业中质量预防和鉴定活动的费用与产品质量不合要求所引起的损失一起考虑,并形成质量成本报告,成为企业高层管理者了解质量问题对企业经济效益影响及与中低层管理者之间沟通的有效途径,是企业进行质量决策的重要依据。此后,质量成本管理在许多国家得到了迅速的发展,迄今已形成了一整套系统的管理制度,成为全面质量管理的重要组成部分。通过对质量成本的统计、核算、分析、报告和控制,有助于发现降低成本的途径,从而提高企业的经济效益。质量成本管理对深化全面质量管理的理论和方法,改进企业的经营观念,帮助企业走质量效益型的发展道路都具有十分重要的意义。

第一节　质量成本管理概述

一、质量成本的概念

　　质量成本(Quality-related costs)指将产品质量保持在规定的水平所需的有关费用。它包括企业为保证和提高产品质量所进行的质量活动应支付的费用以及因未达既定质量水平、由于质量不良所造成损失的费用的总和。

　　质量成本是产品质量经济性的重要体现,它从经济的角度反映了质量体系的运行情况。因此,开展质量成本管理能为评价质量体系的有效性提供手段,并为制订内部改进计划提供依据,对不断完善质量体系、提高经济效益都具有重要意义。

　　质量成本是20世纪60年代以来国外一些企业在质量管理活动实践中逐步形成和发展起来的一个新概念。这一概念现已成为许多企业确定产品质量水平、改进产品质量、提高工作质量和评价全面质量管理效果等的一种重要工具。最近几年,我国已有一些企业在推行全面质量管理活动中开展了质量成本核算,对促进全面质量管理工作的深入开展,提高产品质量,降低产品成本起到了很大的作用。

二、质量成本的构成

　　质量成本管理要付诸实施,就要明确规定哪些费用是属于质量成本范畴的。现结合我国情况将常用的、适宜的项目列出并加以解释。但各企业在实际使用中应结合企业生产组织、工艺方法、质量管理体系的实际,拟订更适宜的项目。根据上述定义,一般而言,质量成本由两部分组成,即内部运行质量成本和外部质量保证成本。

（一）内部运行质量成本

1. 预防成本

　　预防成本是为了实现产品质量的稳定和提高,控制工序质量,减少故障损失而采取措施所发生的各项费用。它一般包括下列项目:

（1）质量计划工作费。为制定质量政策、目标及质量计划而进行的一系列活动所发生的费用，也包括编写质量手册、体系文件所发生的费用。

（2）设计评审费。开发设计新产品在设计过程的各阶段所进行的设计评审及试验所支付的一切费用，也包括产品更新的设计评审活动的费用。

（3）工序能力研究费。为使产品达到符合性质量，对工序能力进行调查研究及为保持工序能力而采取措施所发生的一切费用。

（4）质量审核费。对质量管理体系、工序质量和供应单位的质量保证能力进行质量审核所支付的一切费用。

（5）质量情报信息费。对市场质量情报和厂内外质量信息的收集、分析、归纳、处理、早期报警和促进研究所发生的费用。

（6）质量培训费。以达到质量要求或改进产品质量为目的而对企业人员进行的正式培训或临时培训，包括制订培训计划直到实施所发生的一切费用。

（7）质量改进措施费。制订和贯彻各项质量改进措施计划，为达到提高产品质量或质量管理水平的目的而进行活动所发生的一切费用。

（8）质量奖。职工的质量奖及质量管理小组奖等用于质量，包括安全、节能的奖金。

（9）供货单位质量保证费。因对供货单位提出质量保证要求而支付的外部质量保证费用。

2. 鉴定成本

鉴定成本是用于试验和检验，以评定产品是否符合所规定的质量水平所支付的费用。一般包括以下各项：

（1）进货检验费。对购进的原材料、协作件、外购配套件的进厂验收检验费用和驻协作厂的监督检查、协作配套产品的质量审核费用。

（2）工序检验费。产品制造过程中对在制品或中间品质量所进行的检验而支付的费用。

（3）成品检验费。对完工产品鉴别是否符合质量要求而进行的检验或试验所发生的费用，包括产品质量审核费用。

（4）试验设备维修费。试验设备、检测工具、计量仪表的日常维护、校准所支付的费用。

（5）试验材料及劳务费。破坏性试验所消耗产品的成本以及耗用的材料和劳务费用。

（6）检验和计量人员工资及福利费。

3. 内部损失成本

内部损失成本是交货前因产品不能满足质量要求所造成的损失，如返工、复检、报废等，也就是指产品在出厂前由于发生质量缺陷而造成的损失，以及为处理质量故障所发生的费用之和，包括以下各项：

（1）废品损失，指因产品（包括外购、外协产品物资）无法修复的缺陷或在经济上不值得修复而报废所造成的损失。

（2）返工损失，指为修复不良品而发生的成本费用及为解决普遍性质量缺陷在定额工时以外增加的操作成本。

（3）复检费，指对返工或校正后的产品进行重复检查和试验所发生的费用。

（4）停工损失，指由于各种质量缺陷而引起的设备停工所造成的损失。

（5）产量损失，指由于改进质量控制方法使产量降低的损失。

（6）质量故障处理费，指由于处理内部故障而发生的费用，它包括抽样检查不合格而进行筛选的费用。

（7）质量降级损失，指产品质量达不到原有精度要求因而降低等级所造成的损失。

（8）不合格项整改费和损失费，主要是指质量管理体系及其过程不合格所导致的损失和采取纠正措施所需的人、财、物费用。

4.外部损失成本

外部损失成本是交货后因产品不能满足质量要求所造成的损失，如保修、保换、保退、撤销合同及有关质量的赔偿、诉讼费用等。也就是指产品在用户使用中发生质量缺陷而产生的一切费用和损失总和。它同内部损失成本的区别在于产品质量问题是发生在发货之后，包括以下各项：

（1）索赔费用，指由于产品质量缺陷经用户提出申诉而进行索赔处理所支付的一切费用。

（2）退货损失，指由于产品缺陷而造成用户退货、换货所支付的一切费用。

（3）保修费用，指在保修期间或根据合同规定对用户提供修理服务的一切费用。

（4）降价损失，指由于产品质量低于标准，经与用户协商同意折价出售的损失和由此所减少的收益。

（5）诉讼费用，即因产品质量问题而造成的诉讼费用。

（6）返修或挑选费，即产品不合格而退换后返工修理或挑选人工、材料、进行复检及有关设备的折旧费用。

（二）外部质量保证成本

在合同环境下，根据用户提出的要求而提供客观证据所支付的费用，统称为外部质量保证成本，包括：

（1）为提供特殊的附加质量保证措施、程序、数据等所支付的费用。

（2）产品验证试验和评定的费用，如经认可的独立试验机构对特殊的安全性进行检测试验所发生的费用。

（3）为满足用户要求，进行质量体系认证所支付的费用。

三、质量成本的特点

质量成本属于企业生产总成本的范畴，但它又不同于其他的生产成本，诸如材料成本、运输成本、设计成本、车间成本等的生产成本，因而需要有不同的核算方法。概括起来，质量成本具有以下特点。

（1）质量成本只是针对产品制造过程的符合性质量而言。也就是说，在设计已经完成、标准和规范已经确定的条件下，才开始进入质量成本计算。因此，它不包括重新设计和改进设计以及用于提高质量等级或质量水平而支付的费用。

（2）质量成本是那些与制造过程中出现不合格品密切相关的费用。例如，预防成本就是预防出现不合格品的费用，鉴定成本是为了评定是否出现不合格品的费用，内、外损失成本是因成品不合格而在厂内阶段或厂外阶段所产生的损失费用。

（3）质量成本并不是制造过程中与质量有关的全部费用，而只是其中的一部分。这部分费用是制造过程中同质量水平（合格品率或不合格品率）最直接、最密切的那一部分费

用。其他的费用,如工人生产时的工资或材料费、车间或企业管理费等,都不计入质量成本,它们都是正常生产前所必须具备的条件。计算和控制质量成本的目的在于用最经济的手段达到预定的质量目标。因此,应从这个角度来确定质量成本的项目和成本量。

四、质量成本的应用范围

质量成本是从制造过程的质量管理中发展起来的。随着质量管理范围的扩大,质量成本的应用范围也不断地得到扩展,现在的企业已把质量成本的应用延伸到了产品设计和销售服务环节,成为企业把质量工作与提高经济效益有机结合的有效工具。

1. 设计过程中的质量成本的运用

设计部门在设计过程中保证产品设计的结构合理、性能先进、工艺性好,可以降低新产品的设计评审和鉴定费用。在产品投产后,若能尽量少更改或不更改设计,就可避免生产中故障和不合格品的发生,即能减少预防成本。

2. 生产制造过程中质量成本的运用

生产部门在生产制造过程中采取有效措施,如提高操作者的工作质量水平,就可以保证产品质量,降低内部损失成本;如果每道工序都能优质生产,达到免检水平,就可以降低鉴定、检查成本;在生产制造过程中做好了各项质量工作,使生产的产品质量完好地达到技术要求,又能保证产品出厂后不会发生或很少发生故障,而减少了外部损失成本。

3. 销售服务工作中质量成本的运用

销售部门在产品出厂前后都能做好用户服务工作,如产品售出后,对用户进行培训,教会他们如何正确使用和维修产品;在产品投入使用后,又能做好服务和调查工作,就能避免因使用不当而造成的事故损失,并能把用户的意见和建议反馈到有关部门,作为改进质量的依据。这样,既可以降低外部损失成本,又可以提高产品质量,降低企业内部各项质量成本。

第二节 质量成本核算研究

企业质量成本核算是开展质量成本分析、撰写质量成本报告、制订质量成本计划、实施质量成本控制以及反映企业质量管理工作绩效的依据,是企业质量成本管理中一个很重要的环节。企业对于质量成本概念的认识会影响其质量成本核算的定义范围,企业是否建立起质量成本的核算体制及工作程序会影响其质量成本核算的有效性和工作效率。

一、质量成本核算的必要性

在进行企业调查时发现,改善企业质量成本核算工作的首要问题是解决认识问题,即对质量成本核算必要性的认识,它关系到企业中进行质量成本管理的效果以及直接从事质量成本核算人员的工作目标和他们的工作热情,以及为质量成本核算工作提供各种支持的人员的协作态度。《世界标准化与质量管理》中指出,企业质量成本核算的目的是用货币形式来综合反映企业质量管理的状况和成效,为企业质量改进提供依据,从而提高企业质量管理工作的科学性和可操作性。企业质量成本核算具有揭示质量问题、提供质量改进的依据,提供可靠数据、保证质量成本管理的成效,探索合理关系、提高质量管理的经济性和满足顾客要求、提供质量管理证据等四个方面的重要作用。

二、质量成本数据来源

现行生产成本核算中,除了"废品损失"一项可以明显计入质量成本外,其余项目都只能从生产总成本核算的其他各科目中分解列出。因此,质量成本数据的收集工作比较复杂,必须进行认真分析,在实践中摸索。一般情况下,质量成本数据的获取有以下途径。

1. 会计账簿。企业现行会计账目中,包含着大量质量成本数据。有一些可以直接从会计账目中摘录,如废品损失;有些则要通过分析才能从有关科目与子目中分解出来,如基本生产、企管费、工资及附加、折旧大修等科目中的数据。

2. 统计报表。企业现有的统计报表中,通过分析可以获得部分数据,如返修不合格品的工时数等。

3. 原始凭证。生产经营中所发生的费用,大部分可按一定类别归入会计账簿和统计报表,但也有一些遗留凭证可作为质量成本数据获取的途径。

4. 临时记录。企业为解决特别情况而做的不定期、不规则的记录,如质量事故处理记录等,也可作为质量成本数据的获取途径。

除了上述各种有明显数值反映的质量成本数据外,还有一些只能靠分析、预算、估计做出的可能发生的费用,也应收集纳入质量成本。

三、质量成本数据的收集

1. 第一阶段

建立质量成本的第一阶段,质量成本数据的来源以综合质量管理人员估计为主,以会计资料为辅。一般数据来源有以下几方面:

(1)从现有账目中直接收集。如废品损失、保修费、检查费、赔偿费等。

(2)车间原始记录。如废品报告单、物资领用单、工艺路线单等。

(3)建立临时记录卡,进行质量攻关、改进的支出。

(4)检查工具、仪器增加的费用。

(5)从现有账目中,区分质量成本与非质量成本。如质量教育费与进修费、外修服务差旅费与一般公出差旅费的区别。

2. 第二阶段

建立质量成本的第二阶段,质量成本数据的来源以会计资料为主、质量管理人员的估算为辅。这个阶段要建立质量成本的统计、核算、分析、报告和控制等办法,将数据列入会计账簿,以保证数据收集的准确性。完善质量成本的凭证单据,建立和健全质量成本数据库。

3. 建立质量成本第三阶段

建立质量成本的第三阶段,企业已进入正常的质量成本管理工作,有关质量成本的数据应分别由企业的设计部门、生产车间、供销部门、检验部门、质量管理部门、销售服务部门等来提供。主要提供有关技术性能指标、新产品评审费、设计评审费、废品率、返修工时、质量事故、检验工时、外部质量事故、退换货次数、赔款损失、质量教育培训费、质量改进、计量工具购置费等。

四、质量成本核算方法

1. 质量成本会计核算方法

该方法适用于显见质量成本核算,其主要内容如下。

(1)设置会计科目、总账和明细账。在一级科目"质量成本"下面设置四个二级科目,包括预防成本、鉴定成本(外部质量保证成本可列入鉴定成本之中)、内部损失成本和外部损失成本;在每个二级科目下设置若干个三级科目;设置与会计科目相应的总分类账和明细分类账。

(2)按前面所述显见质量成本的数据收集方法收集数据,填制如图 5 – 1 所示的显见质量成本费用的会计原始凭证,按质量成本会计科目记账,并编写质量成本科目汇总表。

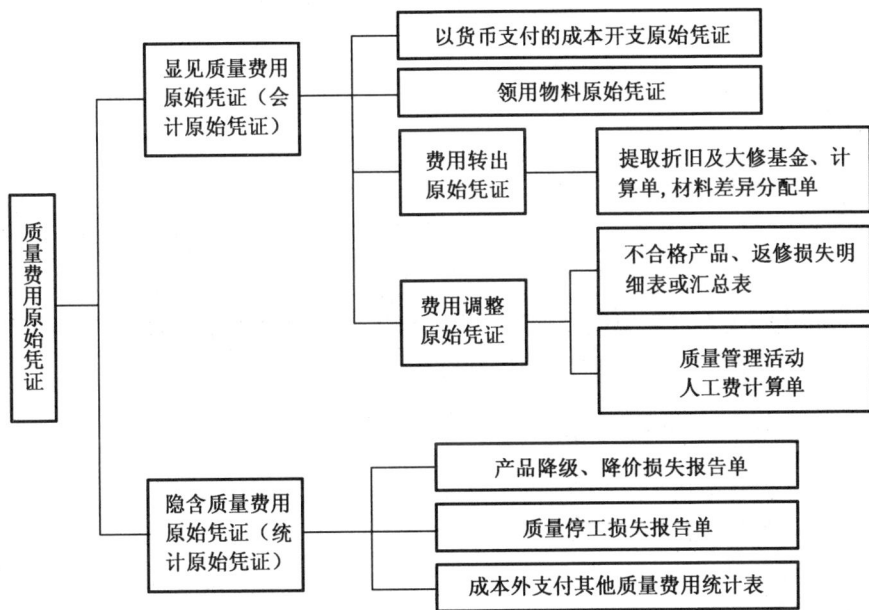

图 5 – 1 质量费用原始凭证分类

(3)把按现行会计制度规定的会计科目进行成本核算的有关质量费用转换为按质量成本会计科目核算的质量成本,填制质量成本费用对应表。该表显示了质量成本核算和现行成本会计核算的联系。质量成本核算的目的是为质量管理服务;现行成本会计核算的目的则是为制定产品价格、计算税金和进行成本管理提供依据。因此,现行成本会计核算必须严格遵循规定的成本开支范围。

2. 质量成本统计核算方法

该方法适用于隐含质量成本的核算,其主要内容如下。

(1)建立质量成本统计核算点,即确定负责收集质量成本统计数据的报告部门。一般情况下,可利用企业的原有统计组织和人员进行质量成本统计工作。

(2)制定质量成本统计表,确定统计项目。统计项目的确定,一方面要与质量成本项目相一致,另一方面还要与现行的统计项目相协调。一种现实的做法是先从现有统计指标中确定哪些指标直接列入质量成本统计范围,然后再根据需要增加一些新的统计指标。所选定的质量成本统计指标要满足质量成本统计核算的要求。

（3）按前面所述隐含质量成本数据收集方法收集数据，填制隐含质量成本费用的统计原始凭证，编制质量成本统计表，计算质量成本。

3. 总质量成本核算方法。这是将按会计核算方法计算的显见质量成本和按统计方法计算的隐含质量成本汇总，来计算总质量成本。要确保按上述两种方法核算中对同一数据没有重复计算。

第三节　质量成本分析与报告

质量成本分析与报告是质量成本管理工作的两个重要环节，通过质量成本分析可以找出产品质量的缺陷和管理工作中的不足之处，为改进质量提出建议，为降低质量成本、寻求最佳质量水平指出方向。

一、质量成本分析

（一）质量成本分析的理论依据

开展质量成本管理的目的是力求在质量、成本和效益三者之间取得经济效果，确定适宜的质量水平是质量成本管理的首要任务。质量成本的构成项目之间以及质量成本与相关指标之间的相互关系都客观地存在着一定的规律性。通过数据积累，经过系统地比较分析就能发现这些规律，从而确定适宜的质量成本水平。

（二）质量成本分析的内容

1. 质量成本总额分析
（1）企业质量成本总额的计划目标分析
企业质量成本总额的计划目标分析是指比较计划期内质量成本总额、计划年度内质量成本累计总额与企业质量成本计划控制目标，求出增减值和增减率，用此分析企业质量成本计划控制目标的执行情况。
（2）企业质量成本总额的相关指标分析
企业质量成本总额的相关指标分析是指将企业计划期内质量成本总额、计划年度内质量成本累计总额与企业其他有关的经营指标进行比较，计算产值质量成本率、销售质量成本率、利润质量成本率、总成本质量成本率和单位产品质量成本等，并与这些相关指标的计划控制目标进行比较分析。这些相关指标从不同的角度反映了企业质量成本与企业经营状况的关系。
（3）企业质量成本总额的趋势分析
企业质量成本总额的趋势分析是指将企业质量成本总额的计划目标分析和相关指标分析中的各种计算结果分别按时间序列作图进行分析，观察各种指标值的变动情况，用以推断企业质量成本的变化趋势。

2. 质量成本构成分析
企业质量成本的构成是指质量成本总额中预防成本、鉴定成本、内部质量损失、外部质量损失的发生金额和各自占的比重，可用于分析企业质量成本的项目构成是否合理，寻求比较合理的质量成本水平。一般分两个方面，即企业质量成本构成的计划目标分析和构成

比例分析。

(1)企业质量成本构成的计划目标分析

根据企业质量成本核算的结果计算计划期内预防成本、鉴定成本、内部质量损失和外部质量损失的发生金额,以及这些项目在计划年度内的累计发生金额,分别与原定的计划控制目标进行比较求出增减值和增减率,分析各项目计划控制目标的执行情况。企业还可将这些项目与产值、销售额、利润、总成本、产量等相关指标进行比较分析,如百元销售收入故障成本等。

(2)企业质量成本的结构比例分析

计算和分析企业在计划期内及计划年度内的预防成本、鉴定成本、内部质量损失、外部质量损失占质量成本总额的比重,以及上述各项目之间相互的比例关系。开展企业质量成本构成分析可以对企业质量成本总额的构成情况有清楚的认识,对企业质量改进、调整质量成本构成、降低质量成本有很大的作用。

3. 质量损失分析

由于故障成本发生的偶然性因素较多,因此故障成本分析是查找产品质量缺陷和管理工作中薄弱环节的主要途径,可以从部门、产品种类、外部故障等角度进行分析。

(1)各责任部门的质量损失分析

造成企业质量损失问题的原因是多方面的,涉及企业的各个部门。对企业内各责任部门展开质量损失的分析,目的是掌握各部门的质量管理和质量保证状况,这样既可以促使企业各部门自觉加强和改进质量管理工作,又有利于企业领导对各部门的质量管理工作进行监督和控制,及时帮助各部门抓好质量整改工作。

常用的统计图有部门故障成本汇总金额时间序列图和部门故障成本累计金额统计图,如图 5-2 和图 5-3 所示,图中实线表示损失的实际金额,虚线表示计划目标。

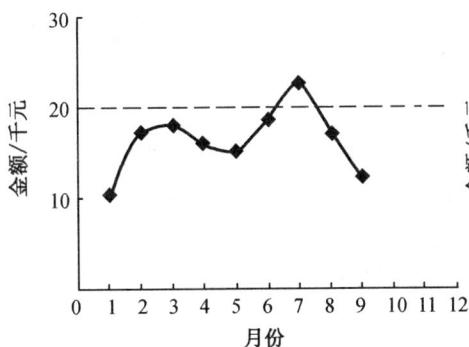

图 5-2　部门故障成本汇总
金额时间序列图

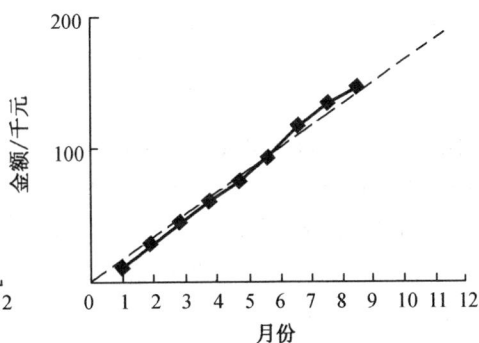

图 5-3　部门故障成本累计
金额统计图

(2)各产品的质量损失分析

由于设计的、设备的、工艺的、材料的以及其他种种原因,产品之间会有较大的质量差异。考虑到各产品的产量有差别,分析时可采用相对数,如各产品的故障损失与各自销售额的比率。在此基础上做 ABC 分类,选择重点研究对象。经 ABC 分析确定为 A 类的产品,其故障成本的比重可达 70%。图 5-4 为某产品故障成本的责任分析。图 5-4 说明该产品的故障成本主要是由制造车间和工艺部门造成的,在此基础上可做深入分析,如进一步确定是设备原因还是工具原因,或是工人的主观原因等。

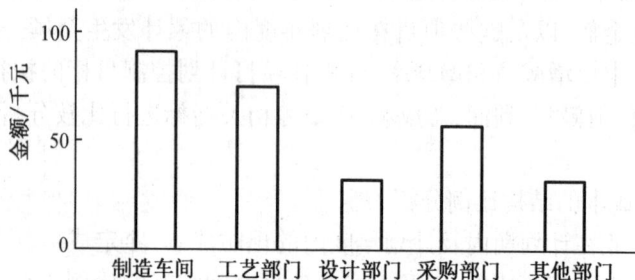

图 5-4　产品故障成本的部门责任分析

(3)外部故障成本分析

一般从三个方面进行分析:第一,做质量缺陷分类分析,从中可以发现产品的主要缺陷和对应的质量管理工作的薄弱环节;第二,按产品分类做排列图分析,从中找出几种外部故障成本较高的产品作为重点研究对象;第三,按产品的销售区域分析。不同的地理环境往往有可能引起不同的故障,按地区分析有利于查找缺陷的原因。

(三)质量成本的分析方法

质量成本分析包括定性分析和定量分析两种方法。

定性分析主要用于对质量成本管理实施情况与管理水平做出分析,如调查和分析企业领导和职工质量意识的提高情况、有关决策的实行情况、加强基础工作提高管理水平的情况等。定性分析有助于考察并进而加强质量成本管理的科学性和实效性。

定量分析是用于对质量成本管理的经济效果做出分析,并定量地对质量工作或质量系统做出评价。应用于质量成本管理的定量分析方法主要有三种。

1. 指标分析

指标分析法是对质量成本指标的实际发生值与上期的指标值进行比较,从它们的增减变化或增减的变化率来了解其变动情况,进而找出变化的原因,以便采取措施加以改进。

设 C 为质量成本总额的计划期与基期的差额,即

$$C = 基期质量成本总额 - 计划期质量成本总额$$

设其增减率为 P,则有

$$P = \frac{C}{基期质量成本总额} \times 100\%$$

其余质量成本指标可以以此类推。

指标分析的内容包括质量成本总额分析、质量成本构成比率分析以及质量成本与其他经济指标的比率分析。质量成本总额分析可提供质量成本总额的变动情况,从而进一步去查找其变化原因和变化趋势;通过对质量成本构成比率的分析可判明成本构成是否合理,以便寻求降低质量成本的途径,并进一步确定适宜的质量成本水平;通过分项质量成本与经济指标比率分析,可反映出由于产品质量不佳造成的经济损失(内、外部损失成本)对企业产值、销售收入或利润的影响程度,也可以反映为预防发生质量损失和提高产品质量的投入在企业收入中所

占的比例,以说明企业在提高产品质量方面所作的努力和取得的效果。

2. 质量成本趋势分析

质量成本趋势分析就是要掌握质量成本在一定时期内的变动趋势。其中,分析1年内各月的变化情况属于短期趋势分析,5年以上的属于长期趋势分析。趋势分析可采用表格法和作图法两种形式。前者以具体的数值表达,准确明了;后者以曲线表达,直观清晰。

3. 排列图分析

排列图是质量管理中的一种基本方法,根据不同的分析目的,对质量缺陷进行分类,然后按数值大小排列。在质量成本分析中按质量成本大小排列,如图5-5所示。

图中显示制造车间质量成本所占比重最大,其次是工艺部门。可见使用排列图可以找出主要矛盾。也可以用排列图进一步层层深入做追踪分析,直到最后找出真正的问题。如上例中可对制造车间质量成本做深入分析,一直分析到一个产品、一台设备、一个工位、一道工序、一位操作者,最后找出可采取的措施。

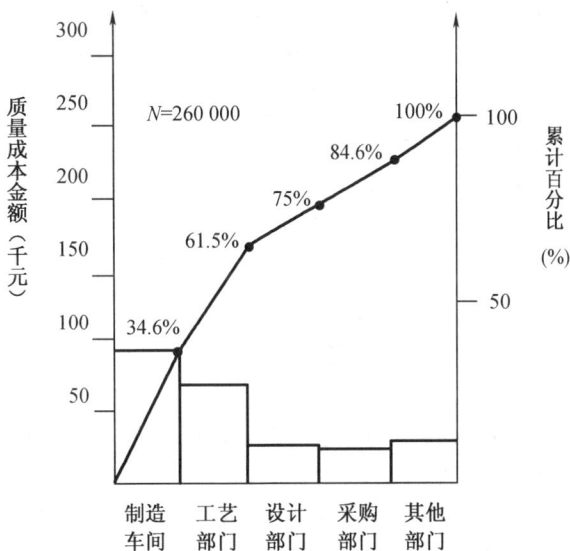

图5-5 部门质量成本排列图

二、质量成本报告

质量成本报告是在质量成本分析的基础上写成的书面文件,是企业领导和质量管理部门制订质量政策、计划、方针目标和质量改进措施的依据,是质量管理部门和财务部门对上一期质量成本管理活动或某一典型事件进行调查、分析、建议的书面材料,也是一定时期质量成本管理活动的总结性文件。编制质量成本报告的目的是为企业领导和各有关职能部门提供质量成本信息,以便评价质量成本管理效果及质量体系的适用性和有效性,确定目前的质量工作重点以及质量和成本目标。

质量成本报告的内容与形式视报告呈送对象而定。给高层领导的报告,要求简明扼要地说明企业质量成本总体情况、变化趋势、计划期所取得的效果以及主要存在问题和改进方向;送给中层部门的报告,除了报告总体情况外,还应该根据各部门的特点提供专题分析报告,使他们能从中发现自己部门的主要问题与改进重点。质量成本报告应该由财务部门和质量部门联合提供,以保证成本数据的正确性。

(一)质量成本报告的基本内容

质量成本报告一般由3个基本内容组成:质量成本数据、质量成本分析和质量改进建议。

1. 质量成本数据

企业质量成本报告中的质量成本数据有4类。

（1）质量成本核算数据。企业计划期内质量成本发生额、构成项目金额和计划年度内质量成本累计额、构成项目累计金额。

（2）质量成本相关指标。企业产值质量成本率、销售质量成本率、利润质量成本率、总成本质量成本率和单位质量成本率。

（3）质量损失的各种归集。包括企业按责任部门和产品分类归集的质量损失金额以及按质量缺陷、产品分类和顾客特点归集的外部质量损失金额。

（4）质量成本差异归集。企业进行质量成本核算、质量成本相关指标计算和质量损失的各种归集后，对于各项数据中与企业质量成本计划控制目标有偏差的项目，在质量成本报告中要按偏差的严重程度排序列表。

2．质量成本分析

在质量成本报告中，质量成本分析主要包括质量成本总额分析、质量成本构成项目分析、质量损失分析和质量成本差异分析等内容。

（1）质量成本总额分析，包括企业质量成本的计划目标分析、相关指标分析和趋势分析三个方面。

（2）质量成本构成项目分析，包括企业质量成本构成项目的计划目标分析和结构比例分析两个方面。

（3）质量损失分析，包括企业责任部门质量损失分析、责任产品质量损失分析和外部质量损失分析三个方面。

（4）质量成本差异分析，主要是对企业中出现的质量成本严重差异情况做进一步的技术经济分析，找出原因，落实责任。

3．质量改进建议

根据企业质量成本分析结果而提出的质量改进建议是供企业领导和各有关部门进行决策和进一步制订改进措施用的。因此，企业质量改进建议既不是决策方案，也不是具体的改进措施，只能是供选择的、指出企业质量改进方向的建议，例如：

（1）减少或避免质量缺陷的改进建议。

（2）质量成本构成的合理化建议。

（3）质量管理体系中要素活动改进的建议。

（4）质量成本管理的改进建议。

（二）质量成本报告形式

企业质量成本报告的形式是多种多样的，可根据实际需要来决定。通常可用的形式有报表式、图示式、陈述式和综合式。

（1）报表式。采用表格形式整理和分析企业质量成本数据，可让阅读报告者简单明了地掌握企业质量成本的全貌。

（2）图示式。采用 Pareto 图、时间序列图、因果分析图等图示方式整理和分析企业质量成本数据，可让阅读报告者一目了然地看出企业质量问题的关键所在。

（3）陈述式。通过文字方式来描述企业质量成本发生的状况、问题和改进建议。

（4）综合式。采用表格、图示和陈述相结合的方式展示企业质量成本发生的状况，揭示企业质量问题、阐述企业质量改进方向。这种综合的形式是企业中最容易接受、最常使用的方式，能适合企业领导、各有关部门等各层次的需要，有利于根据质量成本报告进行决策

和制订企业质量改进措施。

质量成本报告一般分月报、季报、半年报和年报,但内外故障成本要月月报。对质量成本分析报告的要求是准确、及时、系统、全面。

(三)质量成本报告

质量成本报告的内容包括:质量成本会计核算和统计核算的结果、质量成本的构成及关键内容分析、质量成本的计划执行情况及变化趋势分析、质量成本适宜性分析、质量管理重点活动分析和质量管理体系运行的经济性评价等。质量成本报告的形式见表 5 – 1。

表 5 – 1　质量成本综合报表

项目		基期	本期计划	本期实际	比较	
					与基期差额	与计划差额
预防成本	三级科目					
	三级科目					
	三级科目					
	三级科目					
	合计					
鉴定成本	三级科目					
	三级科目					
	三级科目					
	三级科目					
	合计					
内部损失成本	三级科目					
	三级科目					
	三级科目					
	三级科目					
	合计					
外部损失成本	三级科目					
	三级科目					
	三级科目					
	三级科目					
	合计					
总计						
预防成本率						
鉴定成本率						
内部损失成本率						
外部损失成本率						
质量损失率						
单位产品质量成本						
内部质量损失率						

分析结果:

报表单位:

第四节　质量成本计划与控制

企业对质量成本的控制能力决定了质量成本管理的有效性。因此,与其他控制活动一样,在实施控制以前先要制定一个控制目标。制定目标是计划工作的主要内容,而目标制定得是否科学合理与质量成本的趋势预测是否准确有关。

一、质量成本的预测

质量成本预测是质量成本计划的基础工作,甚至是计划的前提,是企业有关质量问题的重要决策依据。质量成本预测就是在分析研究各种质量因素与质量成本的依存关系时,结合企业对产品质量改进和用户对产品质量的要求,采取一定的措施,利用大量观察的数据和一定的科学方法,对一定时期的产品质量成本水平和目标进行测算、分析和预见,使企业的质量成本管理更加符合客观规律的要求。

(一)质量成本预测目的

第一,为企业提高产品质量和降低质量成本指明方向。
第二,为企业制订质量成本计划提供依据。
第三,为企业内各部门指出降低质量成本的方向和途径。

(二)质量成本预测工作过程

1. 调查和收集信息资料

企业可以广泛地从外部和内部收集可能对产品质量产生影响的各种质量信息资料。一般来说,主要应掌握以下资料:

(1)用户资料,收集用户关于产品质量和售后服务的要求。

(2)竞争对手资料,包括产品质量,质量成本(这类资料很难获得),用户对竞争对手产品质量、价格和服务的反应等。

(3)企业资料,主要包括企业本身关于质量成本的历史资料,如质量成本结构、质量成本水平等。

(4)技术性资料,即企业所使用的检测设备、检测标准、检测方法以及企业所使用的原材料、外购件对产品质量及质量成本的影响资料,还有企业关于新产品开发、新技术新工艺使用的情况等。

(5)宏观政策,即国家或地方关于产品质量的政策等。

2. 资料整理分析

企业在收集了大量资料以后,要对资料进行整理分析,做到去伪存真、去粗取精,并从中寻找质量成本变化的规律、用户需求的规律、质量成本不同构成要素之间相互作用的规律等。在此基础上对这些资料进行系统地分析、研究、组织,以便做出符合客观规律的判断。

3. 提出质量改进措施计划

企业根据整理分析后的资料,提出质量改进措施计划,对预测时期的质量成本结构和水平等方面做出估计,为编制质量成本计划奠定基础。

4.质量成本的预测方法

质量成本预测时要求对各成本构成的明细科目逐项进行。由于影响不同科目的方式不同,表现出的规律也不相同,所以对不同科目可采用不同的预测方法。

(1)经验判断法。当影响因素比较多或影响规律比较复杂时,企业可以组织经验丰富的质量管理人员、有关的财会人员和技术人员,根据已掌握的资料,凭借自己的工作经验做预测。对于长期质量成本适宜使用经验判断方法。

(2)计算分析法。根据质量成本的历史资料,对未来时期各有关因素变化可能引起质量成本升降的程度,采用一定的数学方法,对质量成本进行计算和分析预测。

二、质量成本计划

质量成本计划是企业成本计划的一部分,是企业质量目标和质量成本目标的具体执行计划,是企业控制、分析和考核质量成本的依据。它是在预测基础上,用货币量形式规定当生产符合质量要求的产品时,所需达到的质量费用消耗计划。主要包括质量成本总额及其降低率,四项质量成本构成的比例,以及实现计划的具体措施。

(一)质量成本计划内容

质量成本计划的内容与企业成本计划的内容有共性,同时又具有一定的特殊性,所以质量成本计划和企业成本计划又不完全一致。质量成本计划的具体内容如下:第一,主要产品单位质量成本计划,即反映计划期企业主要产品的单位质量成本构成和水平情况。第二,全部商品、产品质量成本计划,即反映计划期各种可比产品和不可比产品的单位质量成本以及可比产品质量成本降低额计划。第三,质量费用计划,即反映计划期质量费用水平的计划。第四,质量成本构成比例计划,即反映计划期质量成本的结构和各种基数(如销售收入、利润、商品总成本等)相比的比例情况的计划。

(二)质量成本计划的编制程序

质量成本计划的编制程序包括五部分:

第一,进行市场调查和预测,收集有关质量成本的数据。主要是通过所收集的资料对未来可能发生的质量成本数据进行估计预测(见前面质量成本预测部分介绍的内容)。

第二,确定企业要达到的质量成本目标。依据工厂质量方针和经费目标以及预测的结果,确定企业所要达到的质量成本总额和质量成本降低率。

第三,编制具体的质量成本计划。包括质量成本总额、质量成本构成项目与质量成本总额的比例、质量成本率、产值质量成本率、利润质量成本率、销售质量成本率及质量成本降低率,以及降低质量成本的措施。

第四,质量成本计划分解与反馈。编制出质量成本计划后,需将计划分解到各个车间(部门)进行讨论,然后把意见反馈上来,对计划再进行修改上报到厂质量委员会。

第五,批准计划、组织实施。质量成本计划上报到工厂领导部门后,由工厂领导部门讨论、批准,下达到有关车间(部门)组织实施。

质量成本计划一般由企业的质量管理部门和财务部门共同编制。由于各企业情况不同,其质量成本计划的编制方法、程序也不尽相同,不少企业在制定工厂方针时,把此项工作与质量、效益目标值同时论证,与方针目标一起展开,并在实施中进行控制。

三、质量成本控制

质量成本控制是指质量成本计划在执行过程中对人、机、物实行有效控制,以便及时协调所出现的各种矛盾,纠正出现的各种偏差,保证质量管理中的各项活动达到预期的效果,也就是通过各种措施和手段达到质量成本目标的一种管理活动。质量成本控制的内容应包括企业生产全过程,即对企业生产的设计、制造、供销阶段以及其他辅助环节都分别进行控制。通过对各个环节发生的质量成本项目及细目的控制,使质量成本控制在最适宜区域内。

(一)质量成本控制的基本内容

1. 建立质量成本控制的组织体系。质量成本涉及面甚广,包括产品设计、质量管理、检验、生产、供应、销售和会计等部门。但必须确定控制网点,如总的质量成本费用由质量管理部门和会计部门共同负责控制、预防费用由质量管理部门负责控制、检验费用由检验部门负责控制、废品造成的厂内损失由生产部门负责控制、厂外损失由销售部门负责控制等。控制的组织体系要与经济责任制相结合,要把质量成本纳入经济责任制中考核,既要给发生质量成本的部门以一定的管理权限,又要对质量成本管理工作的成果予以表彰。

2. 以计划数字为指标,分层归口控制。目标质量成本要逐级分解,归口落实到责任部门;各部门要根据计划目标,提出改进和实现目标的措施。

3. 监督质量改进措施的执行。

4. 监督质量管理推行计划的实施。

5. 重点控制故障成本的降低方案的有效实行。

6. 财会部门和质量管理部门要监督检查计划的实施,协调解决发生的问题,并制定出有关质量成本管理的制度和考核办法。同时,对质量成本管理活动,也应当运用现代化管理方法进行评审,以求达到技术、质量及经济效果的统一。

(二)质量成本控制的程序

1. 确定质量成本控制的标准。根据质量成本计划所规定的目标,为各项费用开支和资源消耗确定其数量界限,形成质量成本费用指标计划,作为目标质量成本控制的主要标准,以便对费用开支进行检查和评价。

2. 控制监督质量成本的形成过程(这是控制的重点)。对于日常发生的各种费用都要按照既定的标准进行控制监督,力求做到所有直接费用都不突破定额,各项间接费用都不超过预算。

3. 查找原因,进行改进。查明造成实际质量成本偏离目标质量成本的原因,然后在此基础上提出切实可行的措施,使实际质量成本更好地达到目标质量成本的要求。

(三)质量成本控制管理系统

质量成本发生在产品从生产到消费的整个过程之中,只有建立起一个完整的管理系统才能实现有效控制。要建立质量成本责任制,对每项质量成本实行归口分级管理,将责、权、利落实到各部门直至有关个人,形成质量成本控制管理网络。根据归口和分工的原则,划清各职能部门、车间、班组对质量成本费用应负的责任和控制权限,把质量成本指标层层

分解,并落实到有关部门和人员。

一个功能完善的控制系统应该具有测量机构、决策机构和执行机构,各个机构相对独立,承担自己的职能,又有机地组成一个系统,为整体目标服务,追求整体效果。

(四)质量成本控制方式

从控制活动中不同的使用信息的方式分类,可以有三种不同的基本控制方式,即事后控制、事中控制和事前控制。

(1)事后控制。顾名思义这种方式指事情发生以后,回过头来总结经验教训,分析事故原因,研究预防对策,争取在下个计划期把事情做得更好一些。用控制论原理解释,是基于信息的负反馈控制。这一控制方式在管理中有普遍应用,最早出现在质量控制活动中。当质量偏离了目标值,往往是已经产生了不合格品,损失已经造成,再通过查找原因采取措施,以达到控制目标。这种方式虽然不能及时控制,但由于操作简单,仍然有着广泛的使用价值。

(2)事中控制。这一控制方式是在事后控制的基础上发展起来的。它的指导思想是当有迹象表明将要出现质量问题时,及时采取控制措施,避免质量问题的产生。显然这种控制方式比事后控制更有效,它可以减少、甚至避免损失。这一方式在管理活动中也有广泛使用。有意思的是,它也是起源于质量管理。质量控制图就是这种控制方式的具体应用。使用这种方法的关键是需要有一种有效手段来监测受控对象,及时发现不正常的征兆,以便采取措施。问题是这种所谓的"有效手段"并非对每一种质量成本控制对象都是存在的,所以事后控制仍是十分有用的控制方式。

(3)事前控制。这种控制方式的思想是在事情开始以前就采取种种措施,完全避免不利因素的冲击。它的控制论原理是前馈控制,事实证明只要能够事前预测到不良因素的发生,及时采取预防对策,就可以取得非常好的控制效果。在质量控制和成本控制中已普遍意识到最好的控制是在产品设计阶段,设计阶段的工作可以控制住60%的质量问题和产品成本。这是一种防患于未然的思想,是最有效的,但是要能够预见到种种不良的影响因素是不容易的。

在实际工作中这三种方式应该结合起来使用。

思 考 题

1. 质量成本是由哪几部分构成的?
2. 质量成本的特点包括哪些?
3. 质量成本数据收集包括几个阶段?
4. 质量成本分析的内容包括哪些?
5. 质量成本的分析方法包括哪些?
6. 质量成本报告的内容是什么,有哪几种报告形式?
7. 质量成本计划包括的内容有哪些,其编制计划的步骤如何?
8. 质量成本控制的内容和步骤有哪些?

【阅读材料】

质量与成本

某行业省公司(A单位)系统集成工程项目(A项目)通过招标方式选择承建单位,希赛公司(CSAI)以1800万元的标底获得A项目工程合同。A项目包含1000万元设备采购安装和800万元软件开发费用。其中,设备采购安装预计有150万元利润,CSAI渴望通过A项目的建设能够获得600万元纯利润。

为了能够最大限度地获取利润空间,CSAI在组建项目小组、制订工程费用预算的时候,尽力压缩工程费用预算。CSAI安排刘工担任A项目的项目经理,刘工在对项目进行工作分解的基础上,制订了工程实施资源计划,编制了项目实施预算经费。根据刘工的预算,项目实施经费预算(人员工资、差旅费、会议费、行政管理费等)为220万元,其中人员工资占了很大比例,为150万元,CSAI领导在审核经费预算的时候,认为人员工资所占份额太大,CSAI要求刘工将人员工资预算减少为120万元,并列入对刘工的绩效考核指标。

由于人员工资预算的减少,刘工面临两种选择,要么将招聘软件工程师的能力等级降低,要么减少项目组成员数量。李工在权衡利弊后认为,项目组员工工资高,容易引起公司其他部门的嫉妒,工作不好开展,于是,刘工只能采取降低项目组成员工资的方法。为此李工所组建的项目小组有8人没有达到李工预期的技术资质等级。

A项目经过18个月(延期3个月)的建设周期,项目建设完成并交付用户使用。CSAI也如愿以偿地获得了预期的利润,项目实施经费190万元,预提项目维护经费60万元(两年免费维护),商务费用50万元,超期3月赔偿A单位15万元,CSAI认为实现的利润635万元,已经达到了计划的目标。

项目验收交付使用后,CSAI为项目维护配备2位工程师,每位工程师工资加管理成本共计10万元/人年。但是,A项目的运行维护并不像CSAI想象的那样好,由于A项目定制软件的质量存在很多隐患、缺陷,如软件代码质量差,导致系统运行效率低;技术文件缺乏或文件与实际情况不相符,或技术文件纵向及横向对相应内容的描述不一致;这些问题使得A项目的维护工作难以高质量地开展,经常给A单位的业务开展带来不良的影响。A单位要求CSAI必须得保证系统运行,不能影响A单位业务的开展,否则CSAI将被追究法律责任。这样,CSAI的两位维护人员长时间处于救火式的工作节奏中,疲于奔命,仍然维护不好A系统,在A单位多次严厉追问后,CSAI不得不增加一位熟练的软件工程师来配合A系统的运行维护。这样,CSAI在两年的系统维护中,因增加一位工程师而多支出了25万元维护费用。

CSAI在维护A系统的过程中,曾有一次,由于自己员工的失误,当然,A应用软件系统中隐藏的缺陷也是导致问题发生的原因之一,使得A系统的运行瘫痪了。由于要应急修复A应用系统,A单位付出了约10万元应急费用,CSAI也付出了8万元应急费用。而且,由于系统的瘫痪,使A单位的业务停止了一整天,给A单位造成了严重损失和不良影响,A单位按照合同约定,向CSAI提出了50万元索赔要求。

A单位认为CSAI的软件工程过程能力存在问题,决定在新的工程项目的建设中,不再将CSAI作为候选合作伙伴。

根据上述资料回答下列问题:

1. CSAI 压缩项目的工资支出是否合理? 压缩工资支出直接带来什么问题?

2. CSAI 所承建的 A 项目由于质量问题将直接或间接引起哪些方面的项目成本损失?

3. 如果你是项目经理,你将怎样进行项目管理,以减少不良质量所带来的成本损失,你的决策又会遇到什么问题?

第六章　服务质量管理

进入服务经济时代,如何提高服务质量越来越受到企业的重视。服务质量的内涵比较复杂,它始于服务传递系统的设计,贯穿于服务提供全过程之中,受诸多因素的影响。现在,提高服务质量已远远不再是微笑服务,服务组织应该从顾客定义的标准出发,准确衡量服务质量,通过设计来提高服务质量;并对服务全过程中的质量进行有效的控制;在服务质量出现问题时,应该及时进行补救,这不但提高了顾客忠诚度,对员工也有激励作用。

第一节　服务的定义、特征和分类

一、服务的定义

20世纪70年代,由于服务业的发展,学术界开始注重对服务的研究。典型的服务业包括修理、娱乐、餐饮、饭店、旅游、医院、会计服务、法律服务、咨询、教育、房地产、批发零售、物流、金融、保险、租赁等多种行业。由于服务的范围很难精确界定,迄今为止还未有一个被普遍接受的定义。例如,在确定 IBM 究竟是制造企业还是服务企业时,就会遇到很大的困难。IBM 制造计算机等电子设备,具有制造企业的基本特征,但 IBM 也提供计算机修理、数据和咨询服务,因此也具有服务企业的基本特征。特别是在近二三十年中,制造业和服务业的界限已变得越来越模糊了。今后,这种趋势还将继续。

以下列举几种影响较广泛的对服务的定义:

1. 美国市场营销协会(AMA)于1960年将服务定义为"用于出售或者与销售产品有关的活动、利益或满意"。这一定义并没有充分区分服务与有形产品的差异。

2. 美国学者斯坦顿(Stanton)1974年将服务定义为"服务是可被独立识别的不可感知的活动,为消费者或工业用户提供满足感,但并非一定要与某种产品或服务连在一起出售"。

3. 希尔1977年对服务给出了"变化"的定义,他认为"服务是隶属于某一经济单位的个人或物品状况的变化,这种变化是事先经过该个人或经济单位同意之后由其他经济单位实施的。服务的生产和消费同时进行,这种变化是同一过程的变化,服务一旦生产出来必须由消费者获得的事实,意味着服务不能储存。这种不能储存性与其物理特征无关,只是逻辑上的不可能,因为储存同一过程的变化是矛盾的。

4. 美国学者菲利浦·科特勒1983年将服务定义为"服务是一方能向另一方提供的,基本上属于无形的,并对所有权不产生任何影响的一种活动或好处。服务的生产可能和物质的生产相关,也可能不相关"。

5. 芬兰学者格隆鲁斯1990年把服务概括为"服务是指或多或少具有无形特征的一种或一系列活动,通常但并非一定发生在顾客同服务提供者及其有形的资源、商品或系统相互作用的过程中,可以解决消费者的有关问题"。

6. 英国学者佩恩把服务定义为"服务是一种涉及某些无形性因素的活动,它包括与顾客或他们拥有的财产的相互活动,它不会造成所有权的更换。条件可能发生变化,服务产

生可以但不一定与物质产品紧密相连"。

7. 在 ISO 9004—2：1991 标准的 3.5 中，服务的定义是"为满足顾客的需要，供方与顾客接触的活动和供方内部活动所产生的结果"。该定义的注解：在接触面上，供方或顾客可能由人员或装备来代表；对于服务提供，在与供方接触面上顾客的活动可能是实质所在；有形产品的提供或使用可能成为服务的一个部分；服务可能与有形产品的制造和供应结合在一起。

8. 在 ISO 9000：2000 标准 3.4.2 中，服务的定义是"服务通常是无形的，并且是在供方和顾客接触面上至少需要完成一项活动的结果。"服务的提供可涉及：在顾客提供的有形产品（如维修的汽车）上所完成的活动，在顾客提供的无形产品（如为准备税款申报书所需要的收益表）上所完成的活动，无形产品的交付（如知识传授方面的信息提供），为顾客创造氛围（如在宾馆和饭店）。

二、服务的特征

了解一般服务共有的特征有助于我们认识服务的本质，一般服务共有的特征如下：

1. 无形性

无形性是服务的最主要特征。首先，服务不像有形产品那样，能够看得见、摸得着，服务及组成服务的要素很多具有无形的特征。其次，服务不仅其本身是无形的，甚至消费服务获得的利益也可能很难觉察到或仅能抽象地表达。因此，在服务被购买以前，消费者很难去品尝、感觉、触摸到"服务"，购买服务必须参考许多意见和态度等方面的信息。例如，家用电器发生故障，使用者将其交到维修公司修理，但在修理完成以后，使用者仅从外观上往往难以准确地判断维修服务的质量。但是，真正的、纯粹的"无形"服务是极其罕见的。大部分服务都包含有形的成分，很多有形产品附加在服务之中一并出售，如餐饮服务中的食物、客运服务中的汽车、维修服务中的配件等。而对顾客而言，更重要的是这些有形的载体所包含的服务或效用。反过来，提供服务也离不开有形的过程或程序，如餐饮服务离不开厨师加工菜肴，绿化服务需要园艺师设计、修剪花草等。

2. 生产和消费不可分离性

有形产品从设计、生产到流通、消费的过程，需要经过一系列的中间环节，生产和消费过程具有非常明显的时间间隔。而服务与之相比则有较大的不同，服务的生产和消费具有不可分离的特征，即服务的生产和服务的消费是同时进行的，服务人员在提供服务给顾客的同时，也是顾客消费服务的过程，二者在时间上具有不可分割性。由于服务的这个特征，决定了服务的生产者（提供者）与服务的消费者如果不在同一场所同时相遇，则服务的生产和消费就很难成立。如教育服务中的教师和学生，医疗服务中的医生和患者，只有二者相遇，服务才有可能成立。

3. 服务是一系列的活动或过程

服务不是有形产品，即不是实物。服务是服务企业通过一系列的活动或过程将服务提供给服务的买方，也是服务企业生产和服务买方消费的一系列活动或过程。服务的企业不能按传统的方式来控制服务的质量。当然，服务的种类繁多，个性千差万别，也不能一概而论，但一般而言，服务的生产过程的大部分是不可见的，顾客可见的生产过程只是整个服务生产过程的一小部分。因此，顾客必须十分注意自己看得见的那部分服务的生产过程，对所看见的活动和过程进行仔细的体验和评估。

4. 差异性

服务的构成成分及其质量水平经常变化,很难统一界定。服务业是以人为中心的产业,包括服务决策者、管理者、提供者和消费者,由于人类个性的存在,使得对服务质量的检验较难采用统一的标准。一方面,由于服务提供人员自身因素的影响,即使同一服务人员在不同时间内提供的服务也很可能有不同的质量水平,而在同样的环境下,不同服务人员提供的同一种服务的服务质量也一定有差别;另一方面,由于顾客直接参与服务的生产和消费过程,不同顾客在学识、素养、经验、兴趣、爱好等方面的差异客观存在,直接影响到服务的质量和效果,同一顾客在不同时间消费相同质量的服务也会有不同的消费感受。

5. 不可储存性

由于服务的无形性以及服务的生产和消费的同时性,使得服务不可能像有形产品那样可以被储存起来,以备将来销售,或者顾客能够一次购买较多数量的服务回去,以备未来需要时消费。当飞机离开跑道时,从该航班获得的收入就已经确定,即使该飞机上还有部分空座位,也不可能再从该航班上获得任何收入。同样的道理,宾馆里的空床位,只要过了该夜,也不可能再利用,从该项生产中获利的机会就完全消失。

由于服务的不可储存性,服务能力的设定就非常重要。例如,服务能力不足,一些顾客将得不到服务,企业会失去应有的获利机会;而服务能力过剩,会白白支出许多固定成本。服务没有及时消费,如影剧院内的座位、游轮上的舱位、电信部门的通信容量等,并不一定增加服务企业的总成本,仅仅表现为服务能力的闲置,但实际上这种闲置对服务企业的赢利影响非常大,因为单个顾客的消费成本将增加,而顾客的消费价格则一般不会由于顾客数量的减少而相应提高,最终可能会导致服务的价格低于服务的成本。

服务的不可储存性还意味着对服务的需求管理至关重要。服务企业必须研究如何充分利用现有资源,包括人员、设备等,提高使用效率,解决服务企业供需矛盾。例如,在公共交通客运中,上下班高峰期乘客数量远远超过低谷期,旅游区淡季游客数量很少,而节假日则过于拥挤,这就要求服务企业尽量增加服务供给的弹性,以适应变化的服务需求。

6. 服务是不包括服务所有权转让的特殊形式的交易活动

与有形产品交易不同,服务是一种经济契约或社会契约的承诺与实施的活动,而不是有形产品所有权的交易。服务缺乏所有权指在较多服务的生产和消费过程中,不涉及任何东西的所有权转移。服务是无形的,又是不可储存的,服务在交易完成以后就消失了,顾客并没有"实质性"地拥有服务。例如,乘客乘汽车从一个地方到达另一个地方,乘客除了拥有车票以外,再没有拥有任何其他东西,同时客运公司也没有把任何东西的所有权转让给乘客。当然,顾客在享受商业服务时,也附带购买商品的所有权的这种转移。

因为产品的交易活动往往是买卖双方的一次性交易对象所有权的交割活动,而服务的买卖由于其特征往往可做多次交割,这也给顾客参与服务过程提供了可能。例如,教育过程需要教师的能力,也需要学生的素质;医疗方面既需要医生的医术,也需要患者对医生询问予以配合。

缺乏所有权会使顾客在购买时感受到较大的风险,如何克服这种消费心理,促进服务的销售,是服务企业管理面临的重要问题。目前,如有些商店、高尔夫俱乐部等实行的"会员制"形式,以及银行发行信用卡的方式,都是一些服务企业为了维系与顾客的关系而采取的做法。

三、服务的分类

服务是有共性的,但同时又具有广泛的差异性,从简单的搬运行李到太空旅行,从家电维修到网上购物,不同的服务又具有各自的个性。而且随着科技的发展和人类文明的进步,新的服务不断涌现。尽管可以根据不同的因素来划分服务,但仍不可避免地存在两个缺陷。第一,由于服务产品创新和技术进步,新的服务业不断产生,服务的分类必须是开放的,以便随时增添新型服务业,这给服务理论研究带来相当大的不确定性;第二,有关服务业的这些分类是从不同的角度来认识服务的,带有明显的主观性,还缺乏统一的、被一致认同的分类标准。

以下是西方学者提出的几种分类方案。

1. 根据服务的对象特征分类

①经销服务,如运输和仓储、批发和零售贸易等服务。

②生产者服务,如银行、财务、保险、通信、不动产、工程建筑、会计和法律等服务。

③社会服务,如医疗、教育、福利、宗教、邮政和政府服务等。

④个人服务,如家政、修理、理发美容、宾馆饭店、旅游和娱乐业等服务。

2. 根据服务存在的形式划分

①以商品形式存在的服务,如电影、书籍、数据传递装置等。

②对商品实物具有补充功能的服务,如运输、仓储、会计、广告等服务。

③对商品实物具有替代功能的服务,如特许经营、租赁和维修服务等。

④与其他商品不发生联系的服务,如数据处理、旅游、旅馆和饭店服务等。

3. 按服务企业的性质分类

①基本上以设备提供为主:自动化设备,如洗车等;由非熟练工操作的动力设备,如影院等;由技术人员操作的动力设备,如航班等。

②基本上以提供服务为主:由非熟练工提供,如园丁等;由熟练工提供,如修理工等;由专业人员提供,如律师、医师等。

尽管可以根据不同的因素来划分服务,但仍不可避免地存在两个缺陷。第一,由于服务产品创新和技术进步,新的服务业不断产生,服务的分类还必须是开放的,以便随时增添新型服务业,这给服务理论研究带来相当大的不确定性;第二,有关服务业的这些分类是从不同的角度认识服务的,带有明显的主观性,还缺乏统一的、被一致认同的分类标准。

第二节 服务质量及其形成模式

一、服务质量的概念

1. 质量的定义

质量是"一组固有特性满足要求的程度"。服务质量就是反映服务满足一组固有特性的程度。但服务企业在建立服务质量体系时,还应根据上述定义的内涵来理解和运用其他质量术语,使质量改进和质量管理向加强服务、满足需要能力的方向发展。

2. 服务质量环

服务质量环(图6-1)是对服务质量形成的流程和规律的描述。图6-1是从识别需要到评价这些需要是否得到满足的各个阶段中,影响服务质量的相互作用的活动的概念模式。该模式也是全面质量管理的原理和基础,它涵盖了服务质量体系的全部基本过程和辅助过程,其中三个最基本的过程就是市场开发、设计和服务提供。

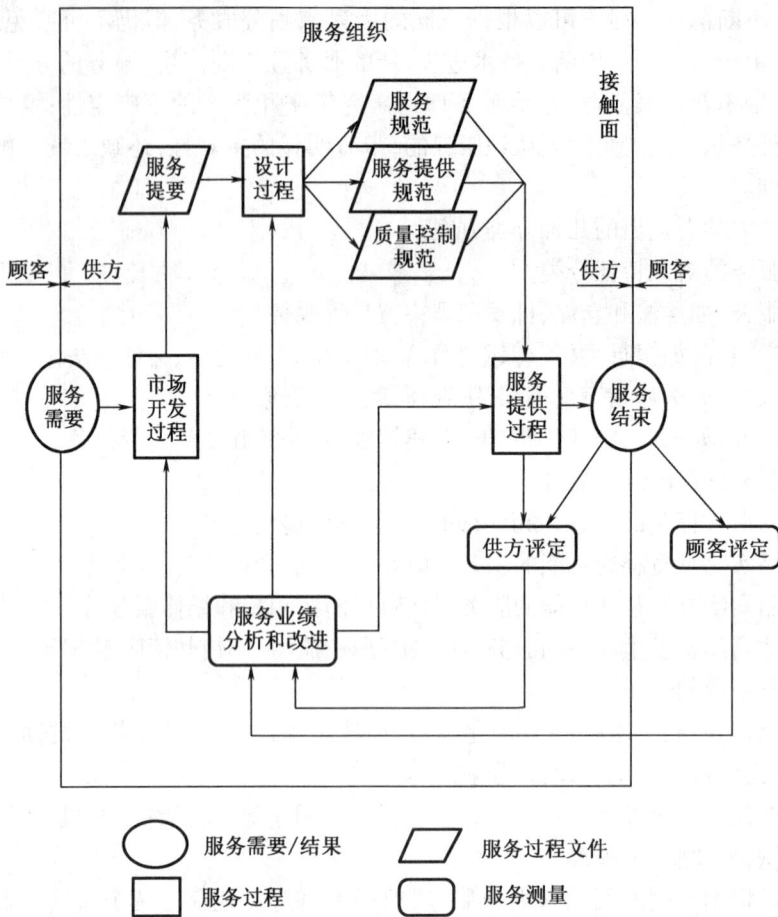

图 6-1　服务质量环

服务质量环是设计和建立服务质量体系的基础,只有对本企业的服务质量环分析清楚,准确恰当地确认质量环,才能有针对性地选择服务质量控制要素,保证本企业的服务质量达到质量目标,也只有通过对服务质量环的正确管理,才能实现对服务质量的动态识别和适时控制。

3. 受益者

在服务活动中,顾客、员工、合作者、服务企业和社会都是服务的受益者。建立服务质量体系和保证服务质量,以满足顾客的需要,这是最直接的目的,也是最表层的目的,而最根本的目的应该是使整个社会受益,其中包括企业和员工。如果不建立这种观念,将无法真正保证质量。应看到,社会的每个人和组织都是服务的使用者、加工者、供应者和受益者。管理服务质量的责任应由每个人或组织来共同承担。

4.现代服务质量观

由于仅仅依靠成本优势或技术优势,都很难长久地保持竞争优势,因此服务企业要得到持续发展,就不能仅仅依靠单一的优势。现代服务质量观大致可以概括为以下内容:

①市场竞争由价格竞争转向服务质量竞争,对服务业而言,21世纪将是一个服务质量的世纪。

②服务质量就是要满足需要,首先是顾客的需要,同时要兼顾其他受益者的利益。过去的符合性质量观正转变为全面满足顾客需要的质量观。

③服务质量是服务企业生存发展的第一要素。服务企业要生存发展,首要条件是提供的服务能在市场中转变成价值,被顾客所接受。而顾客能否接受服务的决定性因素是服务质量。

④提高服务质量是最大的节约,在某种程度上,服务质量好等于成本低。

⑤服务企业不能仅仅从服务提供者的角度来看待服务质量,应由提供者转变到消费者和其他受益者的立场来看待服务质量,只有这样才能提供满足需要的服务。

⑥服务质量的提高主要取决于科学技术的进步,其中包括科学的管理。服务企业也只有不断开发和利用新技术,提供新的服务,给顾客更多的附加价值,才会提高服务质量。

由于服务质量内涵的深化,使得服务企业运用质量战略的广度和深度都较以前有较大提高。质量战略,即优质服务战略,服务企业的竞争能力是由企业为顾客提供优质服务的能力决定的。采用优质服务战略的企业,与顾客建立并发展的是一种长期互惠关系。服务企业运用质量战略并不排斥成本和技术因素,相反,通过科学的质量效益分析,服务企业依靠技术创新,注重提高服务质量,给顾客更高的消费价值,可以大大增加对企业提供的服务的需求,并由于规模经济而降低企业的成本,从而形成技术—质量—成本的良性循环。

二、服务质量的内容

一般来说,服务的生产和消费是同时进行的,顾客通过与服务企业之间的接触来完成一项服务消费。从顾客的角度来说,顾客购买服务并进行消费,他对服务质量的认识可以归纳为两个方面:一方面是顾客通过消费服务究竟得到了什么,即服务的结果,通常称为服务的技术质量;另一方面是顾客是如何消费服务的,即服务的过程,通常称为服务的功能质量。服务质量既是服务的技术和功能的统一,也是服务的过程和结果的统一。

可以通过很多例子来说明服务的技术质量,如快递公司将商业信函或包裹从一地运到另一地,银行将贷款贷给了企业或个人,网络用户通过互联网下载了软件或购买商品,而就餐的顾客通过在饭店就餐得到了菜肴等食品,同样,投资银行给顾客提供了资产重组方案或理财建议书,会计师事务所通过对客户进行审计提供给顾客审计报告,律师作为顾客的代理人通过诉讼使顾客(委托人)得到了金钱、财物等方面的适当补偿。以上这些都说明,顾客通过消费服务得到了一定的结果,即服务的技术质量。

技术质量一般可以用某种方式来度量,如客运服务可以用运行时间作为衡量服务质量的一个依据,教育服务可以用教学成果,如考试、竞赛成绩或升学率作为衡量服务质量的一个依据。一般来说,顾客非常关心通过消费服务所获得的结果,这在顾客评价企业的服务质量中占有相当重要的地位。

然而,对顾客来说,消费服务除感受到服务的结果,即技术质量以外,还对服务的消费过程非常敏感,实践也证明了顾客明显受到所接受服务的技术质量的方式以及服务过程的影响。例如,到超市购买同样的商品,如果该超市的商品陈列得非常整齐、清楚,顾客希望购买的商品很容易就被发现,或者是即使顾客一时找不到,但询问了一个服务员以后,马上被该服务员很礼貌地带到希望购买的商品处,顾客的感觉就很可能非常满意;相反,如果该超市的商品陈列混乱,顾客很难发现自己需要的商品,当顾客向服务员请求帮助时,该服务员可能不够礼貌,或者自己也不清楚又向其他服务员询问,最后费了好大劲儿才发现了需要的商品,这必然使顾客产生不好的印象,对该超市的服务质量的评价会较差。然而,两次消费购买到了所需要的商品这个结果并没有变化。

顾客对服务质量的评价还要受到顾客自身知识、能力、素养的影响。顾客的知识面越广,越能够接受并操作先进的服务设施,进而可以获得由于科技进步而带来的服务便利,对服务质量的评价就越高。例如,自动取款机,一般知识水平的人都可以利用它给自己带来便利,但文化程度很低甚至是文盲的人,当需要利用该机器存取钱款时,就会有所不便。此外,其他消费服务的顾客也会影响现有顾客对服务质量的感觉和认识。相信有很多人都有这样的经历,如在快餐店就餐时,有其他顾客端着买好的食品站在旁边等你吃完,你会感到很不自在,结果就会降低对服务质量的评价。反之,如在一些会员制的俱乐部,顾客可以通过不同的方式与其他顾客交流,甚至可以从中发掘到较好的商业机会,这样,顾客就会由于其他顾客的存在而对服务质量有很高的评价。

技术质量是客观存在的,而功能质量是主观的,是顾客对过程的主观感觉和认识。顾客评价服务质量的好坏,是根据其所获得的服务效果和所经历的服务感受两个方面的状况,是二者综合在一起形成的完整的印象。

由于各种服务千差万别,服务的技术质量和功能质量所占的比重也有较大的差别,如货运服务、仓储管理、技术服务、培训服务、法律服务等服务活动,虽然都提供了附加价值,但功能性的活动在不同的服务中的比重并不相同。而且,即使同一种服务,如果服务过程有差异,技术质量可能不变,但功能质量会有差异,二者的比例也就有相应的变化。例如,法律诉讼代理服务,如果诉讼过程顺利,技术质量和功能质量都将较高。反之,如诉讼过程复杂,时间长,顾客的情绪可能受到影响,甚至超过耐心的极限而使顾客非常不满意。即使最终问题解决了,顾客得到的技术质量相同,但整个诉讼过程给他留下了非常不好的印象,严重影响了服务的功能质量。这样,后一种服务的总体质量就较低。

三、服务质量的来源

瑞典的古默森教授和芬兰的格龙鲁斯教授对产品和服务质量的形成过程进行了深入的研究,于20世纪80年代中期发表了各自的研究成果。古默森的理论称为4Q模式,即质量的形成有4个来源:设计来源、生产来源、供给来源和关系来源。这里根据服务的生产和消费不可分离的特征,将服务质量的来源综合为设计、供给和关系3个来源。服务企业如何认识和管理好这3个方面的来源,将会影响顾客对总体服务质量的认识。

(1)设计来源,即服务是否优质,首先取决于是否有独到的设计。

(2)供给来源,即将设计好的服务,依靠服务提供系统,并以顾客满意和希望的方式操作实际服务过程,把理想中的技术质量转变为现实的技术质量。

(3)关系来源,指服务过程中服务人员与顾客之间的关系,服务人员越是关心体贴顾客,解决顾客的实际问题,顾客对服务质量的评价就越高。

服务质量的3种来源和前述两方面的内容之间是相互关联、互为作用的。服务的设计

虽然总体来说是增加服务的技术质量的,但同时也会提高功能质量。设计服务要考虑到现有的顾客和潜在的顾客。企业通过了解顾客的要求和爱好,把它们归纳为一定的特征或要素,然后通过设计过程尽可能满足顾客的要求和爱好。细致周到的服务设计可以反映出服务的技术质量,还可使顾客感到企业为满足自己的要求而进行了相当大的努力,所以细致周到的服务设计必然提高服务的功能质量。

四、服务质量的形成模式

无论是服务质量的评价还是服务质量的管理都必须建立在对服务质量内涵的深刻把握上。而对服务质量内涵的把握,一个最有效也是最科学的途径,就是深入研究不同的学者所创建的不同的服务质量模型。这些服务质量模型揭示了不同的学者对于服务质量的理解,如服务质量的内涵、服务质量决定要素和服务质量的度量方法。

1. 格罗鲁斯服务质量模型

1984 年,格罗鲁斯在《欧洲市场营销》杂志上发表了一篇题为《一个服务质量模型及其营销含义》的文章。在该文中,格罗鲁斯将服务质量分解为两个组成部分,即技术质量(What,服务结果)和功能质量(How,服务过程),在此基础上推出了自己的顾客感知服务质量模型。

1988 年,格罗鲁斯对这个模型进行了修正并将其纳入到 1990 年出版的《服务管理与营销》一书中,但修正后的服务质量模型并没有实质性的变化。

2000 年,格罗鲁斯对该模型再次进行了修正。从内容上看,2000 年的模型与 1984 年的模型有了一些新的变化,这主要体现为新的模型对企业形象问题给予了特别的关注。因为形象对顾客感知服务质量起着异常重要的作用,无论对服务企业还是对其他组织来说都是如此。树立良好的形象对于企业来说是一项非常迫切的任务。正是基于这样的原因,2000年格罗鲁斯推出的顾客感知质量模型特别强调了企业形象的作用,包括对感知服务质量形成的"过滤"作用和感知服务质量对企业形象形成的反作用。在其他方面,两个模型是基本相同的。

2. PZB 服务质量模型

PZB 感知服务质量模型在服务质量管理中产生较早,对服务营销界影响最大。在格罗鲁斯研究的基础上,他们于 1985 年提出了差距模型,这是 PZB 提出的第一个顾客感知服务质量模型。

差距模型对服务管理理论的影响是巨大的,因为这个模型为企业服务质量管理提供了基本的理论依据,过去虽然学者们都已经充分地认识到服务质量与有形产品质量之间的区别,但在管理问题上,由于缺乏科学而有效的模型,只能借鉴制造业的一些理论和方法来进行管理。可以说,差距模型的产生是服务质量管理研究向纵深方向发展的一个里程碑。

3. 波尔顿和德鲁服务质量模型

波尔顿和德鲁服务质量模型于 1991 年提出。虽然该模型依然采用了格罗鲁斯的差异分析方法,但是,他们的服务质量模型增加了许多新的研究内容,探讨的角度与格罗鲁斯也不相同。

除了服务期望决定要素与格罗鲁斯完全相同之外,这几乎是一个全新的模型。在该模型中加入了组织特性、工程特性等新的要素。更为重要的是,波尔顿和德鲁对服务质量与顾客满意的关系、服务质量与顾客重购意愿的关系等进行了有益的探索,而且在许多方面

与格罗鲁斯产生了分歧。该模型一个最大的贡献是在服务质量模型中加入了服务质量的概念,并将其视为影响顾客重购意愿的一个非常重要的因素。在该模型中,影响服务价值的因素是非常复杂的,包括服务质量、顾客付出与获得利益的比较以及顾客自身的特性。另外,波尔顿和德鲁服务质量模型的另一个特点是顾客满意度和感知服务质量都受到期望与感知比较结果的影响,而且在处理顾客满意与顾客感知服务质量的关系问题上,他们与格罗鲁斯截然相反。他们认为,顾客满意是感知服务质量的先行指标,而且顾客满意决定顾客感知服务质量。他们认为,按照顾客满意理论,期望与绩效比较的结果、期望和绩效本身都会对顾客满意产生影响,反过来,又会成为顾客感知服务质量的决定要素。它与 PZB 模型的相同之处是都认为顾客满意是某一次特定交易的结果,而感知服务质量则是对服务质量的一种总体性评价。但具体的评价标准与 PZB 不同,而且它认为对顾客实际服务效果的评价对顾客满意的影响比期望与实际的比较影响更大。也就是说,由感知与期望所形成的所谓"差异"对顾客满意的影响远远没有顾客单纯地对实际服务绩效评价而形成的影响大,但只适用于顾客满意而不适用于感知服务质量。

第三节　服务质量体系

一、服务质量体系的概念

服务企业必须把服务质量管理作为企业管理的核心和重点,把不断提高服务质量,更好满足顾客和其他受益者的需求作为企业管理和发展的宗旨。因此,任何一个服务企业要实现自己的质量战略,都必须建立一个完善的服务质量体系。服务质量体系就是为实施服务质量管理所需的组织结构、程序、过程和资源。对它的理解应注意以下三个方面:

(1)服务质量体系的内容应以满足服务质量目标的需要为准。

(2)服务企业的质量体系主要是为满足服务企业的内部管理的需要而设计的。它比特定顾客的要求要广泛,顾客仅仅评价该服务质量体系的相关部分。

(3)可根据要求对已确定的服务质量体系要素的实施情况进行证实。服务质量体系的作用是使服务企业内部相信服务质量达到要求,使顾客相信服务满足需求。服务质量体系是服务企业实施质量管理的基础,又是服务质量管理的技术和手段。

二、服务质量体系的关键方面

如图 6-2 所示,服务质量体系主要包括管理者的职责、资源、质量体系结构 3 个关键方面,而顾客则是服务质量体系 3 个关键方面的核心,只有当管理者的职责、资源以及质量体系结构之间相互配合和协调时,才能保证顾客满意。

(一)管理者的职责

服务企业管理者的职责是制定和实施服务质量方针并使顾客满意。成功地实施这个方针有赖于管理者对服务质量体系的开发和有效运行的支持。

1.服务质量方针

任何服务企业在服务质量体系的设计和建立时,均应编制并颁布本企业的服务质量方针,并通过服务质量体系的实施,保证本企业服务质量方针的实现。

服务质量方针是服务企业总的质量宗旨和方向,是企业在服务质量方面的总的意图,涉及服务企业所提供服务的等级、企业的质量形象和信誉、服务质量的目标、保证服务质量的措施、全体员工的作用等内容。服务质量方针应使整个企业总的方针适应服务竞争的要求,也就是说,服务质量方针应是整个企业总方针的核心部分,引导企业在服务竞争日趋激烈的市场竞争中以服务质量取胜,以服务质量求得效益,以服务质量的优势保证企业的生存和持续发展。

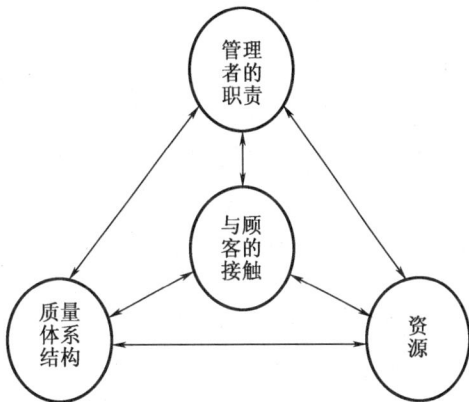

图 6 - 2 服务质量体系的关键方面

2. 质量目标和质量活动

服务企业要实现本企业的服务质量方针,首先要建立服务质量目标并识别服务质量活动。建立服务质量目标应考虑如下几点:

(1)用适当的质量测量(如产品测量、过程测量和顾客满意度测量)来清楚地定义顾客的需要。

(2)采取预防和控制措施,以避免顾客不满意。

(3)优化质量成本,达到所要求的服务业绩和等级。

(4)不断衡量服务要求和成绩,使与改进服务质量的时机相一致。

(5)预防服务企业对社会和环境的不利影响。

服务质量活动指从服务的市场开发、设计到提供全过程中与服务质量直接相关或间接相关的全部活动。服务质量体系要素体现为一组过程,任何服务工作都是通过过程完成的,每个过程都包含一定的服务质量活动,因此,确定服务质量活动是建立组织结构的前提。

3. 质量职责和权限

管理者的职责包括对由于其活动影响服务质量的所有人员明确规定的一般的和专门的职责和权限。

应该说,服务企业的全体员工对服务质量具有不同程度的影响,一线员工提供服务给顾客并直接与顾客接触,其他员工对服务质量和顾客满意起到间接的影响。只有明确合理分工的质量职责和权限,一线员工才可以在确定的权限范围内尽可能地满足顾客的要求,其他员工也可以通过承担规定的职责与一线员工进行有效的合作,以持续地改进服务质量,使顾客满意。

在设计或识别质量活动的基础上,按照分解、细化的质量职能,分配到各层次、各部门、各岗位,最终落实到每个员工。落实职权指分配或承担职责和权限。应该说,服务企业内每个员工都有自己的职责和权限,但一些关键人员的职责和权限的落实有利于职能部门和全体员工的质量职责的确定、分配和落实。这些少数的关键人物,如高层管理人员,在明确并充分有效地行使了自己的职权以后,其他问题就能迎刃而解。

(二)资源

资源是服务质量管理体系的物质、技术基础和支撑条件,是服务质量体系赖以存在的根本,也是能有效运行的前提和手段。资源包括人力资源、物质资源和信息资源 3 个部分。

1. 人力资源

人是服务企业最重要的资源,几乎所有的服务都要由服务企业的员工来提供。对顾客而言,他们往往把第一线员工当作服务的化身。由于服务是一种情绪性的工作,管理好服务体系中的人力资源必须做到以下几点:

(1)聘用个性适宜、能够提供良好服务的人

服务企业中的大部分工作职位,都需要经常与顾客密切接触,而且工作过程中充满了不确定性——顾客的需要和期望各不相同。服务企业的员工在执行任务时,不可能全按标准作业来进行。他们必须自行判断如何解决顾客的问题,可能必须不断采取主动式服务,才能针对各个顾客的特殊情况提供个性化的服务。但在很多服务企业中,当需要员工自己判断以解决顾客面临的实际问题时,员工的服务多半不佳。因此,服务企业对员工特别是对一线员工的聘用应有足够的重视。

(2)培训

不断地、密集地对员工进行全面的培训是服务质量体系要素得以有效实施的前提。美国花旗银行研究过 17 家服务领先的公司,这些公司都拨出 1% ~2% 的营业收入作为一线员工、管理人员和高层主管的培训经费。当然,培训的课程要因职位不同而有所差异。与顾客直接接触的员工所需的培训,与在办公室工作的人有很大的不同。一线员工所需要的技能与中层管理人员也不相同。但所有的培训都应当包括提供后勤支援的人如何对待内部顾客——线员工或其他服务企业的工作人员的内容。

(3)适当的激励

服务质量体系要求对员工进行适当的激励。员工与顾客接触得越多,越需要在情绪上投入。激励是一种正式的鼓励和赞美,可以鼓舞所有的员工。但通常情况下,很多激励方式因为缺乏公正、次数太少或缺乏心理意义而最终趋于失败。只有挑选获胜者的过程郑重其事、大公无私,并与顾客心目中的服务质量密切相关,这样的激励才有意义。要员工维持长期干劲,保持企业的服务质量优势,不能只靠赞美和奖赏,还应提供给员工可以展望的发展前景。很多服务企业的员工,特别是一线员工,不仅薪资少,而且很难出人头地,导致服务企业的人员流动率较高。如何通过最佳的激励方式调动这些能直接影响企业形象和服务质量的员工的积极性是完善服务企业质量管理体系的重要课题。

2. 物质资源

物质资源包括技术和装备,只有利用先进的物质资源建立起完善的服务基础设施,才能保证顾客享受到高质量的服务。同时,由于服务产能与服务需求很难精确匹配,服务企业的物质资源需要具有一定的弹性,能够应付变化较大的服务需求。

大多数人认为服务业仅仅是劳动密集型的行业,不需要太多的资本投资。然而,服务业固然对人力资源需求巨大,但为了提供服务而必须建立的基础设施及设备,也会使服务企业资本密集度相当高。即使是纯粹的服务企业,从餐厅到电力公司,其资本密集程度也不在制造企业之下。这是由于公用事业、航空公司以及其他一些需要昂贵设施提供服务的行业,以及主要依靠人力提供服务的行业,如餐厅、零售店、保险公司等,也都需要可观的资本投资,而且其中绝大部分是着眼于以科技代替人力。

建立完善的服务质量体系要对基础设施及设备投入大量的资金,这些基础设施及设备包括基本的装修和服务工具、有关顾客的信息系统、管理的通信网络、备用物资的储备等。

对基础设施及设备的投入与对人力的投入是相互关联的。新员工如果还没有对服务企业提供的服务和产品有深入的了解，那么每一个新手所处理的"关键时刻"都可能是公司形象和信誉以及未来的销售额丧失的时刻。而基础设施及设备的投入可以使服务员工提高生产力，并降低增聘新员工的需要，节约了挑选和培训新员工的时间和费用，又避免了损失未来的销售额，即公司的发展机会。

服务企业对基础设施及设备的需要可以根据顾客的服务需求以及自我服务能力而适时调整。整个服务企业的服务系统可按不同子市场的顾客需求，设定其提供服务的产能，避免对每一位顾客提供全面的服务，进而可以减少对基础设施及设备投入的巨额资金需求。

服务企业对基础设施及设备投资的一个好处在于一些服务行业具有规模经济，可以在较低的边际成本下提高服务质量，或是增添新的服务品种。如果服务企业在竞争者之前对服务质量体系中的基础设施及设备投入适当的规模，其产生的规模效应可以形成有力的垄断优势，甚至可构成竞争壁垒，在保证提供的服务质量基础上，排斥出现新的竞争者。

3.信息资源

在竞争日趋激烈的今天，信息资源将是服务企业最终能在竞争中获胜的关键因素之一。就像对其他物质资源的投资一样，服务企业对信息资源的投资，目的是提高和加强服务企业的竞争优势。拥有信息基础的服务企业，可以根据自身的信息资源对顾客提供个性化的服务，针对顾客的偏好适时调整其服务，以提高服务的效率和效益。

服务企业获得信息资源的主要渠道包括以下几个方面：顾客、企业一线员工、企业管理层、供应商、社会公众。服务企业可针对不同来源而特别设计调查方式来获得与服务质量有关的信息资源。

（三）质量体系结构

服务企业的质量体系结构包括组织结构、过程和程序文件3个部分。

1.组织结构

组织结构是组织为行使其职能按某种方式建立的职责、权限及其相互关系。服务质量体系的组织结构是服务企业为行使质量管理职能而建立的一个组织管理的框架。其重点是将服务企业的质量方针、目标层层展开成多级的职能，再转化分解到各级、各类人员的质量职责和权限中，明确其相互关系。由于整个管理最活跃和最关键的因素是人，管理的执行者是人，被管理者也是人，因此，规范人的行为的组织结构就是整个管理的核心。

组织结构可以看成是服务质量体系的静态描述。在静态条件下，考虑管理框架、层次结构，部门职能分配，职责、权限和相互关系的协调和落实，组成一个服务质量管理的组织系统。对于服务业而言，其组织结构的设立与传统的制造企业的组织结构有所不同，主要表现在一线员工的职责、权限以及管理者的职权和管理的层次等方面。

2.过程

对于服务企业，过程的输出就是无形的服务。每个服务企业都有其独特的过程网络，服务企业的质量管理就是通过对服务企业内部各种过程进行管理来实现的。

根据服务质量环，服务可划分为3个主要过程，即市场研究和开发、服务设计和服务提供过程。市场研究和开发过程指服务企业通过市场研究与开发确定和提升对服务的需求和要求的过程。服务设计过程指把市场研究和开发的结果，即服务提要的内容转化成服务

规范、服务提供规范和服务质量控制规范,同时反映出服务企业对目标、政策和成本等方面的选择的方案。服务提供过程是服务企业将服务提供给服务消费者的过程,是顾客参与的主要过程。

3. 程序文件

程序指为进行某项活动所规定的途径。对服务质量体系而言,程序是对服务质量形成全过程的所有活动规定恰当而连续的方法,使服务过程能够按规定具体运作,达到系统输出的要求。

对于服务质量体系,程序就是规定各项目的具体服务活动,并最终形成程序文件,使其有章可循,有法可依。程序文件是服务质量体系可操作的具体体现,是服务质量体系得以有效运行的可靠保证。形成文件的程序应根据服务企业的规模、活动的具体性质、服务质量体系的结构而采用不同的形式。

服务工作程序是服务企业为确保所提供的服务满足明确的和隐含的需要,保证质量方针和质量目标得以实现所制定和颁布的所有影响服务质量的各项直接和间接活动的规定。根据性质,可以分为管理性程序和技术性程序两类。把服务质量体系程序写成文件,即为程序文件。

(四)与顾客的接触

顾客是服务质量体系中最关键的因素,也只有服务质量体系的其他因素相互沟通,共同发展并和谐地服务于顾客这个中心,才能使服务质量体系有效地运行。管理者应采取有效的措施在顾客与服务企业之间建立畅通的信息沟通渠道。同顾客直接接触的人员是企业获得服务质量改进信息的重要来源。以下几点是服务企业做好与顾客接触所必不可少的:

(1)理解顾客。服务企业首先必须了解自己的行业,知道顾客为什么要来。其次,必须通过人口统计或其他渠道了解顾客的资料、信息。

(2)发现顾客的真实需要。发现顾客的真实需要可以通过简单的询问,如面谈、电话交谈或网络等形式,也可以通过调查问卷或其他能够使公司知道顾客需要的有效方法。

(3)提供顾客需要的产品和服务。使顾客理解企业所提供的服务,在对一些客观数据、必要的反馈和竞争对手有充分的了解以后,就应该考虑如何提供顾客需要的产品和服务。

(4)最大限度地提供顾客满意的服务。要做到这一点,需要服务企业创造性地考虑自己的产品和服务,从中还可以给服务企业带来新的相关的产品或服务项目。例如,书店中设茶座或咖啡厅,向顾客提供茶、咖啡或糖果等;加油站设置洗车场,并免费给加油的汽车提供清洗服务等。

(5)使顾客成为“回头客”,并使顾客传播公司的服务。拥有一批固定的顾客是一些服务企业成功的奥秘。只有顾客一次又一次地消费服务,企业的经营才可能成功。同时,通过提供优质服务,使满意的顾客自愿为服务企业做广告、宣传,这是十分有效的营销策略之一。

第四节　服务过程质量管理

一、影响服务质量的因素

质量的四个来源,即设计、生产、交易与顾客的关系,这些方面的管理方法也影响着顾客感知的质量。服务的技术质量与买卖双方有关的职能质量都会受到这些因素的影响。

产品或服务的设计影响着技术质量。这是职能质量的一个来源。例如,顾客或潜在的顾客可能参与设计过程。这可以改进技术质量,但对职能质量也有影响。顾客会认为卖主对他们非常重视,能够尽力解决他们的问题。这就是相互作用过程中职能质量的作用。

就服务业而言,生产是质量的一个来源,产出的技术质量是全部生产过程的结果。参与到这个过程中的顾客可以观察到大部分过程,于是买卖双方的相互作用就产生了。生产对职能质量也有影响,这对制造业亦是如此。当然,生产还决定着技术质量。然而,顾客可能只是偶然地接触生产过程,例如生产设备和生产过程可能向顾客演示。顾客与生产、生产资源、生产设备、生产过程的相互作用的认识方式对职能质量产生一定的影响。

同时,在许多情况下很难区分交易和生产。交易或多或少是全部生产过程的一部分。因而上面提到的有关生产质量的各个方面也适用于服务业的交易。对产品制造企业来说,交易可以形成一个独立的职能,当然,交易的结果是买者得到了产品。这样,顾客通过产品的交易感受到了产品的技术质量。除此之外,还有与过程有关的因素,即交易的方式也会影响顾客对质量的感受。

最后,买卖双方的关系在制造行业和服务行业中都是质量形成的原因,这种关系对质量的影响主要与职能过程方面有关。职员在与顾客关系中越是具有顾客意识和服务导向,买卖关系对质量的影响就越有利。

顾客对质量的期望是在自己经历企业所提供服务之前。顾客对企业的形象可以有多种认识,它对质量的作用就像一个过滤器。一个声誉良好的形象是一个遮掩物,即使有一些消极的形象,它们也不会显得那么突出。顾客感知的质量是对期望和实际经历比较的结果,它必须考虑组织的形象问题。

管理者必须研究和理解企业各种职能对质量的影响。质量来源涉及方方面面,生产只是其中之一。在设计、生产、交易中以及计划和管理组织中参与买卖交易的员工,对技术和职能两方面都不能顾此失彼。

(1)质量是顾客感知到的对象。

(2)质量离不开生产交易过程。

(3)质量只是在买卖双方相互作用的真实瞬间中实现。

(4)每个员工对顾客感知的质量都做出了贡献。

(5)外部营销必须与质量管理融为一体。

二、服务市场研究与开发的质量管理

1.市场研究与开发质量管理

服务企业市场研究与开发一直未受到足够的重视,许多服务企业甚至没有建立正式的服务市场研究与开发部门。这可能是由于相当多的服务企业规模较小,资源有限;一些公

共服务部间竞争性较低,没有创新的动力;还有一些服务行业受政府管制较多,没有进行服务创新的机会。最重要的一点是,新服务的创新要比一般产品的创新更加困难。这是因为服务企业没有足够的把握将顾客对服务需求的各种要素列入新的服务之中,而且服务企业正确认识顾客需求的任何方面都有相当大的难度。

服务企业不可能仅仅依靠对现有的服务扩大地理范围或对某些项目进行一些缺乏实质性的改动而始终保持成功。由于保持竞争力的需要,为维持现有提供的服务以及获得足够的资金以适应市场竞争的需求,要求服务企业在其服务组合中,取代在生命周期中处于衰退期的服务品种,并利用超额服务能力以抵消季节性波动,降低风险,探索新的机会。

对一般产品的市场研究,包括确定市场特征、估计市场潜在需求量、分析市场占有率、销售分析、经营趋势分析、短期测试、竞争产品研究、长期预测、价格研究和现有产品的测试等。而服务市场研究的范围有所差异,一般包括以下4个方面内容:(1)对各种市场的确认和测量。(2)对各种市场进行特征分析,包括顾客对各种服务的需求、服务特征、顾客找寻服务的方法、顾客的态度与活动、竞争状况、各种服务的功能、理想的市场占有率、装备及竞争趋势等内容。(3)对各种市场进行预估,包括成长或衰退的基本动力、顾客的趋势与变迁、新竞争性服务业的类型、环境变迁(社会、经济、科技、政治等)内容等。(4)个体服务市场的特征和发展重点项目,包括确定顾客对提供的服务的需要和期望,各种辅助性服务,已经搜集到的顾客的要求,服务的数据及合同信息的分析和评审,职能部门为满足服务质量要求的承诺,服务质量控制的应用等。

通过市场研究和分析,服务企业一旦决定提供一项服务,就应把市场研究和分析的结果以及服务企业对顾客的义务都纳入服务提要中。服务提要中规定了顾客的需要和服务企业的相关能力,作为一组要求和细则以构成服务设计工作的基础。服务提要中应明确包含安全方面的措施、潜在的责任以及使人员、顾客和环境的风险最小的适当方法。

对服务市场研究与开发进行质量控制,首先要求做到识别市场研究与开发过程中对服务质量和顾客满意有重要影响的关键活动,然后对这些确定的关键活动进行分析,明确其质量特性,对所选出的特性规定评价的方法,建立影响和控制特性的必要手段,通过对其测量和控制来保证服务质量。

此外,服务广告的质量是企业服务过程质量管理的重要组成部分。任何服务的广告都反映服务的规范和注重顾客对提供服务质量的感受,对服务做夸张的和不切实际的断言,可能会承担责任风险以及引起财务上的纠纷。

2. 广告的质量管理

如果服务行业的广告宣传过于夸张,其效果可能会适得其反,而太平淡,则可能缺少冲击力度,要使广告取得满意的效果,广告的质量管理往往要注意以下几个方面:

(1)与员工直接沟通。广告虽然是为了吸引企业目前的和潜在的顾客,但服务则是由企业全体员工共同努力提供的,所以在广告的创意和制作过程中,应充分听取不同岗位员工的意见,进一步激发员工提供优质服务的热情。

(2)提供有形的说明,使服务被人理解。由于服务或多或少是无形的,顾客不容易理解,广告如果过于抽象,可能起不到预期的效果。因此,在广告中尽量提供有形的说明可以使顾客更容易了解服务的内涵。在广告中,创造性地应用被感知的有形证据,尽可能使广告词变得更加具体、更加可信,可促进企业在竞争中获得成功。

(3)持续推进广告宣传。由于服务比较抽象,所以必须持续地进行广告宣传。一般来

说,如果广告较长期地持续下去,可能会使顾客逐渐认同广告的内容和实质。

(4)注意广告长期效果。过多许诺,使顾客产生不切实际的期望,尽管在短期内可能效果较好,但当顾客明白服务的真相时,就会因失望而不再光顾。因此广告必须注意长期效果,进行长期规划,维护企业的形象和声誉。

三、服务设计管理

服务设计是服务质量体系中预防质量问题的重要保证。一旦系统中有一个缺陷,它将被连续不断地重复。戴明认为94%的质量问题是设计不完善而导致的,而仅有6%是由于粗心、忽视、坏脾气等原因造成的。更重要的是,设计的缺陷使服务质量的源泉——企业员工受到伤害。在服务企业中,很差的设计影响员工,并损害他们的能力和进行优质服务的动机。由设计而造成的系统缺陷会不断地使员工和顾客之间、员工和员工之间处于不能融洽相处的状况。

设计一项服务的过程包括把服务提要的内容转化成服务规范、服务提供规范和服务质量控制规范,同时反映出服务企业选择的方案(如目标、政策和成本)。

1.服务设计的职责

企业管理者应确定服务设计的职责,并保证所有影响到服务设计的人员都意识到他们对达到服务质量的职责。设计的职责应包括:策划、准备、编制、批准、保持和控制服务规范、服务提供规范和质量控制规范;为服务提供过程规定需采购的产品和服务;对服务设计的每一阶段执行设计评审;当服务提供过程完成时,确认是否满足服务提供要求;根据反馈或其他外部意见,对服务规范、服务提供规范、质量控制规范进行修正;预先采取措施,防止可能发生的系统性和偶然性事故,以及超过企业控制范围的服务事故的影响。

2.服务规范

服务规范应包括对所提供服务的完整阐述。设计服务规范之前要确定首要的和次要的顾客需要,首要的顾客需要,即基本的需要,如旅游是顾客的基本需要。但如果选择飞机旅游,就有一些其他问题,如怎样订票、怎样去机场和怎样从机场到目的地等,这些就是次要需要,是由不同的选择产生的。

服务规范中要规定核心服务和辅助服务,核心服务是满足顾客首要的需求,另外附加的支持服务要求满足顾客次要需要。高质量的服务都包括相关的一系列的合适的支持服务。服务企业服务质量优劣的差别主要在于支持服务的范围、程度和质量。顾客把一些支持服务认为是理所当然的、服务企业必须要提供的,因而在设计服务规范时,定义和理解次要服务的潜在需求是必要的。顾客需要与服务规范之间的关系如图6-3所示。

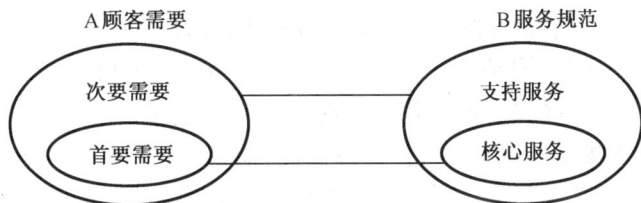

图6-3 服务规范模型

服务规范对提供的服务的阐述要包括根据顾客评价服务特性的描述及每一项服务特性的验收标准,如等待时间、提供时间和服务过程时间,安全性、卫生、可靠性、保密性、设施、服务容量和服务人员的数量等。

3. 服务提供规范

服务企业在设计服务提供过程中应考虑到服务企业的目标、政策和能力以及其他诸如安全、卫生、法律、环境等方面的要求。在服务提供规范中,应描述服务提供过程所用方法的服务提供程序。对服务提供过程的设计,可通过把过程再划分为若干个以程序为支柱的工作阶段来有效地实现,这些程序的描述包含了在每个阶段中的活动。具体包括对直接影响服务业绩的服务提供特性的阐述,对每一项服务提供特性的验收标准,设备、设施的类型和数量的资源要求必须满足服务规范,对人员的数量和技能的要求,对提供的产品和服务供方的可依赖程度等。

4. 服务设计的内容

(1)员工。顾客感觉到的服务质量很大程度上依赖于他们对员工的知识和态度的评价,对一些顾客而言,单个的员工在本质上就是服务。员工不仅是一种"资源",而且是服务的基本组成成分,是服务质量的决定性要素。服务设计不仅根据体系和过程对员工有详细的要求,而且必须考虑员工个人和整体,怎样能对他们的工作和设计思想做出最大贡献。服务体系是一个社会技术系统。设计应包括人员选择、培训和开发,以及与激励系统相适应的工作内容和工作设计的分析。

(2)顾客。服务质量在很大程度上是顾客和不同要素之间相互作用的结果,如顾客之间、顾客与员工之间、顾客与有形环境之间和顾客与组织之间的作用。因此,设计服务应考虑到顾客在消费服务的不同阶段的作用以及他们与体系中其他要素和其他顾客接触的方式。在设计中考虑潜在的顾客,有利于了解服务过程中顾客的参与程度和性质,有助于顾客的自我培训。服务体系需要仔细地设计,以使顾客尤其是初次使用者理解。

(3)组织和管理结构。服务的组织和管理部门必须和服务体系的其他要素相配合,特别主要的几个方面是:第一,通过清晰定义服务概念、授权和分配责任,确保在控制和自由之间形成平衡,这种平衡对于员工和他们的处理重要事件的能力和热情是至关重要的;第二,确保组织内的非正式结构(质量队、质量项目组)和执行不同任务的员工所在的部门之间自动协调。

(4)有形技术环境。服务质量在事前很难评价,顾客往往对服务的有形技术环境首先产生印象。办公室设备、技术系统和服务的价格、旅馆地理位置、建筑物的外观设计、大堂的布局和客房内家具的陈设都是有形技术环境。高质量的有形技术环境对员工和顾客都是重要的,它们传递着无形服务的线索和信息,而且是服务质量体系的一部分。

(5)质量控制规范。质量控制应设计为服务过程(市场开发、设计和服务提供)的一个组成部分。质量控制规范应能有效地控制每一服务过程,以保证服务满足服务规范和顾客需要。质量控制的设计应包括:识别每个过程中那些对规定的服务有重要影响的关键活动;对关键活动进行分析,明确其质量特性,对其测量和控制以保证服务质量;对所选出的特性规定评价的方法;建立在规定界限内影响和控制特性的手段。

5. 两种注重质量的服务设计技术

(1)服务蓝图

蓝图是指在分析服务过程的不同阶段时所使用的一种系统的图示方法。蓝图技术把

事件、活动和决策标记成不同的符号,并按时间顺序详细地描述服务是怎样被提供的。通过图表把服务看作一个流动的过程,这样可以使我们更好地理解人、财、物与服务体系和其他部分之间的相互依赖,有助于确定服务潜在的缺陷。利用这个方法可以设计新的服务,评估和再设计已有的服务,并可作为评价服务体系的工具。

在所有的服务中,时间是影响质量和成本的重要因素。蓝图技术使在服务过程的不同阶段计算顾客能接受的时间成为可能。一般来说,要求的时间与服务的复杂程度有关。

在服务蓝图中,一条"视野分界线"把服务提供过程中顾客可见的部分与顾客不可见部分分离开来,在可见线以上,顾客和员工、不同类型的有形环境打交道,但一般而言,蓝图的最大部分在可见线以下。大部分的过程顾客是无法看到的,被视野分界线分开,这条隔离线有助于服务企业在顾客视线之外集中控制过程中最困难的部分,减少服务质量的更大风险。

1984 年,Shostack 指出蓝图技术能帮助服务企业在质量问题发生以前发现可能的问题隐患,她将其总结为以下 4 个步骤:

①绘制事件的过程。研究不同的组成部分,提供在服务过程中要求的有关信息,使我们有更多的机会分析、控制和改进服务设计。

②发现潜在的缺陷。当事件清晰时,就很容易发现潜在的缺陷,这使再设计时在系统中消除缺陷成为可能。

③建立时间框架。对所有的服务事件给出服务的时间。建立时间框架有助于在服务过程中不同阶段设定能接受的标准时间。

④分析获利能力。标准化时间有助于分析收益效果,对衡量服务质量和分配资源也是很重要的。King-man-brundage 把蓝图发展为"服务图"(Service mapping),可以显示出服务过程的一切活动,如图 6 - 4 所示。服务图强调 4 个群体,即顾客、接触员工(前台人员)、支持员工(后台人员)和管理层(经理人员)。实施分界线把管理层和运营系统分离开来,视野分界线把顾客与服务后台分离开来。

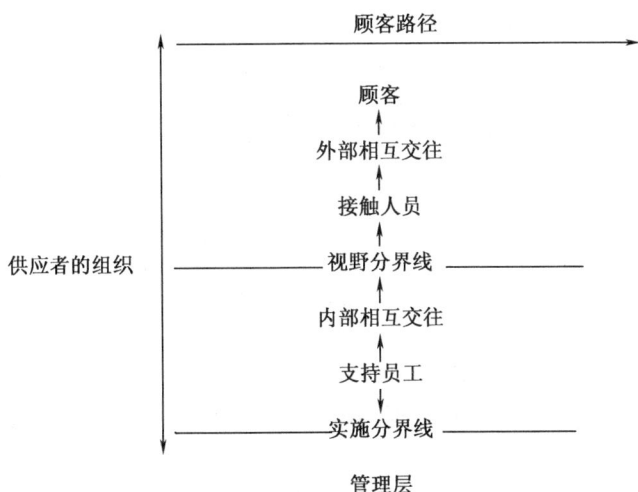

图 6 - 4　服务图的基本结构

运用蓝图技术,通过对服务过程时间的控制可以提高服务系统的服务能力弹性,使服务企业能随着需求的起伏而适当调整自己的供给状态。纽约市的花旗银行在其大厅地毯下面铺设电线,用以测量顾客排队等候的时间。当顾客等候时间太长时,该行会采取增添柜台等措施。

(2)服务质量功能展开(SQFD)

质量功能展开(QFD)最早是由日本人Shigun Miznno于20世纪60年代提出的,三菱公司是第一个利用QFD的公司。尽管QFD方法发源于制造业,但在服务设计阶段应用QED对服务企业提高服务质量也是大有好处的。

SQFD一共包括四个阶段。第一阶段:确定顾客的需要和期望,包括研究竞争对手的行为。第二阶段:转化为服务术语,定义服务要求和设计服务体系(部分和整体),使服务质量从一开始就得到控制。第三阶段:计划过程,按要求提供的服务内容选择服务过程,并利用服务流程图定义过程(或活动)。第四阶段:计划服务的日常生产,定义工作指令和员工培训计划等。

四、服务提供过程质量管理

服务提供过程是顾客参与的主要过程。服务提供过程有两大基本特征:服务提供者与顾客之间的关系十分密切;服务生产过程和消费过程是同时的。

(一)服务提供过程模型

根据服务提供过程模型(见图6-5),服务的提供被视野分界线划分为两个部分:一部分是顾客可见的或能接触到的;另一部分是顾客看不见的,由服务企业辅助部分提供的,但又是为顾客服务不可缺少的。

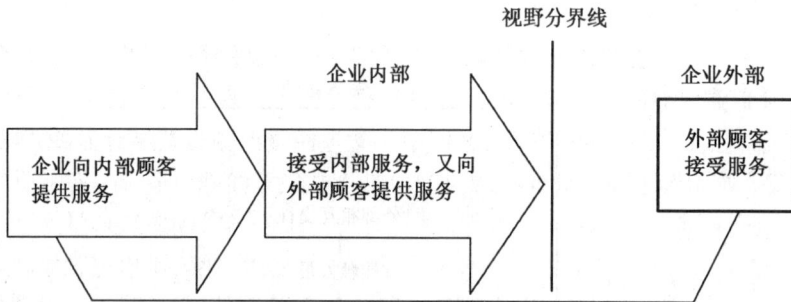

图6-5 服务提供过程模型

1.相互接触部分。外部顾客通过相互接触部分接受服务。在相互接触过程中,能够产生和影响服务质量的资源包括介入过程的顾客、企业的一线员工、企业的经营体制和规章制度、企业的物质资源和生产设备。

2.后勤不可见部分。在服务提供过程中,顾客极少有机会看到视野分界线后面发生的事情。他们一般不关注在自己看不见的地方正在进行着的那部分服务提供过程。后勤不可见部分也可分为两部分,一部分是直接为顾客提供服务的一线员工接受企业后勤人员的服务;另一部分是企业后勤人员作为服务企业向其他内部顾客提供后勤支持服务。内部后

勤支持服务是企业向顾客提供服务必不可少的条件。但由于视野分界线之后发生的事情顾客不一定能了解,因而认识不到那部分服务提供过程对整个服务质量所做的贡献,顾客只关注相互接触阶段,即使内部服务相当优异,然而接触过程服务质量低劣,顾客就会认为企业的服务质量不高。其次,由于顾客没有看到企业在可见线之后做了多少工作,他们认为看得到的服务提供过程并不复杂,因而可能无法理解为什么各种服务具有价格牌上标明的那么高价格。通常服务企业可以采取适当的宣传或扩大顾客与企业的接触范围等方式,使顾客理解服务的全部内涵,但由于扩大了相互接触部分,这可能会增加服务质量控制的难度。

(二)服务企业的评定

服务企业要保证服务的质量,就要对服务提供过程是否符合服务规范进行监督,并在出现偏差时对服务提供过程进行检查和纠正。特别是对服务过程的关键活动进行测量和验证,避免发生不符合顾客需要从而导致顾客不满意的倾向,并将企业员工的自查,作为过程测量的一部分。服务企业进行过程质量测量的一个方法是绘制服务流程图,显示工作步骤和工作任务,确定关键时刻,找出服务流程中的管理人员不易控制的部分、不同部门之间的衔接薄弱环节等,分析各种影响服务质量的因素,确定预防性措施和补救性措施。

考核是难以计量的,这是由于服务的无形性,结果要经过顾客的主观判断,不易精确量化。除此以外,服务企业管理人员也很难量化服务质量的经济价值。服务过程质量控制关系到服务业中每一个人,包括顾客看得见和看不见的人员,各种质量控制制度应能发掘质量缺陷及奖励质量成功,并协助改善工作,以机器代替人力,尤其是取代那些例行性服务,会有助于质量控制。

例如,一家美国航空公司执行服务过程质量的标准有每位顾客在取得飞机票时需要花费多少时间,将行李从飞机上卸下来需要花费多少时间,有电话进来未接听之前应允许它响几下等。而经常被人称道的麦当劳公司,其质量标准的注意事项有汉堡包在多少时间内要翻面多少次,未卖出的汉堡包只能保持多久,未卖出的炸薯条只能保持多久,收银员应当以目光接触每位顾客并微笑等。这些例子说明,在服务提供过程中建立质量控制标准应当是能够做到的。不过,服务业在制定和执行标准时,通常不得不经历多次试验和失误。另一方面,许多可以改善生产率的方法也都可以用来改善服务质量,如机器设备的采用、时间和动作研究、流程图、专门化、标准化、流水线作业等原则和措施。服务承诺可以看作是一种特殊的质量标准。例如,美国联邦快递公司所承诺的24小时内将包裹送到。服务承诺可以采取多种形式,如没有达到标准向顾客退款、下次提供免费服务、提供其他一些服务作为补偿等。服务承诺由于刺激顾客主动确认并投诉未达到标准的服务而促进反馈,迫使企业思考产生不合格服务的原因,并采取措施不再出现类似问题。

(三)顾客评定

顾客评定是对服务质量的基本测量,它可能是及时的,也可能是滞后的或回顾性的。很少有顾客愿意主动提供自己对服务质量的评定,不满的顾客在停止消费服务前往往不进行任何明示或暗示,以至服务企业失去补救机会。所以,片面地依赖顾客评定作为顾客满意的测量,可能会得出错误的结论,导致服务企业决策失误。

顾客评定与服务企业自身评定相结合,可以克服自我评定中的自以为是,也可以弥补顾客评定的随机性和滞后性,对服务企业避免质量差错、持续改进服务质量是一条行之有效的管理途径。

美国运通公司从1986年开始,每年大约追踪12 000笔交易。在顾客与公司有过某种接触之后,对顾客进行访谈,以了解他们对柜台作业的满意程度,以及是否会影响他们将来对信用卡的使用。运通公司有位高层主管解释说,顾客满意度的调查能做到我们利用其他方法无法做到的事,这种调查能使我们与信用卡持有人更加接近。更重要的是,调查报告并未被束之高阁,这些报告最后提供我们改善服务质量必须采取的具体行动,以及有关如何加强服务的新观念,这种调查是质量保证的最佳工具。

(四)不合格服务的补救

没有任何服务质量体系能绝对保证所有的服务都是可靠的、无缺陷的,不合格服务在服务企业仍是不可避免的。对不合格服务的识别和报告是服务企业内每个员工的义务和责任。服务质量体系中应规定对不合格服务的纠正措施的职责和权限,并鼓励员工在顾客未受到影响之前,尽早识别潜在的不合格服务。

不合格服务的不可避免,并不意味着无失误服务目标是不值得争取的。服务企业也应像制造企业那样,实施"零缺陷服务"和统计过程控制(SPC),来不断提高服务质量的可靠性。

有很多服务企业对不合格服务的反应不恰当或者根本没有反应,对于服务中出现的问题不能做出令顾客满意的解释,也不能采取及时有效的补救措施使顾客满意,以致让抱怨的顾客感到更糟糕。当有不合格服务发生时,顾客对服务企业的信任将会发生动摇,但不会完全丧失,除非出现以下两种情况:过去的缺陷重复出现或不合格服务的补救并未使顾客感到满意,它加重了缺陷的程度,而不是纠正了缺陷。

第一种情况,意味着服务可靠性发生了严重问题。由于可靠性是优质服务的基础和核心,当一个企业的服务缺陷连续不断地出现时,再好的服务补救措施也不能有效地弥补持续的服务不可靠对顾客造成的不良影响。

第二种情况,即当出现不合格的服务时,紧跟着一次毫无力度的服务补救,服务企业让顾客失望了两次,丧失了两次关键时机,其后果只能是极大地降低顾客对服务企业的信任程度。即使是最终采取了绝好的纠正措施,对于恢复顾客对企业的信任和对服务质量的评价也收获不大。当服务企业享有较高的服务可靠性纪录时,对不合格服务的纠正措施不仅不会降低顾客对企业的评价,甚至可能增强顾客心目中的服务质量,使得顾客更加信任该企业。也就是说,完善的服务质量体系要求有很高的服务可靠性,以及发生偶然的不合格服务时,有完备的超过顾客期望的纠正措施。

服务质量体系针对不合格服务的补救应有两阶段。

1. 识别不合格服务

若要成功地将服务问题揭示出来,就必须建立一个有效的系统来监测、记录和研究顾客的抱怨。

(1)监测顾客抱怨。大多数经历不合格服务的顾客虽然并不向服务企业投诉和抱怨,但会向许多人转述他们消费不合格服务的经历。对于向服务企业直接投诉和抱怨的顾客,其不合格服务的补救就容易安排,只需采取必要的外部行动,向顾客道歉,承认服务企业确实存在让他们不满意的地方,而且将纠正措施及时通知他们。但对不进行抱怨的顾客,纠

正不合格服务就比较困难。唯一的补救办法是通过顾客研究,将不合格服务找出来,采取改进措施,以免影响更多顾客。

(2)进行顾客研究。进行顾客研究的目的是识别不合格服务,可以是按计划的常规活动,也可以是计划外的特殊活动。以顾客身份亲身经历是识别一项服务的可能缺陷的有效途径。几乎每种类型的服务,从飞机旅行到汽车修理,从娱乐业到通信业都可以通过实地观察和亲身经历来了解其中的问题。

(3)监测服务过程。通过对服务过程的详细流程图(如服务蓝图)进行细致的检查,以找出其中的缺陷和失败点,及服务中存在潜在问题的地方,进行重点监测,并形成文件记录,并且对过去的不合格服务进行系统的追踪和分析。一旦找到了潜在的缺陷,就对可能出现不合格的环节进行细致的观察,制订应付不合格服务的计划,以使问题发生时,能进行有效的处理。

2.处理不合格服务

在顾客看来,不能积极地处理不合格服务,往往是比出现服务问题更为严重的缺陷。服务企业若不能解决已经暴露的不合格服务,则顾客往往更加不能容忍。企业要采取积极的措施以满足顾客的要求。在服务质量体系中,可以通过以下几点得到保证:

(1)对员工做必要的培训。不能让员工毫无准备地面对服务问题。即使平时对顾客服务较好的员工,处理服务问题时,也会感到有些棘手。在服务质量体系中,通过对员工在沟通技能、创造力、应变能力和对顾客的理解方面进行培训,使员工有准备地面对不合格服务,是取得良好补救效果的重要保证。

(2)对一线员工授权。所有的不合格服务几乎都发生在顾客和一线员工之间,一线员工可以最早、最真切地感觉到顾客的不满。培训员工而不对员工充分授权,将无益于解决顾客问题。给员工一定权限去灵活处理顾客的不满与训练员工具有解决不合格服务能力同样重要。在服务质量体系中,应对此做出明确的规定,如无条件退货、免收车费、提供食品和饮料等。

(3)奖惩员工。服务质量体系应当明确规定适宜的奖惩制度。对能正确识别并在授权范围内采取积极措施来处理不合格服务以满足顾客需求的员工应当进行适当的奖励。同时对那些面对不合格服务而麻木不仁、听之任之甚至隐瞒搪塞,以及面对不满意顾客无所作为、推诿责任甚至进一步冒犯顾客的员工,应当批评教育,甚至惩处。

(五)"关键时刻"管理

服务的功能质量水平的高低是由服务买卖双方的相互接触决定的,在买卖双方的相互接触中,服务的技术质量及服务的最终结果被转移到顾客身上。这种顾客与服务企业的各种资源相互接触的时空环境在服务业的经营管理中叫作"关键时刻"。简单地理解,关键时刻就是顾客光顾服务企业任何一个部门时发生的那一瞬间。经过短暂的相互接触,顾客已经对服务企业的服务质量,甚至是潜在的产品质量有了一定的印象。每个关键时刻都是服务企业将自己的服务质量展示给顾客的机会,错过了这样的机会,服务过程就已经完结,顾客一旦离去,企业就再也无法轻易提高服务质量的感知水平。如果过了关键时刻,服务质量发生了问题,要采取补救措施,显然为时已晚。即使想办法去补救,那也只能设法主动创造关键时刻,有了新的关键时刻,企业才有机会展示自己的服务质量。

服务过程是由一系列的关键时刻组成的,要做到对服务过程的管理,以确保整个服务质量体系的完善,提供给顾客优质服务,首先需要确定服务过程的关键时刻。

1.服务圈

服务圈是顾客经历不同关键时刻的模型描述,确定服务企业的服务圈应由直接参与提供服务的员工来做出。以顾客为中心,按照顾客在服务过程中的各个阶段,列出顾客与企业相接触的所有关键时刻。图6-6是一个顾客在零售店中所经历的服务圈的例子。在零售店购物服务圈中,对服务企业而言,由主要的关键时刻组成一个环形圈,从图6-6中可以看出,顾客是如何与服务企业各部门发生联系的,这一系列彼此独立而又相互关联的关键时刻影响着顾客对服务质量的评价。

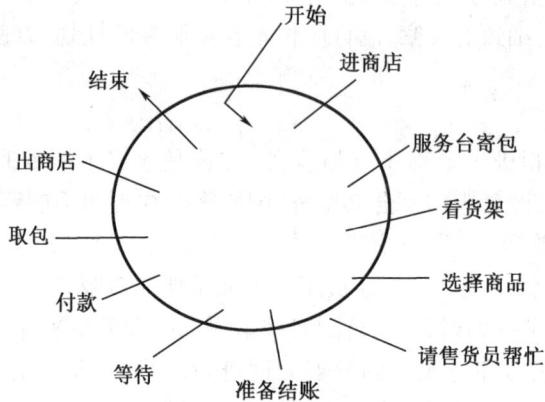

图6-6　服务圈模型

2.重要的关键时刻

在服务圈中,有极少部分的关键时刻特别重要,如果这部分管理不当,对企业信誉和服务质量影响很大,可能会最终失去顾客,因此,对重要的关键时刻的管理和控制是服务过程质量控制的关键。

3.关键时刻模型

为更好地分析关键时刻,一些学者建立了如图6-7所示的关键时刻模型,它包含两个部分:

(1)服务背景。在服务企业中,所有与顾客有关的部分都是服务背景,服务背景是在关键时刻中发生的所有的社会、生理和心理上的交流和冲撞。

(2)顾客和员工行为模式。顾客和员工在关键时刻中的价值观、心理特征和思想行为组成的行为模式对关键时刻产生很强的影响。不同顾客和员工的行为模式是由很多投入组成的,包括他们的态度、价值观、信仰、期望和感受等。一些投入可能对顾客和员工行为模式的影响是一致的,但有时会相互抵触。行为模式在某种程度上还有很大的不确定性,可能会在某一瞬间改变。例如,当顾客因对服务满意而决定购买时,由于员工的某种偶然的不恰当行为,或碰巧听到其他顾客对服务的抱怨,就有可能对服务质量产生怀疑而改变主意,放弃购买服务。同样,当满腔热情的员工遇到多疑挑剔的顾客时,也可能会产生厌烦,失去热情,导致服务质量的降低。并不是所有的关键时刻都要有员工的直接参与,如当顾客开车进停车场时,正经历一些关键时刻,如停车场是否有空的车位,路标位置是否明显等,都是潜在的关键时刻。在这些关键时刻,服务企业的员工并没有直接参与。

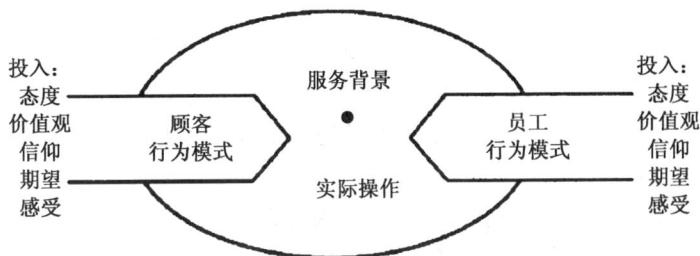

图 6-7 关键时刻模型

当服务背景、顾客行为模式和员工行为模式之间协调一致时,意味着员工和顾客对关键时刻服务有的相同看法,服务企业在这些关键时刻就会赢得顾客的信任,顾客对企业的服务质量的评价就会相应提高。相反,当服务背景、顾客行为模式和员工行为模式之间不一致时,就可能严重影响关键时刻,导致顾客对服务质量评价降低。

思 考 题

1. 什么是服务,服务具备哪些特征?
2. 服务是如何进行分类的?
3. 现代服务质量观包括什么?
4. 服务质量的形成模式包括哪些?
5. 什么是服务质量体系,服务质量体系的关键方面包括哪些?

【阅读材料】

从改变服务人员的从业水平,提高餐饮企业的服务质量

在餐饮业不断发展的今天,餐饮企业所提供的服务质量已经成为其自身发展的关键性因素。也就是说,餐饮企业能不能向客户提供优质的服务,能不能提高客户的消费价值,客户的满意度和信任感将直接关系到餐饮企业的生存和发展以及餐饮企业的声誉和经济效益。但实际上,难以提高的服务质量依然是很多餐饮企业发展的瓶颈。美国哈佛商学院一项调查显示,一个餐饮企业受到的 10 次宾客的投诉批评中,有 6.2 次是由于餐饮服务不好引起的。

首先,餐饮服务与其他任何服务一样不能够量化。就餐客人只有在购买并享用餐饮产品后,才能凭借其生理与心理满足程度来评估其优劣。其次,餐饮服务是一次性服务,只能当次享用,过时则不能再使用。这就要求餐饮企业应接待好每一位客人,只有提高每一位就餐客人的满意程度,才能使他们成为"回头客"。再次,餐饮产品的生产、销售、消费几乎同步进行,即企业的生产过程就是客人的消费过程。这就要求餐饮企业既要注重产品生产的质量和服务过程,而且还要考虑到不同年龄层、不同消费心理、不同消费目的的消费者的需求。

这样，如何给客户提供始终如一的优质的服务就成了餐饮企业经营者所必须要考虑的问题。

在餐饮企业中，直接参与到服务第一线的当然是服务员，与顾客直接接触最多的也是服务。也就是说，在客户的直观印象中，为其服务的服务员所提供的服务质量代表了餐饮企业的服务水平，服务员的形象代表了企业的形象。那么，这就要求餐饮企业的服务人员本身具有较高的素质。

①要树立明确的、积极的服务意识。服务员与客人的关系是服务与被服务的关系。作为一名服务人员，要牢固树立自觉、主动为客人服务的观念和意识。第一，预测并提前或及时到位地解决客人遇到的问题；第二，对发生的各种情况，按规范化的服务流程解决；第三，不发生不该发生的事故；第四，遇到特殊情况，提供专门服务、超常服务以满足客人的特殊需求。

②要有客人第一的观念。消费者是宾，餐厅服务是主，餐厅服务要把客人放在首位，一切为客人着想，一切使客人满意。要求服务人员素质高，有涵养，宽宏大量，有时甚至要求能够忍气吞声、无条件尊重客人。

③要有角色意识。服务人员是营业代表，服务人员与客人的交往就是餐厅与客人的交往。第一，服务人员应该有较高的文化层次和素质，必须是一个善于表达意愿、具有良好交际能力的"交际家"。第二，服务人员必须善于了解客人心理，并据此提供优质的服务。第三，服务人员必须了解本餐厅所有出售的产品及服务质量，并把最后的产品推荐给客人。第四，服务人员应该向客人提供关于餐厅设施、服务等方面的知识。第五，服务人员必须时时使自己处于最佳状态，与客人建立良好的主宾关系，要站在客人的角度，以心换心，为客人提供最好的服务。

某酒店一客人在用完餐结账时，对一瓶酒收费80元提出异议，他说有位男主管告诉他这瓶酒的价钱是60元。负责为之结账的领班第一时间去寻找那位男主管，但他已下班离开了，无法与之取得联系。虽然这位领班拿出价格表让客人看，证明这瓶酒的价格确实是80元，但这位客人仍不加理会，强调是那位男主管告诉他这瓶酒的价钱是60元。由于与这位主管联系拖延了结账时间，加之与客人产生争执，使这位客人非常不满，认为餐厅在推销酒水时有欺骗行为。最后，餐厅经理出面，同意按60元收取，同时又再三向客人道歉，虽如此，客人仍是满面怒容，结账离去。

很明显，因为处理不当，这家酒店失去了使这位顾客成为回头客的可能。这也说明树立相信客人、尊重客人的服务理念，对服务行业来说非常重要，也是做好服务工作的关键所在。客人提出异议，在不会给企业带来较大损失的前提下，应相信客人，特别是在没有强有力的证据显示客人错的情况下，更不应该与客人发生争执。

其实这样的例子并不新鲜。

在现实生活中，由于服务人员的个人素质差异，以及餐饮企业本身的相关制度不健全等原因。为顾客提供优质的服务，使顾客满意，依然还是很多餐饮企业的奋斗目标。比如在本案例中，由于服务人员自身的不足，没能与客户进行有效地沟通，以一些不文明的用语向顾客搪塞，一旦引起顾客投诉将引起严重后果。

这反映了很多服务人员并没有明确、积极的服务意识，没有践行以顾客为中心的服务理念，缺乏主人翁意识及责任心；这也在一定的程度上反映了企业本身在员工培训上有很大的漏洞。

第七章 质量管理中的统计技术

数理统计方法在质量管理中有极其重要的应用,在质量形成的每一个阶段——顾客需求识别、产品开发设计、制造工艺优化、过程控制、产品检验、营销及售后服务,均可应用数理统计方法来发现问题、解决问题、实现持续改进。

本章主要介绍:直方图与过程能力指数、方差分析与回归分析、实验设计、控制图、统计抽样等及其在质量管理中的应用。本书将上述统计方法统称为统计技术。

第一节 直方图与过程能力指数

一、直方图的概念

直方图是用于对大量计量值数据进行整理加工,找出其统计规律,即分析数据的分布形态,以便对其总体的分布特征进行统计推断的方法。

直方图的使用条件:计量值数据,数据个数 $n \geqslant 50$。

直方图的用途:判断数据所来自的总体(过程)是否正常,如果不正常可进一步发现异常的原因,采取对策措施。

二、直方图的作图步骤

直方图的制作过程分八个步骤,下面通过一个案例加以说明。

【例 7-1】 生产某种滚珠,要求其直径 x 为 $\phi15.0 \pm 1.0$ mm,试用直方图法对生产过程进行统计分析。

(1)收集数据

在 5M1E(人、机、料、法、测量及生产环境)充分固定并加以标准化的情况下,从该生产过程收集 n 个数据。n 应不小于 50,最好在 100 以上。

本例测得 50 个滚珠的直径见表 7-1。

表 7-1 滚珠直径 x 单位:mm

	1	2	3	4	5	6	7	8	9	10	L_i	S_i
1	15.0	15.8	15.2	15.1	15.9	14.7	14.8	15.5	15.6	15.3	15.9	14.7
2	15.1	15.3	15.0	15.6	15.7	14.8	14.5	14.2	14.9	14.9	15.7	14.2
3	15.2	15.0	15.3	15.6	15.1	14.9	14.2	14.6	15.8	15.2	15.8	14.2
4	15.9	15.2	15.0	14.9	14.8	14.5	15.1	15.5	15.5	15.1	15.9	14.5
5	15.1	15.0	15.3	14.7	14.7	15.5	15.0	14.7	14.6	14.2	15.5	14.2

注:L_i 为第 i 行数据的最大值;S_i 为第 i 行数据的最小值。

（2）找出数据中的最大值 L、最小值 S 和极差 R

$$L = \max_{1 \le i \le 5} L_i = 15.9$$

$$S = \min_{1 \le i \le 5} S_i = 14.2$$

$$R = L - S = 15.9 - 14.2 = 1.7$$

区间 $[S,L]$ 称为数据的散布范围,记作 B,全体数据在散布范围 B 内变动。
本例 $B = [14.2, 15.9]$

（3）确定数据的大致分组数 k

建议分组数参照表 7 - 2 选取,或按下述经验公式确定:

$$k = 1 + 3.322 \lg n$$

本例取 $k = 6$。

表 7 - 2　分组数参照表

数据个数 n	分组数 k
50 ~ 100	6 ~ 7
100 ~ 250	7 ~ 12
250 以上	10 ~ 20

经验证明,组数太少会掩盖各组内数据的变动情况;组数太多会使各组的高度参差不齐,从而看不出明显的规律。

（4）确定各组组距 h

$$h = \frac{R}{k} = \frac{L - S}{k} = \frac{1.7}{6} \approx 0.3$$

（5）计算各组上、下限。首先确定第一组下限值,应注意使最小值 S 包含在第一组中,且使数据观测值不落在上、下限上。故第一组下限值为

$$S = \frac{h}{2} = 14.2 - 0.15 = 14.05$$

然后依次加入组距 h,即可到各组上、下限值。第一组的上限值为第二组的下限值,第二组的下限值加上 h 为第二组的上限值,其余类推,最后一组应包含最大值 L。

（6）计算各组中心值 b_i

各组的中心值,按下式计算

$$b_i = \frac{\text{第 } i \text{ 组下限值} + \text{第 } i \text{ 组上限值}}{2}$$

本例各组中心值见表 7 - 3。

表 7 - 3　分组数参照表

组序	组界限	组中值 b_i	频数 f_i	频率 p_i
1	14.05 ~ 14.35	14.2	3	0.06
2	14.35 ~ 14.65	14.5	5	0.10
3	14.65 ~ 14.95	14.8	10	0.20

表 7 - 3(续)

组序	组界限	组中值 b_i	频数 f_i	频率 p_i
4	14. 95 ~ 15. 25	15. 1	16	0. 32
5	15. 25 ~ 15. 55	15. 4	8	0. 16
6	15. 55 ~ 15. 85	15. 7	6	0. 12
7	15. 85 ~ 16. 15	16. 0	2	0. 04
合计			50	100%

(7)制作频数（频率)分布表

频数 f_i 就是 n 个数据中落入第 i 组的数据个数,而频率 $p_i = \dfrac{f_i}{n}$。

本例频数（频率)分布表见表 7 - 4。

表 7 - 4   频数（频率）分布表

产品名称		操作者		设备名称	
零件名称	滚珠	生产日期		检测仪器	
过程要求		制表者		检测者	
技术标准	$\phi15,0 \pm 1.0$	制表日期		抽样方法	

(8)绘制直方图

以频数(或频率)为纵坐标,数据观测值为横坐标,以组距为底边,数据观测值落入各组的频数 f_i(或频率 p_i)为高,画出一系列矩形,这样得到的图形为频数（频率)直方图,简称为直方图(图 7 - 1)。在图的右上方记上数据个数,并在图上标明标准界限。

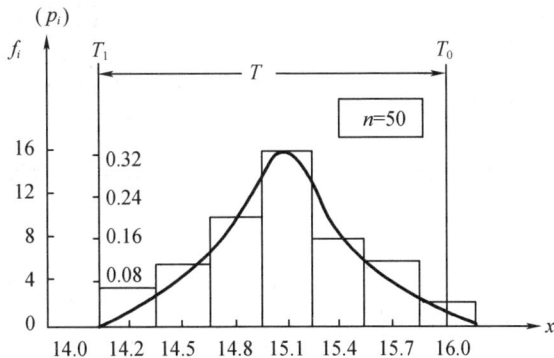

图 7 - 1   频数(频率)直方图

三、直方图的观察与分析

从直方图可以直观地看出产品质量特性的分布形态,便于判断过程是否处于统计控制状态,以决定是否采取相应对策措施。我们可以观察图形本身的形状,并与标准(公差)相比较,从而得出结论。

1. 判断分布类型

直方图从分布类型上来说,可分为正常型和异常型。

正常型是指过程处于稳定状态(统计控制状态)的图形。它的形状是"中间高、两边低,左右近似对称"。"近似"是指一般直方图多少有点参差不齐,主要看整体形状。如图7-2为正常型直方图,这是观测值来自正态总体的必要条件。

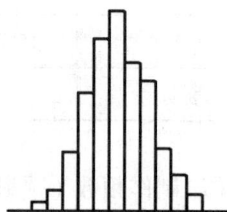

图7-2 正常型直方图

作完直方图后,首先要判断它是正常型还是异常型。如果是异常型,还要进一步判断它属于哪类异常型,以便分析原因,加以处理。

下面介绍五种异常频数直方图。

(1)孤岛型(图7-3)

在直方图旁边有孤立的小岛出现。

当过程中有异常原因,如原料发生变化,在短期内由不熟练工人替班加工,测量有错误等,都会造成孤岛型分布。此时应查明原因,采取措施。

(2)双峰型(图7-4)

直方图中出现两个峰(正常状态只有一个峰),这是由于观测值来自两个总体、两个分布,数据混合在一起造成的。例如,两种有一定差别的机床(或原料)所生产的产品混在一起,或者两个工厂的产品混在一起。此时应当加以分层。

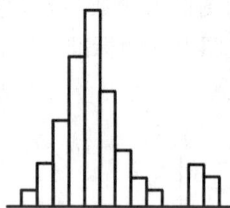

图7-3 孤岛型直方图

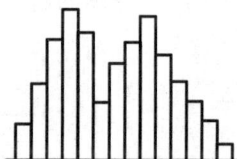

图7-4 双峰型直方图

(3)折齿型(图7-5)

直方图出现凹凸不平的形状。这是由于作直方图时数据分组太多,测量仪器误差过大,观测数据不准确等造成的。此时应重新收集和整理数据。

(4)陡壁型(图7-6)

直方图像高山上的陡壁,向一边倾斜。

通常在产品质量较差时,为得到符合标准的产品,需要进行全数检查,以剔除不合格品。当用剔除了不合格品的产品数据作频数直方图时容易产生这种陡壁型,这是一种非自然形态。

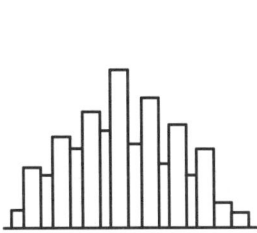

图7-5 折齿型直方图 图7-6 陡壁型直方图

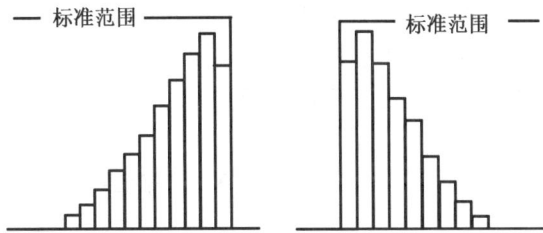

（5）偏态型（图7-7）

直方图的顶峰偏向一侧，有时偏左，有时偏右。

由于某种原因使下限受到限制时，容易发生"偏左型"。例如，用标准值控制下限、摆差等形位公差，不纯成分接近于0，或由于加工习惯（如孔加工往往偏小），都会形成偏左型。由于某种原因使上限受到限制时，容易发生"偏右型"。

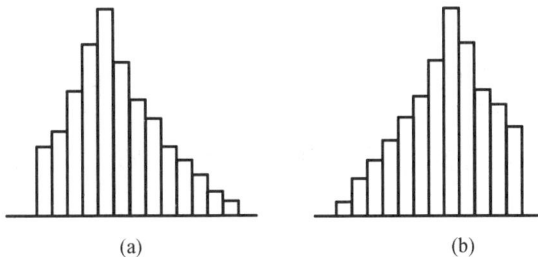

图7-7 偏态型直方图
（a）偏左；（b）偏右

2. 直方图的局限性

直方图的一个主要缺点是不能反映生产过程中质量随时间的变化。如果存在时间倾向，如工具的磨损，或存在某些其他非随机排列，则直方图将会掩盖这种信息。

四、过程能力指数的概念

过程能力指数用以反映过程处于正常状态时，即人、机、料、法、测量和环境充分固定时所表现出来的过程保证产品满足要求的能力。过程能力指数的使用条件是数据为计量值且服从正态分布。过程能力指数的用途是评价数据所来自的过程（总体），保证产品满足要求的能力。

五、过程能力指数的应用程序

过程能力指数的应用程序可分为下述六个步骤：

（1）确定分析的质量特性。质量特性值必须为计量值，且过程正常时，该质量特性值必须服从正态分布。

（2）判定过程是否处于正常状态。过程不稳定时，或者虽然稳定，但过程质量特性不服从正态分布时，均不能使用过程能力指数。

（3）收集数据，并计算样本平均值 $\overline{T}$ 和标准差 S。

（4）计算过程能力指数。

（5）计算过程不合格品率。

（6）判断过程保证质量的能力。

第二节　方差分析与回归分析

一、方差分析与回归分析的概念

1. 方差分析的概念

方差分析是通过比较因素的方差与试验误差的方差，来检验因素对试验指标的影响是否显著。其实质是假定多个总体方差相等的情况下，判断它们的均值是否相等。

方差分析是一种因素分析方法，广泛应用于优化设计、理化分析、绩效考核中。

方差分析有单因素方差分析和多因素方差分析之分，本节只介绍单因素方差分析方法。

2. 回归分析的概念

回归分析是通过对两个或多个变量的观测，收集数据，建立变量间的数学模型（统计规律），利用此模型解决预测和控制问题。

回归分析有一元回归与多元回归之分，亦有线性回归与非线性回归之分，本节只介绍一元线性回归。

二、单因素方差分析

1. 问题的提出

【例 7 - 2】 有四种产品：A1——国外同类产品，A2——本厂产品，A3——国内甲厂产品，A4——国内乙厂产品。在 A1，A2，A3，A4 四种产品中分别取出 6 个产品，做了 300 小时的连续磨损老化试验，得到磨损量数据见表 7 - 5。

表 7 - 5　磨损量数据表　　　　　　　　　　　　　　单位：mm

A 的水平	试验数据 y_{ij}	和	均值
A1	12　14　14　13　16　12	82	13.7
A2	20　18　19　17　15　16	105	17.5
A3	26　19　26　28　23　25	147	24.5
A4	24　25　18　22　27　24	140	23.3

问这四种产品的磨损量有无显著差异？

本例中，磨损量作为试验指标，记为 Y；影响该指标的可控因素（为了方便，以后简称为因素）是品种，记为 A；四种不同的产品代表 A 的四个水平，分别记为 A1，A2，A3，A4。由于我们只考察了一个因素，故称此试验为单因素试验。

解决上述问题的方法通常有两种：直观分析法与方差分析法。所谓直观分析法，就是

直接比较四种产品的平均磨损量。由表 7-5 可知,$A1$ 的均值 13.7 最小,$A3$ 的均值 24.5 最大。因而判定品种 $A1$ 最好,$A3$ 最差。这种方法虽然简单易行,但有时会出差错。倘若,我们对本厂产品再取 6 个进行同样的试验,得到平均磨损量为 20.0 mm。那么,如何解释同是本厂产品的两个不同平均磨损量 17.5 mm 和 20.0 mm 呢?事实上,除了品种以外,还有一些未加考察的其他因素(统称为试验误差)对磨损量有影响。直观分析法的弊端就在于不能合理区别可控因素和试验误差对试验指标的影响。方差分析的基本思想是将试验数据的总波动分解为可控因素引起的波动和试验误差引起的波动,然后比较它们的平均波动,构造方差比,建立 F 检验统计量,判定因素的影响是否显著。这种方法虽然也可能产生误判,但是误判的可能性(概率)可以预先指定,做到心中有数。

2. 方差分析法

为了给出方差分析法的一般计算公式,我们抽出表 7-5 的具体内容,改写成下面的数据表(表 7-6)。

表 7-6 单因素试验数据表

	1 2 … n	和	平均
1	y_{11} y_{12} … y_{1n}	T_1	$\overline{T}_1$
2	y_{21} y_{22} … y_{2n}	T_2	$\overline{T}_2$
…	…	…	…
k	y_{k1} y_{k2} … y_{kn}	T_k	$\overline{T}_k$
和		T	$\overline{T}$

表中各符号定义如下:

$$\begin{cases} T_i = \sum_{j=1}^{n} y_{ij} \\ \overline{T}_i = \dfrac{T_i}{n} = \dfrac{1}{n}\sum_{j=1}^{n} y_{ij} \\ T = \sum_{i=1}^{k} T_i = \sum_{i=1}^{k}\sum_{j=1}^{n} y_{ij} \\ N = kn \end{cases} \qquad (7-1)$$

(1)总波动平方和 S_T 及其自由度 f_T

我们定义 N 个数据 y_{ij} 的总波动平方和为

$$S_T = \sum_{i=1}^{k}\sum_{j=1}^{n} (y_{ij} - \overline{T})^2 = \sum_{i=1}^{k}\sum_{j=1}^{n} y_{ij}^2 \qquad (7-2)$$

CT 为修正项,其计算式如下:

$$CT = \frac{T^2}{N}$$

总波动平方和的大小,反映了试验数据相对于数据均值离散程度(即波动)的大小。

在 S_T 中,我们称 $y_{ij} - \overline{T}(i=1,2,\cdots,k;j=1,2,\cdots,n)$ 为离差,S_T 中共有 N 个离差,不难验证,它们满足如下关系式:

$$\sum_{i=1}^{k} \sum_{j=1}^{n} (y_{ij} - \overline{T}) = 0$$

上式称之为约束条件。由于 N 个离差满足一个约束条件,那么能够自由变化的离差只有 $N-1$ 个。事实上,只要 $N-1$ 个离差任意给定,剩下的一个离差可以由约束条件唯一确定。下面,我们引入自由度的概念。

自由度,波动平方和中可以自由变化的离差个数,通常以符号 f 表示。

自由度 f 的计算公式如下:

$$f = 离差个数 - 约束条件个数$$

由此式易知,总波动平方和 S_T 的自由度为

$$f_T = N - 1$$

(2)因素 A 引起的波动平方和 S_A 及其自曲度 f_A

在因素 A 的各水平下,数据均值 $\overline{T}_i (i = 1, 2, \cdots, k)$ 互不相同,它们之间的差异主要是因素 A 的水平变化所致。这些均值之间的离差平方和称之为因素 A 引起的波动平方和,记为 S_A。其计算公式如下:

$$S_A = \sum_{i=1}^{k} \sum_{j=1}^{n} (\overline{T}_i - \overline{T})^2 = \frac{1}{n} \sum_{i=1}^{k} T_i^2 - CT \tag{7-3}$$

在 S_A 中有 k 个不同的离差 $\overline{T}_i - \overline{T} (i = 1, 2, \cdots, k)$,它们满足如下约束条件:

$$\sum_{i=1}^{k} (\overline{T}_i - \overline{T}) = 0$$

所以,S_A 的自由度为

$$f_A = k - 1$$

(3)误差引起的波动平方和 S_e 及自由度 f_e

考察因素 A 的第 i 水平的 n 个数据为

$$y_{i1}, y_{i2}, \cdots, y_{in}$$

它们亦互不相同,这些差异是由除了因素 A 以外的其他试验误差所引起的。我们称因素 A 在同一水平下,n 个数据之间的离差平方和为误差引起的波动平方和,记为 S_e。

其计算公式如下:

$$S_e = \sum_{i=1}^{k} \sum_{j1}^{n} (y_{ij} - \overline{T}_i)^2 \tag{7-4}$$

S_e 中有 $N = kn$ 个不同的离差 $y_{ij} - \overline{T}_i (j = 1, 2, \cdots, n; i = 1, 2, \cdots, k)$,不难验证它们满足下述 k 个约束条件:

$$\sum_{j=1}^{n} (y_{ij} - \overline{T}_i) = 0 \quad (i = 1, 2, \cdots, k)$$

因此,S_e 的自由度为

$$f_e = N - k$$

(4)分解公式

前面我们介绍了数据的总波动平方和 S_T,以及因素 A 引起的波动平方和 S_A 和误差引起的波动平方和 S_e。从直观上看,引起数据总波动的原因,不外乎因素 A 以及除因素 A 以外的其他试验误差。所以,应当有 $S_T = S_A + S_e$。事实上,下面的推导验证了这种猜想是正确的。

$$S_T = \sum_{i=1}^{k} \sum_{j=1}^{n} (y_{ij} - \overline{T})^2$$

$$= \sum_{i=1}^{k} \sum_{j=1}^{n} \left[(y_{ij} - \overline{T_i}) + (\overline{T_i} - \overline{T}) \right]^2$$

$$= \sum_{i=1}^{k} \sum_{j=1}^{n} (y_{ij} - \overline{T_i})^2 + \sum_{i=1}^{k} \sum_{j=1}^{n} (\overline{T_i} - \overline{T})^2$$

$$= S_e + S_A \tag{7-5}$$

我们称式(7-5)为波动平方和分解公式。相应的自由度分解公式为

$$f_T = f_A + f_e$$

为了计算上的方便,通常用分解公式来计算误差波动平方和及自由度,即

$$\begin{cases} S_e = S_T - S_A \\ f_e = f_T - f_A \end{cases}$$

(5)方差分析

将上面的计算公式整理为下面的方差分析表(表7-7)。

表7-7 方差分析表

来源	波动平方和 S	自由度 f	方差 V	F 值
A	$S_A = \dfrac{1}{n} \sum\limits_{i=1}^{k} T_i^2 - CT$	$f_A = k-1$	$V_A = \dfrac{S_A}{f_A}$	$F = \dfrac{V_A}{f_A}$
e	$S_e = S_r - S_A$	$f_e = f_T - f_A$	$V_e = \dfrac{S_e}{f_e}$	
T	$S_T = \sum\limits_{i=1}^{k} \sum\limits_{j=1}^{n} y_{ij}^2 - CT$	$f_T = N-1$		

在表7-7中,方差 V 等于波动平方和除以自由度,即平均波动。F 值是两个方差 V_A 与 V_e 之比。倘若 F 值较大,则认为因素 A 对试验指标的影响相对于试验误差的影响来说是显著的;倘若 F 值较小,则认为因素 A 的影响是不显著的。前面曾指出,这种方法有时也会产生误判。在实际问题中,人们比较关心:本来因素 A 的影响不显著,误判为影响显著的可能性有多大?为此,我们预先指定这种误差的概率不超过小概率 $\alpha(0 < \alpha < 1)$。据 F 检验表,由第一自由度 $f_1 = f_A$ 和第二自由度 $f_2 = f_e$ 查出临界限 $F_{f_2}^{f_1}(1-\alpha)$,若 $F > F_{f_2}^{f_1}(1-\alpha)$,则判定因素 A 的影响是显著的;若 $F \leqslant F_{f_2}^{f_1}(1-\alpha)$,则判定因素 A 的影响不显著。我们称预先指定的小概率 α 为显著水平。通常 α 取 0.05 或 0.01,并做如下规定:

$F > F_{f_2}^{f_1}(0.99)$ 时,因素 A 高度显著,记为 $**$;

$F_{f_2}^{f_1}(0.99) \geqslant F > F_{f_2}^{f_1}(0.95)$ 时,因素 A 显著,记为 $*$;

$F \leqslant F_{f_2}^{f_1}(0.95)$ 时,因素 A 不显著。

【例7-3】(续【例7-2】) 用方差分析法判定四种产品的磨损量有无显著差异。

解:由式7-2,知

$$k=4, n=6, N=4 \times 6 = 24$$

(1)修正项 CT

$$CT = \frac{T^2}{N} = \frac{1}{24}(82 + 105 + 147 + 140)^2$$

$$= \frac{474^2}{24} = 9\ 361.50$$

(2)总波动平方和 S_T

$$S_T = \sum_{i=1}^{4} \sum_{j=1}^{6} y_{ij}^2 - CT$$

$$= (12^2 + 14^2 + \cdots + 27^2 + 24^2) - 9\ 361.50$$

$$= 592.50$$

$$f_T = N - 1 = 23$$

(3)因素 A 引起的波动平方和 S_A

$$S_A = \frac{1}{n} \sum_{i=1}^{4} T_i^2 - CT$$

$$= \frac{1}{6}(82^2 + 105^2 + 147^2 + 140^2) - 9\ 361.50$$

$$= 464.83$$

$$f_A = k - 1 = 3$$

(4)误差引起的波动平方和 S_e

$$S_e = S_T - S_A = 592.50 - 464.83$$

$$= 127.67$$

$$f_e = f_T - f_A = 20$$

(5)方差分析表(表7-8)

表7-8 方差分析表

来源	波动平方和 S	自由度 f	方差 V	F 值
A	464.83	3	154.94	24.49**
e	127.67	20	6.38	
T	592.50	23		

** 表示"高度显著",即显著水平 $\alpha = 1\%$。

因为 $F > F_{20}^3(0.99)$,所以因素 A 高度显著。这说明各种产品的磨损量有高度显著差异,或者说有明显差别。

3. 不等重复试验的情形

以上我们假定:在因素 A 的每一水平下,进行 n 次重复试验,这种情形称之为等重复试验的情形。在实际问题中,有时由于客观条件的限制,可能出现不等重复试验的情形。例如,在例7-2中,倘若国外同类产品(A_1)只有两个;而本厂品(A_2)可以在多取几个,譬如取10个;而对国内甲厂(A_3)、乙厂(A_4)产品,仍各取6个做试验。这样就出现了不等重复试验的情形。

对于不等重复试验的情形,其方差分析表见表7-9,表中各符号意义如下:

n_i——A_i 水平下试验次数,$i = 1, 2, \cdots, k$;

N——试验总次数,$N = \sum\limits_{i=1}^{k} n_i$。

其他符号同前。

表 7 – 9 不等重复试验的方差分析表

来源	波动平方和 S	自由度 f	方差 V	F 值
A	$S_A = \dfrac{1}{n} \sum\limits_{i=1}^{k} T_i^2 - CT$	$f_A = k-1$	$V_A = \dfrac{S_A}{f_A}$	$F = \dfrac{V_A}{V_e}$
e	$S_e = S_r - S_A$	$f_e = f_T - f_A$	$V_e = \dfrac{S_e}{f_e}$	
T	$S_T = \sum\limits_{i=1}^{k} \sum\limits_{j=1}^{n_i} y_{ij}^2 - CT$	$f_T = N-1$		

三、一元线性回归

1. 数学模型

设试验指标为 y,因素为 x,倘若不存在试验误差时,y 为 x 的线性函数,即

$$y = \alpha + \beta x$$

今对 x 在水平 $x_1, x_2, \cdots, x_n$ 上进行试验,由于存在实验误差,使得相应的 y 的实验数据表现为随机变量 $y_1, y_2, \cdots, y_n$。设

$$y_i = \alpha + \beta x + \varepsilon_i \quad (i = 1, 2, \cdots, n)$$

式中,α, β 是未知参数,ε_i 是第 i 次试验中的误差,是不可观测的随机变量;y_i 是试验数据,是可观测的随机变量。

不失一般性,可以进一步假定:

(1) $\varepsilon_i, \varepsilon_2, \cdots, \varepsilon_n$ 相互独立;

(2) $\varepsilon_i, \varepsilon_2, \cdots, \varepsilon_n$ 均服从正态分布 $N(0, \sigma^2)$。

我们称满足条件(1)(2)的 $y_i = \alpha + \beta x + \varepsilon_i$ 为一元线性回归模型。所谓"一元"指自变量(因素)只有一个;所谓"线性"指不存在试验误差时,y 与 x 之间的关系为线性关系,即 $y = \alpha + \beta x$。

一元线性回归所要解决的问题:

判别 x 与 y 之间是否存在线性关系,这等价于检验下述假设

$$H_0 : \beta = 0$$

倘若 x 与 y 之间存在线性关系,则求出这种关系

$$\hat{y} = a + bx$$

式中,a, b 分别是 α, β 估计,我们称 $\hat{y} = a + bx$ 为回归方程,见图 7 – 8。

给定 $x = x_0$,求 $y_0 = \alpha + \beta x + \varepsilon_0$ 的预测区间。

2. 回归方程的建立

前面我们假定 $y = \alpha + \beta x$,α, β 为未知参数,所谓建立回归方程,就是根据实验结果 $\{(x_i, y_i) = 1, 2, \cdots, n\}$,求 α, β 的估计,我们使用最小二乘法,求 α, β 的估计。

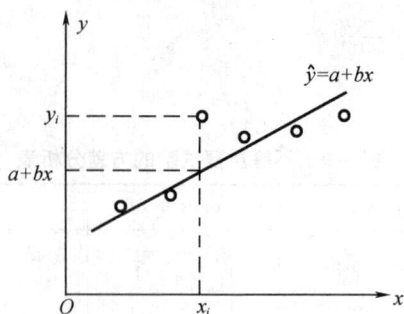

图 7-8　回归方程图

令
$$Q = \sum_{i=1}^{n} [y_i - (a + bx_i)]^2$$

称 Q 为残差平方和。据 $Q(a,b) = \min$，求 a,b。

易见，a,b 满足下述方程组：

$$\frac{\partial Q}{\partial a} = 0$$

$$\frac{\partial Q}{\partial b} = 0$$

上述方程组称之为规范方程组。据微积分知识，上式的解为

$$\begin{cases} a = \hat{y} - b\hat{x} \\ b = \dfrac{\sum\limits_{i=1}^{n} x_i y_i - n\bar{x}\bar{y}}{\sum\limits_{i=1}^{n} x_i^2 - n\,\overline{x^2}} = \dfrac{\sum\limits_{i=1}^{n} (x_i - \bar{x})(y_i - \bar{y})}{\sum\limits_{i=1}^{n} (x - \bar{x})^2} \end{cases}$$

式中
$$\bar{x} = \frac{1}{n} \sum_{i=1}^{n} x_i$$

$$\bar{y} = \frac{1}{n} \sum_{i=1}^{n} y_i$$

为了书写简便，引入下述符号，l_{xx}, l_{yy}, l_{xy}。

$$\begin{cases} l_{xx} = \sum\limits_{i=1}^{n} (x_i - \bar{x})^2 = \sum\limits_{i=1}^{n} x_i^2 - \dfrac{1}{n}\left(\sum\limits_{i=1}^{n} x_i^2\right) \\ l_{yy} = \sum\limits_{i=1}^{n} (y_i - \bar{y})_2 = \sum\limits_{i=1}^{n} y_i^2 - \dfrac{1}{n}\left(\sum\limits_{i=1}^{n} y_i^2\right) \\ l_{xy} = \sum\limits_{i=1}^{n} (x_i - \bar{x})(y_i - \bar{y}) \\ \quad = \sum\limits_{i=1}^{n} x_i y_i - \dfrac{1}{n}\left(\sum\limits_{i=1}^{n} x_i\right)\left(\sum\limits_{i=1}^{n} y_i\right) \end{cases}$$

则

$$\begin{cases} a = \bar{y} - b\bar{x} \\ b = \dfrac{l_{xy}}{l_{xx}} \end{cases}$$

而所求回归方程为

$$\hat{y} = a + bx$$

不难看出,此方程的等价形式为

$$\hat{y} - \bar{y} = b(x - \bar{x})$$

此说明回归直线(图7-8)通过数据的散布中心$(\bar{x}, \bar{y})$,且斜率为b。

【例7-4】　设某化工厂产品收率 y 与反应温度 x 之间存在直线关系,今测得五对数据如表7-10所示。

表7-10　产品收率 *y* 与反应温度 *x* 的关系

$x_i / ℃$	70	80	90	100	110
$y_i / \%$	11.25	11.28	11.65	11.70	12.14

试求 y 与 x 之间的回归直线。

(1)作散布图(相关图)

首先在直角坐标中,由每对数据(x_i, y_i)描出所对应的点,称为散布图(或相关图)。从散布图上可以看出 y 与 x 大致呈直线关系,故适宜选配回归直线(图7-9)。

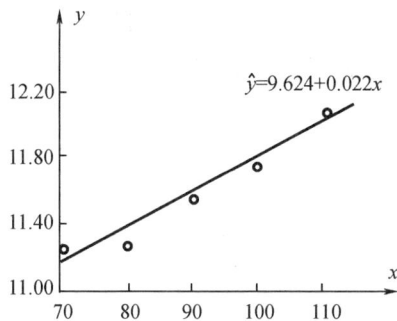

图7-9　散布图

(2)列表计算回归直线(表7-11)

$$l_{xy} = \sum_{i=1}^{n} x_i y_i - \frac{1}{n}\left(\sum_{i=1}^{n} x_i\right)\left(\sum_{i=1}^{n} y_i\right) = 5\ 243.8 - \frac{1}{5} \times 450 \times 58.2 = 22.0$$

$$l_{xx} = \sum_{i=1}^{n} x_i^2 - \frac{1}{n}\left(\sum_{i=1}^{n} x_i^2\right) = 41\ 500 - \frac{1}{5} \times 450^2 = 1\ 000$$

$$l_{xy} = \sum_{i=1}^{n} y_i^2 - \frac{1}{n}\left(\sum_{i=1}^{n} y_i^2\right) = 673.793\ 0 - \frac{1}{5} \times (58.02)^2 = 0.528\ 9$$

$$b = \frac{l_{xy}}{l_{xx}} = 0.022$$

$$a = \bar{y} - b\bar{x} = 11.604 - 0.022 \times 90 = 9.624$$

表 7 – 11　回归直线计算表

i	x_i	y_i	x_i^2	y_i^2	$x_i y_i$
1	70	11.25	4 900	126.562 5	787.5
2	80	11.28	6 400	127.238 4	902.4
3	90	11.65	8 100	135.722 5	1 048.5
4	100	11.70	100 000	136.890 0	1 170.0
5	110	12.14	12 100	147.379 6	1 335.4
合计	450	58.02	41 500	673.793 0	5 243.8
平均	90	11.604			

于是,所求回归直线为

$$\hat{y} = 9.624 + 0.022x$$

3. 相关分析

回归方程建立以后,必须对回归方程的有效性进行检验,通常有两种方法。其一,相关分析法;其二,方差分析法,这两种方法是等价的。

相关系数的计算

$$r = \frac{l_{xy}}{\sqrt{l_{xx}l_{xy}}}$$

称之为相关系数,其绝对值的大小,度量了 x,y 之间线性相关的程度。$|r| > r_\alpha$ 则线性相关,即 x,y 线性相关,回归直线有效。否则,线性无关,回归直线无效。若 $|r| > r_{0.01}$,则认为高度显著线性相关;$r_{0.05} < |r| < r_{0.01}$,则认为显著线性相关;$|r| < r_{0.05}$,则认为线性无关。

【例 7 – 5】(续[例 7 – 4])　试检验反应温度 x 与收率 y 之间是否线性相关。

(1)计算相关系数

$$r = \frac{l_{xy}}{\sqrt{l_{xx}l_{xy}}} = \frac{22.0}{\sqrt{1\ 000 \times 0.528\ 9}} = 0.957$$

(2)相关系数检验

$$H_0: r = 0$$

由自由度 $u = n - 2 = 3$,查相关系数临界值得

$$r_{0.01} = 0.959, \quad r_{0.05} = 0.878$$

因为 $|r| > r_{0.05}$,所以 x,y 之间有显著的直线关系,回归直线有效。

4. 回归直线的方差分析

(1)总波动平方和 S_T 及自由度 f_T

$$\begin{cases} S_T = l_{xy} \\ f_T = n - 1 \end{cases}$$

(2)自变量(回归)所引起的波动平方和 $S_回$ 及自由度 $f_回$

$$\begin{cases} S_回 = b^2 l_{xx} \\ f_回 = 1 \end{cases}$$

(3)试验误差(e)引起的波动平方和 S_T 及自由度 f_T

$$\begin{cases} S_e = S_T - S_{回} \\ f_e = f_T - f_{回} = n - 2 \end{cases}$$

（4）方差分析

将上述波动平方和整理为方差分析表（表 7 - 12）

表 7 - 12 回归直线的方差分析表

来源	S	f	V	F
X	$S = b^2 l_{xx}$	1	$V_{回} = S_{回}$	
e	$S_e = S_T - S_{回}$	$n - 2$	$V_e = \dfrac{S_e}{n-2}$	$F = \dfrac{V_{回}}{V_e}$
T	$S_T = \sum\limits_{i=1}^{n} y_i^2 - CT$	$n - 1$		

注：$CT = \dfrac{1}{n} \left(\sum\limits_{i=1}^{n} y_i^2 \right)$，亦称之为修正项。

经过 F 检验，若判为显著或高度显著，则表明 $H_0 : \beta = 0$ 不成立，此即说明 x 与 y 之间存在直线关系，因而适宜选配回归直线。否则，不宜选配回归直线。

【例 7 - 6】（续［例 7 - 4］） 试判别 J 与 y 之间是否存在直线关系。

（1）计算各种波动平方和及自由度

$$S_T = l_{yy} = 0.528\ 9$$

$$f_T = n - 1 = 4$$

$$S_{回} = b^2 l_{xx} = (0.022)^2 \times 1\ 000 = 0.484\ 0, \quad f_{回} = 1$$

$$S_e = S_T - S_{回} = 0.528\ 9 - 0.484\ 0 = 0.044\ 9$$

$$f_e = n - 2 = 3$$

（2）方差分析（表 7 - 13）

表 7 - 13 回归直线方差分析表

来源	S	f	V	F
x	0.484 0	1	0.484 0	32.27 *
e	0.044 9	3	0.015 0	
T	0.528 9			

注：$[F_3^1(0.95) = 10.13, F_3^1(0.99) = 34.12]$，本节数字" * "者表示"显著"（即 $\alpha = 5\%$ 时判为显著）。

由于 $F > F_3^1(0.95)$，所以判为显著，说明 x 与 y 之间存在直线关系。

5. 预测问题

（1）一般提法

所谓预测问题，就是给定自变量 $x = x_0$，以一定的置信水平 $1 - \alpha$，预测因变量 y 的取值范围。

（2）预测区间

区间中点：

$$\hat{y}(x_0) = a + bx_0 \qquad (7-6)$$

区间半径：

$$\delta = \sqrt{F^1_{n-2}(1-\alpha)V_e\left[1+\frac{1}{n}+\frac{(x_0-\bar{x})^2}{l_{xx}}\right]} \qquad (7-7)$$

预测区间：

$$a+bx_0\pm\delta = (a+bx_0-\delta, a+bx_0+\delta) \qquad (7-8)$$

此说明自变量 $x=x_0$ 时，有 $1-\alpha$ 的把握可以预测因变量 y 在区间 $(a+bx_0-\delta, a+bx_0+\delta)$ 范围内。

【例 7-7】（续例[7-4]） 给定反应温度 $x=95$ ℃，置信水平 $1-\alpha=95\%$，求收率 y 的预测区间。

（1）先求区间中点

$$\hat{y}(x_0) = a + bx_0 = 9.624 + 0.022 \times 95 = 11.714(\%)$$

（2）再求区间半径

$$\begin{aligned}
\delta &= \sqrt{F^1_{n-2}(1-\alpha)V_e\left[1+\frac{1}{n}+\frac{(x_0-\bar{x})^2}{l_{xx}}\right]} \\
&= \sqrt{F^1_3(0.96)V_e\left[1+\frac{1}{n}+\frac{(x_0-\bar{x})^2}{l_{xx}}\right]} \\
&= \sqrt{10.13 \times 0.015 \times \left[1+\frac{1}{5}+\frac{(95-90)^2}{1\,000}\right]} \\
&= 0.431\%
\end{aligned}$$

（3）最后求收率 y 的 95% 预测区间

$$a+bx_0\pm\delta = 11.74 \pm 0.431 = (11.283\%, 12.145\%)$$

此说明当反应温度为 95 ℃ 时，有 95% 的把握可以预测，收率 y 在区间（11.283%，12.145%）内。

第三节　实验设计

一、实验设计的概念

实验设计是一种多因素的选优方法，它广泛用于产品开发设计、工艺优化、配方研制。早在 1920 年英国著名统计学家费歇（R. A. Fisher）首创了"实验设计法"，并首先应用在农业中，第二次世界大战后英美将实验设计广泛应用于工业中，20 世纪 60 年代"正交实验设计"产生，20 世纪 70 年代日本著名质量工程学家田口玄一博士发明了稳健设计，20 世纪 80 年代我国数学家王元和方开泰教授又发明了均匀设计。此外，专门研究配方的"混料设计"以及将正交设计和回归分析结合在一起的"正交回归设计"等均应运而生，并且得到广泛的应用。

本节只介绍"正交实验设计"，它利用一种规划的表——"正交表"，科学地挑选试验条

件,合理地分析实验结果。正交设计的特点:(1)多。可以考虑多因素、多指标的选优问题。(2)快。试验周期短,试验方案一气呵成。(3)好。可以找到最佳方案。(4)省。减少试验次数,节省试验经费。(5)易。方法简易、规范化,易于普及推广。

二、正交表简介

正交表是一套已经做好的规划表格,是正交试验设计的基本工具。

正交表按其类型分为水平数相等的正交表与水平数不等的正交表(亦称为混合水平正交表),现分别介绍。

1. 水平数相等的正交表

水平数相等的正交表,按水平数的多少又分为二水平正交表,如 $L_4(2^3)$,$L_8(2^7)$,…;三水平正交表,如 $L_9(3^4)$,$L_{27}(3^{13})$,…。下面以 $L_8(2^7)$ 为例,说明水平数相等的正交表的共同特点。

正交表 $L_8(2^7)$ 中,L 表示正交表之意,8 为表的行数;2 为水平数,意指该表为二水平正交表,表中值由数码 1 和 2 组成,7 为表的列数。由正交表记号 $L_8(2^7)$ 可以一目了然地看出,该表有 8 行,用它来安排试验共要做 8 次试验;该表为二水平正交表,只能安排二水平因素;该表有 7 列,最多可以安排 7 个因素。

观察表 7-14 不难看出正交表 $L_8(2^7)$ 有如下两个特点:

(1)每一列都有 4 个 1 和 4 个 2,这说明每一列各水平记号重复次数相等。

(2)任两列同一横行形成的 8 个数字对中,(1,1),(1,2),(2,1),(2,2)这四种搭配方式各出现两次。这说明任两列水平的各种搭配方式重复次数也相等。

表 7-14 正交表 $L_8(2^7)$

试验号\列号	1	2	3	4	5	6	7
1	1	1	1	1	1	1	1
2	1	1	1	2	2	2	2
3	1	2	2	1	1	2	2
4	1	2	2	2	2	1	1
5	2	1	2	1	2	1	2
6	2	1	2	2	1	2	1
7	2	2	1	1	2	2	1
8	2	2	1	2	1	1	2

以上两个特点是所有正交表的共性,称为正交表的正交性。正是因为这种正交性,才使得用正交表安排的试验具有均衡分散、整齐可比的特点,进而具有很强的代表性。

一般的水平数相等的正交表,可以用 $L_n(t^q)$ 记号表示,其中各字母的意义如下:

$$正交表 \longleftarrow L_n(t^q) \longrightarrow \begin{cases} 列数（因数个数）\\ 水平数（号码个数）\\ 行数（试验次数） \end{cases}$$

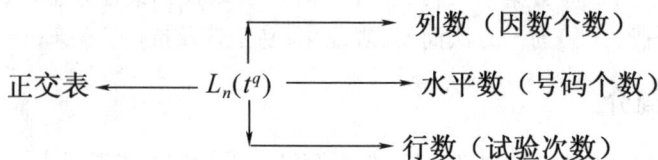

水平数 t 只能为素数或素数的幂，且一般情况下 n, y, q 满足下面的关系式：

$$n - 1 = q(t - 1)$$

$n - 1$ 称为正交表的总自由度，$t - 1$ 是每一列的自由度。上式表明，正交表的总自由度等于各列自由度之和。

2. 交互作用表

若因素 A 对试验指标的影响与因素 B 的水平有关，则称因素 A 与因素 B 之间存在交互作用，并记为 $A \times B$，反之亦然。

在多因素的试验中，如考虑交互作用，必须按交互作用表设计表头。

每一张水平数相等的正交表，其后面均有一张交互作用表。例如，$L_8(2^7)$ 的交互作用见表 7 - 15。

在多因素试验中，当考虑交互作用时，可以用交互作用表来设计表头和安排试验。例如，若用 $L_8(2^7)$ 安排试验，如因素 A 排第 1 列，因素 B 排在第 2 列，则交互作用 $A \times B$ 必须排在第 3 列。

表 7 - 15　$L_8(2^7)$ 两列间交互作用表

试验号 列号	1	2	3	4	5	6	7
	(1)	3	2	5	4	7	6
		(2)	1	6	7	4	5
			(3)	7	6	5	4
				(4)	1	2	3
					(5)	3	2
						(6)	1

3. 水平数不等的正交表

下面以正交表 $L_8(4^1 \times 2^4)$ 为例（表 7 - 16），说明水平数不等的正交表的特点。

正交表 $L_8(4^1 \times 2^4)$ 的第一列为 4 水平列，其余 4 列均为 2 水平列。它有 8 行，共要做 8 次试验。

表 7 – 16　正交表 $L_8(4^1 \times 2^4)$

试验号 列号	1	2	3	4	5
1	1	1	1	1	1
2	1	2	2	2	2
3	2	1	1	2	2
4	2	2	2	1	1
5	3	1	2	1	2
6	3	2	1	2	1
7	4	1	2	2	1
8	4	2	1	1	2

不难验证 $L_8(4^1 \times 2^4)$ 亦有前面所述的正交性。类似式(7 – 49),其自由度分解公式为

$$8 - 1 = (4 - 1) \times 1 + (2 - 1) \times 4$$

最后,需要补充说明两点:

(1)有些特殊的正交表不满足自由度分解公式,这类正交表称为不完备的正交表。如 $L_{18}(2^1 \times 3^7)$。

(2)正交设计中,有时可控因素与可控因素之间,虽然存在交互作用,但可不考虑。这样就希望选用交互作用均匀配列于所有列上的正交表,而 $L_{12}(2^{11})$,$L_{18}(2^1 \times 3^7)$,$L_{36}(2^{11} \times 3^{12})$ 基本满足这一要求。因此,用它们来安排试验,可以不考虑交互作用。

三、二水平正交试验

本节用一个实例说明二水平正交试验的一般步骤和基本原理。

【例 7 – 18】　乙酰胺苯磺化反应的正交试验。

乙酰胺苯是一种药品原料,希望通过正交试验来提高它的收率。

(1)试验方案的设计。试验方案的设计可以分为以下几个步骤:

步骤一,明确目的、确定指标。

试验目的:提高收率。

试验指标:收率 y 越大越好。

步骤二,制作因素水平表。

据生产实践和专业知识,影响收率的因素有反应温度(A)、反应时间(B)、硫酸浓度(C)、操作方法(D)。

因为反应温度与反应时间的搭配方式对收率亦有影响,于是还考虑了交互作用 $A \times B$。

每个因素均取两个水平,其因素水平见表 7 – 17。

表7-17 乙酰胺苯磺化反应因素水平表

水平因数	A	B	C	D
1	50 ℃	1 小时	17%	搅拌
2	70	2	27	不搅拌

在制作因素水平表时,必须注意挑选那些对指标影响可能较大,但又没有把握的因素;因素水平的间隔要适当,在可能范围内尽可能拉大间距。因素水平表制作得是否合适,直接关系到试验的成败。

步骤三,设计试验方案。

正交试验利用正交表来设计方案,可以按下述程序进行:

第一,选表。据水平数的多少选择表的类型。本例各因素均为二水平,故选用二水平表;据因素及交互作用个数选表的大小。本例共有四个因素及一个交互作用(两个二水平因素的交互作用 $A \times B$ 只占一列),故选用的正交表应至少有5列。

综上所述,选用 $L_8(2^7)$ 来设计试验方案。

第二,表头设计。不考虑交互作用的试验,因素可以按顺序排列;考虑交互作用的试验,必须按交互作用表设计表头。为不失一般性,本例的表头设计如下:

列号	1	2	3	4	5	6	7
因数	A	B	$A \times B$	C			D

第三,试验方案设计。在正交表 $L_8(2^7)$ 中,将排有因素的各列(即1,2,4,7列)中的水平记号,换成各因素的具体水平,抽去其他列,经过这样填写以后,正交表就变成一张试验方案表(表7-18)。试验方案一经确定,试验的先后顺序可以任意,不必以表中的试验号为序,有条件时还可以将各号试验同时进行。

按每一号试验的结果收率 y,填写表7-18的最后一栏。

表7-18 乙酰胺苯磺化反应试验方案表

试验号\因素(列号)	A (1)	B (2)	C (4)	D (7)	收率 y/%
1	1(50 ℃)	1(1 小时)	1(17%)	1(搅拌)	65
2	1	1	2(27%)	2(搅拌)	75
3	1	2(2 小时)	1	2	71
4	1	2	2	1	73
5	2(70 ℃)	1	1	2	70
6	2	1	2	1	73
7	2	2	1	1	62
8	2	2	2	2	67

（2）试验结果的直观分析。从表 7 - 18 可以看出,在用正交表安排的 8 个试验方案中,第 2 号试验方案所得收率 75% 为最大。因此,直接来看最好方案为第 2 号方案,相应的试验条件为 $A_1B_1C_2D_2$。

（3）试验结果的极差分析。所谓极差分析,就是通过极差的大小来判断因素的主次,并探索最佳试验方案。其具体步骤如下。

步骤一,列表计算下列各值(表 7 - 19)。

表 7 - 19 乙酰胺苯磺化反应试验统计分析表

No.	A	B	$A \times B$		C		D	$y_i/\%$
	1	2	3	4	5	6	7	
1	1	1	1	1	1	1	1	65
2	1	1	1	2	2	2	2	74
3	1	2	2	1	1	2	2	71
4	1	2	2	2	2	1	1	73
5	2	1	2	1	2	1	2	70
6	2	1	2	2	1	2	1	73
7	2	2	1	1	2	2	1	62
8	2	2	1	2	1	1	2	67
T_1	283	282	268	268	276	275	273	$T = 555$
T_2	272	273	287	287	279	280	282	
R	11	9	10	19	3	5	9	$CT = 38\,503.125$
S	15.125	10.125	45.125	45.125	1.125	3.125	10.125	$S_T = 129.875$

总和 T

$$T = \sum_{i=1}^{n} y_i = 65 + 74 + \cdots + 67 = 555$$

每一列的部分和 T_1, T_2

$$\begin{cases} T_1 = 1 \text{ 水平对应的数据和} \\ T_2 = 2 \text{ 水平对应的数据和} \end{cases}$$

以第一列为例:

$$T_1 = y_1 + y_2 + y_3 + y_4 = 65 + 74 + 71 + 73 = 283$$
$$T_2 = y_5 + y_6 + y_7 + y_8 = 70 + 73 + 62 + 67 = 272$$

每一列的极差

$$R = |T_1 - T_2|$$

如 $R_1 = 283 - 272 = 11$

步骤二,按极差大小,判断因素的影响大小。

极差越大,因素的影响越大,本例中,各因素对收率 y 的影响为

$$\begin{array}{cc} 主 \longrightarrow 次 \\ A \times B \qquad A \quad B \\ C \qquad D \end{array}$$

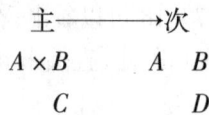

步骤三,最佳工艺的确定。

主要因素(或主要交互作用)选取最优水平(或最佳搭配);次要因素任选,或参考其他条件(如缩短周期、减少成本)等选取。

C 的水平确定:比较 C 所在列的 T_1,T_2 值,可选出其最优水平。因为收率越大越好,所以 C 取水平 C_2。

$A \times B$ 的最佳搭配:为选取 $A \times B$ 的最佳搭配,先计算二元配置表(表7-20)。

表7-20 A,B 的二元配置表

$A \times B$	B_1	B_2
A_1	139	144
A_2	143	129

可见,A 和 B 的最佳搭配方式为 $A_1 B_2$。

D 的水平确定:无论从提高收率或操作方便哪一个角度出发,均应选取 D_2。

最佳工艺条件:综合上面的结论,可知最佳工艺条件为 $A_1 B_2 C_2 D_2$。

(4)试验结果的方差分析。所谓方差分析,就是将试验数据的总波动平方和分解成各因素和交互作用以及试验误差的波动平方和,并比较它们的方差,以判断因素影响的显著性,其具体步骤如下:

修正项的计算

$$CT = \frac{T^2}{n} = \frac{(555)^2}{8} = 38\,503.125$$

总波动平方和 S_T 及自由度 f_T

$$\begin{aligned} S_T &= \sum_{i=1}^{n} (y_i - \bar{y})^2 = \sum_{i=1}^{n} y_i^2 - CT \\ &= (65^2 + 74^2 + \cdots + 67^2) - 38\,503.125 \\ &= 129.875 \end{aligned}$$

$$f_T = n - 1 = 7$$

各列波动平方和 S_j 及自由度 f_j

$$S_j = \frac{1}{n} (T_1 - T_2)^2 \quad (j = 1, 2, \cdots, 7)$$

$$f_j = 2 - 1 = 1$$

可以证明各列波动平方和之和等于 S_T,即

$$\sum S_j = S_T$$

下面以第一列为例

$$S_1 = S_A = \frac{1}{8} (283 - 272)^2 = 15.125$$

试验误差波动平方和 S_e 及自由度 f_e,可以利用空列来计算试验误差引起的波动平方和

$$S_e = S_5 + S_6 = 1.125 + 3.125 + 4.250$$
$$f_e = f_5 + f_6 = 2$$

方差分析

将上述计算结果整理为下面的方差分析表(表7-21)。

表7-21 方差分析表

来源	S	f	V	F 值
A	15.125	1	15.125	7.12
B	10.125	1	10.125	4.76
$A \times B$	45.125	1	45.125	21.24*
C	45.125	1	45.125	21.24*
D	10.125	1	10.125	4.76
e	4.250	2	2.125	
T	129.875	7		

注:$F_2^1(0.99) = 98.49$,$F_2^1(0.95) = 18.51$,* 表示因素显著。

方差分析表明交互作用 $A \times B$ 及因素 C 对收率有显著影响($\alpha = 5\%$),其他因素均无显著影响,这一结论与极差分析法是一致的。

最佳工艺的确定也与前面相同。

(5)主效应图。通过作图的方法,可以更直观地看出各因素影响试验指标的规律性,本例主效应图见图7-10。

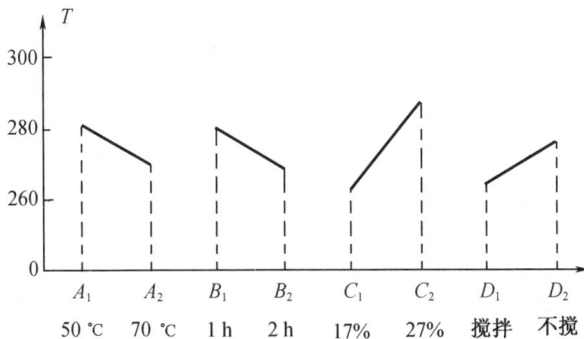

图7-10 乙酰胺苯磺化反应试验效应图

(6)工程平均的估计。对于最佳工艺 $A_1 B_2 C_2 D_2$,我们可以估计工艺下的平均收率,其计算公式为

$$\hat{u}_{佳} = \overline{T} + 显著效应$$
$$= \overline{T} + (\overline{A_1 B_2} - \overline{A_1} - \overline{B_2} + \overline{T}) + (\overline{C_2} + \overline{T})$$
$$= \overline{A_1 B_2} - \overline{A_1} - \overline{B_2} + \overline{C_2} + \overline{T}$$

式中，$\bar{T} = \dfrac{T}{n}$ 表示试验数据的总平均，$\overline{A_1B_2} = A_1B_2$ 表示搭配下数据的均值，$\overline{A_1} = A_1$ 表示水平下数据的均值。

所以

$$\hat{u}_{佳} = \frac{144}{2} - \frac{283}{4} - \frac{273}{4} + \frac{287}{4} + \frac{555}{8} = 74.125(\%)$$

以上结论说明，若按最佳工艺 $A_1B_2C_2D_2$ 进行乙酰胺苯磺化反应，可预期平均收率为 74.125%。

（7）验证试验。最佳工艺 $A_1B_2C_2D_2$ 不在已做的 8 个试验之中，因此应进行验证试验，以便证实该工艺的最优性。

第四节　控　制　图

控制图是把质量波动的数据绘制在图上，通过观察它是否超过控制界限来判断工序质量能否处于稳定状态。这种方法是 1924 年由美国的休哈特首创的。控制图是直方图的一种变形，其是将直方图逆向转 90°，再绘制中心线和上下控制限。控制图有两个坐标，纵坐标代表质量特性值，横坐标表示样本序号，即引入时间序列监控产品质量特性值。中心线 $CL = \mu$，上控制限 $UCI = \mu + 3\sigma$，下控制限 $LCI = \mu + 3\sigma$。中心线为样本某统计量的均值，上下控制限分别为均值基础上的正负三倍标准差。

当生产中不存在系统误差时，产品质量特性（总体）服从正态分布，样品值出现在均值 $\pm 3\sigma$ 范围内的概率为 0.9973。根据相关统计定理，如果生产处于受控状态，则认为样品值一定落在 $\pm 3\sigma$ 范围内。原理如图 7 - 11 所示。

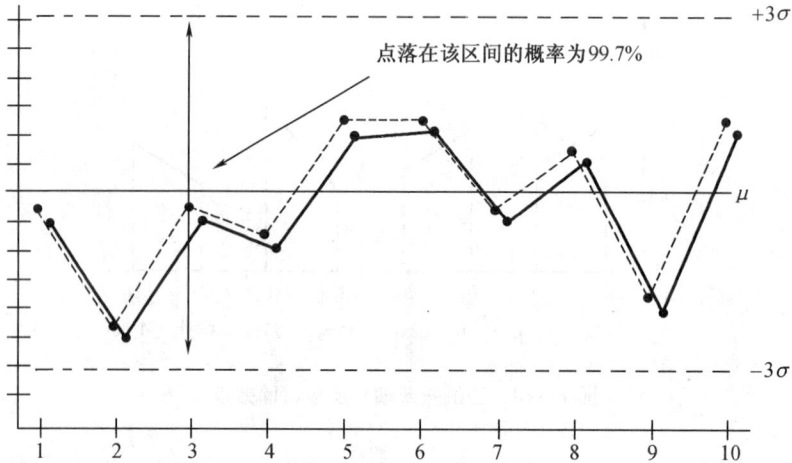

图 7 - 11　3σ 原理

控制图较直方图最大的特点是引入了时间序列或样本序列，通过观察样本点相关统计值是否在控制限内以判断过程是否受控，通过观察样本点排列是否随机从而及时发现异常。控制图较直方图在质量预防和过程控制能力方面有较大的改进。

控制图按其用途可分为两类，一类是供分析用的控制图，用控制图分析生产过程中有

关质量特性值的变化情况,看工序是否处于稳定受控状;再一类是供管理用的控制图,主要用于发现生产过程是否出现了异常情况,以预防产生不合格品。

控制图的主要用途:分析判断生产过程是否稳定;及时发现生产中异常情况,预防不合格品产生;检查生产设备和工艺装备的精度是否满足生产要求;对产品进行质量评定。

生产中,定期抽取样本,测出其质量特性值数据,计算后标在图上,观察点是否越限,相应有具体的判别标准,判断生产过程是否处于稳定状况。

第五节　统　计　抽　样

一、统计抽样的概念

1.用途

统计抽样是对成批产品进行质量检验(包括原材料的进货检验、在制品的过程检验和成品的最终检验)的一种科学方法,它以数理统计为基础,通过抽取少量的产品进行质量检验以判断成批产品的质量情况,既经济又可靠。

早在 20 世纪 20 年代就开始了利用数理统计方法制订抽样检验表的研究。1944 年美国统计学家道奇和罗米克发表了他们合写的专著《一次和二次抽样检验表》,这套抽样检验表目前仍在国际上被广泛地应用。工农业生产的发展,特别是现代化大生产的需要,推动了抽样检验的发展,并且越来越趋于国际标准化。1974 年国际标准化组织发布了"计数抽样检验程序及抽样表"(ISO 2859—1974),目前我国的国家标准 GB/T 2828. 1—2003"逐批检验计数抽样程序及抽样表(适用于连续系列批的检验)"就等同采用 ISO 2859—1:1999。此外,我国还于 1991 年发布了"GB/T 13262—91""不合格品率的计数标准型一次抽样检验及抽样表(适用于孤立批的检验)"等国家标准。本节主要介绍这两个国家标准的使用方法。

2.术语

统计抽样有许多名词术语,这里只介绍几个最基本的术语。

(1)批。汇集在一起的一定数量的某种产品、材料或服务,称之为"批"。

这里所说的"批"都是交验批或检验批,批分连续批和孤立批。在同一生产过程中连续生产的一系列批,只要 5M1E 基本相同,一般来说可定为连续批。连续批的统计特征是现时的抽样检验结果包含有前后一些批的有关被检质量特性的有用信息。不能定为连续批的可定为孤立批,如单个批,少数的几个批,一系列质量信息相互独立的交验批等。

(2)单位产品。可单独描述和考察的事物,称之为单位产品。例如,一个有形的实体,定量的材料,一项服务、一次活动或一个过程,一个组织或个人,上述项目的任何组合。

(3)样本。从批中随机抽取的供检验用的一部分单位产品,称之为样本。为了使样本最佳地代表批,必须按随机抽样的方法获得样本。所谓随机抽样,就是要求批中每个单位产品被抽到的机会均等。抽签法、掷骰子法以及随机数表法均是简单可行的随机抽样方法。

(4)批量 N 与样本量 n。批中所包含的单位产品个数称为批量,以 N 表示;样本中单位产品的数量称为样本量,以 n 表示。若 $n/N \leqslant 1$,则可以认为批量是无限的;反之,认为批量是有限的。

(5)抽样检验。利用所抽取的样本对产品或过程进行的检验,称之为抽样检验。这里所指的抽样检验是利用样本对批进行的检验。

(6)抽样(检验)方案。所使用的样本量和有关批接收准则的组合,称之为抽样检验方案,或简称为抽样方案。

(7)接收质量限 AQL。当一个连续系列批被提交验收抽样时,可允许的最差过程平均质量水平,称之为接收质量限 AQL(Acceptance quality limit)。

(8)不合格与不合格品。不满足规范的要求,称之为不合格。通常按不合格的严重程度将它们分为两类:①A 类不合格:认为最被关注的一种类型的不合格。在验收抽样中,将给这种类型不合格指定一个很小的 AQL 值;②B 类不合格:认为关注程度比 A 类稍低的一种类型的不合格。如果存在第三类(C 类)不合格,可以给 B 类不合格指定比 A 类不合格大但比 C 类不合格小的 AQL 值,其余不合格以此类推。不合格的程度以不合格品百分数或每百单位产品不合格数表示。具有一个或一个以上不合格的产品,称之为不合格品。不合格品通常按不合格的严重程度分类。①A 类不合格品:包含一个或一个以上 A 类不合格,同时还可能包含 B 类和(或)C 类不合格的产品;②B 类不合格品:包含一个或一个以上 B 类不合格,同时还可能包含 C 类不合格,但不包含 A 类不合格的产品;③C 类不合格品:包含一个或一个以上 C 类不合格,但不包含 A 类和 B 类不合格的产品。

(9)缺陷。不满足预期的使用要求,称之为缺陷。要求包括合理的期望以及与安全性有关的要求。

(10)转移得分。在正常检验情况下,用于确定当前的检验结果是否足以允许转移到放宽的一种指示数,称之为转移得分。

(11)接收得分。对于分数接收数抽样方案,用于确定批接收性的一种指示数,称之为接收得分。

(12)两类风险 α 和 β。第 I 类风险(生产方风险)α:由于抽样检验的随机性,将本来合格的批,误判为拒收的可能性,称之为第 I 类风险或生产方风险,并以 α 表示。第 II 类风险(使用方风险)β:由于抽样检验的随机性,将本来不合格的批,误判为接收的可能性,称之为第 II 类风险或使用方风险,并以 β 表示。一个合理的抽样检验方案,应有 $\alpha \leq 5\%$,$\beta \leq 10\%$。

(13)逐批检验。对每批都进行检验(并判断是否接收),称之为逐批检验。如果不是对每批都进行检验,则称为跳批检验。本书所说的,均指逐批检验。

3. 抽样方案的分类

抽样方案有很多种,从不同的角度可以进行不同的分类。

(1)按产品的质量特性来分类,抽样方案有两大类:①计数抽样方案。这种抽样方案是为研究单位产品质量特性为计点值(缺陷数)和计件值(不合格品数)而制订的;②计量抽样方案。这种抽样方案是为研究单位产品质量特性为计量值(如尺寸、强度等)而制订的。本书未讨论计量抽样方案。

(2)按抽样方案的制订原理来分类,抽样方案有三种类型:①标准型抽样方案。这种抽样方案是为保护生产方利益,同时又保护使用方利益,预先限制生产方风险 α 和使用方风险 β 的大小,而制订的抽样方案。②挑选型抽样方案。这类抽样方案规定,对经检验判为接收的批,只需替换样本中的不合格品;而对于经检验判为拒收的批,必须全检,并将所有不合格品全替换成合格品,故称之为挑选型抽样方案。挑选型抽样方案仅适用于非破坏性检验的场合,本书未介绍此类方案。③调整型抽样方案。这类抽样方案适用于连续批产品

的交验,它由一组抽样方案(正常方案、加严方案和放宽方案)和一套转移规则组成,并且依据过去的检验资料及时调整方案的宽严,故称之为调整型抽样方案。调整型抽样方案可以刺激生产方主动改进产品的质量。

(3)按抽样的程序来分类,抽样方案分类如下:①一次抽样方案。仅需抽取一个样本,便可对批做出接收与否的判断。②二次抽样方案。抽样可能分两次进行,对第一个样本检验后,可能有三种结论:接收,拒收,继续抽样。只有在第三种结论时,才抽取第二个样本,然后最终做出接收与否的判断。二次抽样方案与一次抽样方案相比较,在两类风险 α,β 相同的情况下,二次抽样方案的平均抽检量小。③多次抽样方案。抽样可能要多次进行,抽样分级的次数越多,平均抽检量越小,但手续越麻烦。所以,通常采用一次或二次抽样方案。④序贯抽样方案。这类抽样方案规定,每次仅抽检一个单位产品,并且每次均有三种可能结论:接收,拒收,继续抽检。可以证明,在进行有限次抽检后,最终可做出接收与否的判断。序贯抽样方案的平均抽检量最小。

本节仅介绍计数标准型一次抽样方案 GB/T 13262—1991,以及计数调整型抽样方案 GB/T 2828.1—2003。

二、计数标准型一次抽样方案(GB/T 13262—1991)

1. 基本概念

(1)接收上界 P_0 与拒收下界 P_1

设交验批的不合格品率为 P,当 $P \leqslant P_0$ 时,交验批为合格批,应予接收。故称 P_0 为接收上界,亦称之为可接收的不合格品率。而当 $P \geqslant P_1$ 时,交验批为不合格批,应拒收。故称 P_1 为拒收下界,或称之为允许的极限不合格品率。

(2)一次抽样方案 $(n;A)$

一次抽样方案 $(n;A)$ 由样本大小 n 和合格判定数 A 组成,见图 7-12。

(3)灵敏 $\dfrac{P_1}{P_0}$

$\dfrac{P_1}{P_0}$ 称之为抽样方案的灵敏度,反映了抽样方案的鉴别能力。$\dfrac{P_1}{P_0}$ 越接近于 1,抽样方案的灵敏度越高,鉴别能力越强,但随之样本大小 n 越大。

若要求 $\dfrac{P_1}{P_0}=1$,则势必导致 n 无限大,即只能全检,而不存在灵敏度为 1 的抽样方案。

图 7-12　一次抽样方案 (n,A)

(4)OC 函数

OC 函数亦称为操作特性函数,它表明不合格品率为 p 的交验批被抽样方案 $(n;A)$ 判为接收的可能性,其计算公式如下:

$$P_\alpha(p) = P(d \leqslant A) = \sum_{d=0}^{A} C_n^d P^d (1-P)^{n-d} \tag{7-9}$$

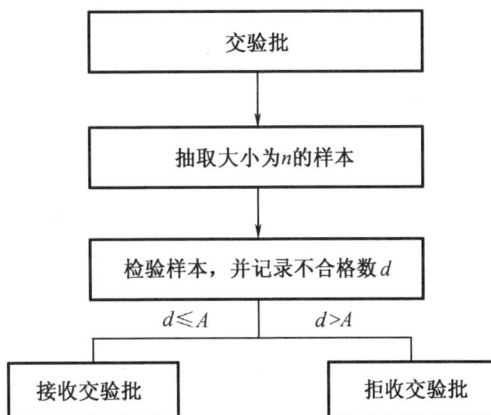

OC 函数具有如下性质:①$P_\alpha(0) = 1$。当交验批没有不合格品时,应被百分之百地接收;②$P_\alpha(1) = 0$。当交验批全部为不合格品时,应被百分之百地拒收;③$P_\alpha(p)$ 为 p 的减函数。

当交验批的不合格品率变大时,被接收的概率应相应减小。

OC 函数的图形如图 7-13 所示,称之为 OC 曲线。

2. 制订原理

如前所述,标准型抽样方案是在预先限制两类风险 α 和 β 的前提下制订的,即要求:

(1)$P \leqslant P_0$ 时,$P_\alpha(p) \geqslant 1 - \alpha$;

(2)$P \leqslant P_1$ 时,$P_\alpha(p) \leqslant \beta$。

据 OC 函数 $P_\alpha(p)$ 的递减性,上述要求等价于$(n;A)$满足下述方程组

$$\begin{cases} \sum_{d=0}^{A} C_n^d P_0^d (1 - P_0)^{n-d} = 1 - \alpha \\ \sum_{d=0}^{A} C_n^d P_1^d (1 - P_1)^{n-d} = \beta \end{cases} \quad (7-10)$$

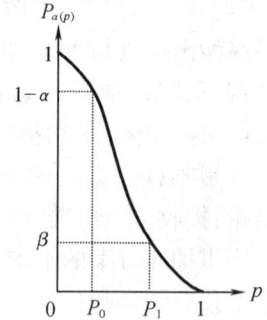

图 7-13　OC 曲线

于是,只要预先给定 α,β 大小,即可由式(7-10)求得计数标准型一次方案$(n;A)$。国家标准 GB/T13262—91 正是在 $\alpha \approx 5\%$,$\beta \approx 10\%$ 的前提下,按式(7-10)制订的。

3. 制订程序

下面我们举例说明,采用国家标准 GB/T 13262—91 制订计数标准型一次抽样方案。

【例 7-9】　一批产品交验,规定 $P_0 = 1\%$,$P_1 = 10\%$,$\alpha \approx 5\%$,$\beta \approx 10\%$,求标准型一次抽样方案$(n;A)$。

(1)查表检索方案。查 GB/T 13262—91,$P_0 = 1\%$ 在 0.901% ~ 1.00% 范围内,$P_1 = 10\%$ 在 9.01% ~ 10.0% 范围内,查得$(n;A) = (39;1)$。

(2)求方案$(39;1)$的 OC 函数。

$$P_\alpha(p) = \sum_{d=0}^{1} C_{39}^d P^d (1-p)^{39-d} = (1-p)^{39} + 39p(1-p)^{39}$$

给定 $p = 0, 1\%, 5\%, 10\%, 100\%$,计算 $P_\alpha(p)$,所得结果如表 7-22 所示。

表 7-22　给定 p 计算 $P_\alpha(p)$

p	0	1%	5%	10%	100%
$P_\alpha(p)$	1	0.94	0.41	0.09	0

由上表可见,方案$(39;1)$的两类风险实际值为

$$\alpha = 1 - P_\alpha(0.01) = 1 - 0.94 = 6\%$$
$$\beta = P_\alpha(0.10) = 9\%$$

$P_\alpha(p)$ 的图形如图 7-14 所示。

【例 7-10】(续[例 7-9])　其他条件与例 7-9 相同,但 $P_1 = 5\%$,求计数标准型一次方案$(n;A)$。

（1）查表检索方案。查 GB/T 13262—91，$P_0 = 1\%$ 在 0.901% ~ 1.00% 范围内，$P_1 = 5\%$ 在 4.51% ~ 5.00% 范围内，查得 $(n;A) = (140;3)$。

（2）方案 $(140;3)$ 与方案 $(39;1)$ 的比较。方案 $(140;3)$ 与方案 $(39;1)$ 两类风险基本相同，即 $\alpha \approx 5\%$，$\beta \approx 10\%$。它们的差别在于，方案 $(140;3)$ 的鉴别能力强，其灵敏度 $\dfrac{P_1}{P_0} = 5$，而方案 $(39;1)$ 的灵敏度是 10。但灵敏度的提高导致样本大小的迅速增大，n 从 39 增大到 140。

图 7-14 方案 $(39;11)$ 的 OC 曲线

最后，我们将计数标准型一次抽样方案的制订程序概述如下：①规定单位产品的质量特性。②规定质量特性不合格的分类与不合格品的判断准则。③双方商定 P_0，P_1 与 α，β 大小。④组成交验批。⑤检索抽样方案 $(n;A)$。⑥随机抽取大小为 n 的样本。⑦检验样本，并记录样本中的不合格品数 d。⑧交验批的判断，若 $d \leq A$，接收交验批；若 $d > A$ 拒收交验批。⑨交验批的处置。

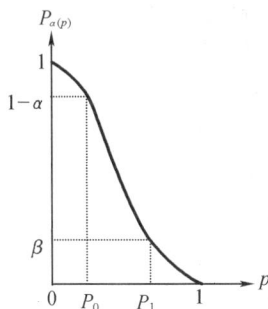

三、计数调整型抽样方案（GB/T 2828.1—2003）

1. 基本概念

（1）接收质量限 AQL（Acceptance quality limit）

接收质量限 AQL 是当一个连续系列批被提交验收抽样时，可允许的最差过程平均质量水平。

值得注意的是，AQL 不是对某一批产品或某一个抽样方案的描述，而是生产方和使用方商定的最差"过程平均"质量水平。

确定 AQL 是实施 GB/T 2828.1.1 中的关键，也是难点之一。在合同环境下，当有供需双方时，AQL 的大小应由双方协商而定，力求合理，AQL 值太大，需得不到质量满意的产品，造成使用方风险太大；AQL 值过小时，导致增加生产成本，造成生产方风险太大。在非合同环境下，企业也要认真而慎重地选择 AQL。

AQL 的确定方法，通常有下述几种：

①按使用方要求确定 AQL。使用方根据自己技术要求和经济承受能力，提出可允许的最差过程平均质量水平，即 AQL 值。

②根据不合格的类别确定 AQL。致命或严重不合格会导致生命安全或重大经济损失的产品类别，其 AQL 应小；相反，一般或轻微不合格不会造成较严重后果式经济损失的产品类别 AQL 应大一些。A 类不合格的 AQL 值应比 B 类不合格的 AQL 值小，B 类又比 C 类小。例如，美国海军部规定，致命不合格的 $AQL = 0.1（\%）$，轻微不合格的 $AQL = 2.5（\%）$（GB/T 2828.1—2003 中 AQL 值的单位是%）。综上所述，确定 AQL 值的一般原则：

（a）超特殊军用品 AQL ＜ 特殊军用品 AQL ＜ 一般军用品 AQL。

（b）重要检验项目 AQL ＜ 次要检验项目 AQL。

（c）A 类不合格 AQL ＜ B 类不合格 AQL ＜ C 类不合格 AQL。

（d）电气性能 AQL ＜ 力学性能 AQL ＜ 外观质量 AQL。

（e）检验项目少 AQL ＜ 检验项目多 AQL。

③根据生产方能力的最大值来确定。当无任何参考资料借鉴时，可以采用"过程平均

法"来确定 AQL 值:

过程平均法(a):用全数检验数批产品的质量取其平均值,即过程平均 $\bar{p}$,在此基础上确定 AQL。此方法是通过实际统计测量数据计算出 AQL 值,是一种很实用的方法。

过程平均法(b):根据历史资料估计产品的过程平均不合格品率 $\bar{p}$,再选择适当的系数 k,由下式计算出产品的 AQL 为

$$AQL \approx \bar{p} + k\sqrt{\frac{p(1-p)}{\sum\limits_{i=1}^{N} n_i}}$$

式中,$\bar{p}$ 为产品的过程平均不合格品率;N 为批次数,一般 $N = 10 \sim 20$;n 为样本量;k 为系数,$k = 2 \sim 3$。

值得注意的是,AQL 不应取为过程平均不合格品率 $\bar{p}$,否则将会导致 $\alpha \approx 50\%$,即几乎近一半的交验批会被拒收。

④双方协商确定 AQL。根据需方因接收和使用一个不合格品所造成的损失费用与供方为检验和剔除一个不合格品所花的费用的比例大小来确定 AQL 值,也称损益平衡法。损益平衡点的计算公式为

$$损益平衡点 f = \frac{检验和剔除一个不合格所需费用}{接收和使用一个不合格品造成的损失费用} \times 100\%$$

一般说来,f 越大,则 AQL 值也越大,反之亦然。使用 AQL 时,需注意以下几点:①GB/T 2828.1 中 AQL 共分 26 个等级,从 0.010 到 1000,前 16 个等级,即 AQL 从 0.010% ~ 10% 适用于交验批质量水平表示为不合格百分数的情况,所有 26 个等级均适用于交验批质量水平表示为每百单位产品不合格数的情况。②GB/T 2828.1 中给出的 AQL 值是优先的 AQL 系列。对于任何产品,如果指定的 AQL 值不是 GB/T 2828.1 表中的数值中的某一个,则不能用该标准的各个表,即 AQL 要标准化。③AQL 是抽样计划的一个参数,不应与描述制造过程操作水平的过程平均相混淆,在 GB/T 2828.1 抽样系统下,为了避免过多的批产品被拒收,要求过程平均比 AQL 更好。④可以给不合格组(包含 A 类和 B 类不合格)或单个的不合格(只包含某一类不合格)指定不同的 AQL。

(2)检验水平

反映批量 N 与样本大小 n 之间的等级对应关系的指标为检验水平。GB/T 2828.1 把检验水平分为七个等级,依次为:S-1,S-2,S-3,S-4,Ⅰ,Ⅱ,Ⅲ。检验水平从低向高选取,抽样比例 n/N 从小到大变化,判断能力也由低向高变化。

S-1 至 S-4 为特殊检验水平,适用于军品检验或破坏性检验和检验费用高、检验时间特别长的场合。

Ⅰ,Ⅱ,Ⅲ 为一般检验水平,适用于一般民品的检验,且常选用一般检验水平 Ⅱ。

从上可见,检验水平高,样本量增加;样本量大,判断能力高。反之亦然。所以,不要盲目追求高的检验水平,防止增加检验费用。

(3)样本大小字码

为简化抽样表,在调整型抽样方案中,样本大小 n 用一组字码表示,而字码的检索取决于批量 N 和检验水平的等级。GB/T 2828.1—2003 的样本大小字码,见表 7-23。

表 7 - 23　计数调整型抽样字码表（GB/T 2828.1—2003）

批量范围	特殊检验水平				一般检验水平		
	S-1	S-2	S-3	S-4	I	II	III
2~8	A	A	A	A	A	A	B
9~15	A	A	A	A	A	B	C
16~25	A	A	B	B	B	C	D
26~50	A	B	B	C	C	D	E
51~90	B	B	C	C	C	E	F
91~150	B	B	C	D	D	F	G
15~1 280	B	C	D	E	E	G	H
281~500	B	C	D	E	F	H	J
501~1 200	C	C	E	F	G	J	K
1201~3 200	C	D	E	G	H	K	L
3 201~10 000	C	D	F	G	J	L	M
10 001~35 000	C	D	F	H	K	M	N
35 001~150 000	D	E	G	J	L	N	P
150 001~500 000	D	E	G	J	M	P	Q
≥500 001	D	E	H	K	N	Q	R

（4）转移规则

调整型抽样方案根据连续交验批的产品质量及时调整方案的宽严。当交验批的质量水平处于 AQL 时,采用正常方案;当交验批质量稳定提高时,采用放宽方案;而当交验批质量明显下降时,则采用加严方案。正是通过方案宽严的调整来刺激生产方主动、积极地不断改进质量。GB/T 2828.1—2003 的转移规则和程序,如图 7-15 所示。

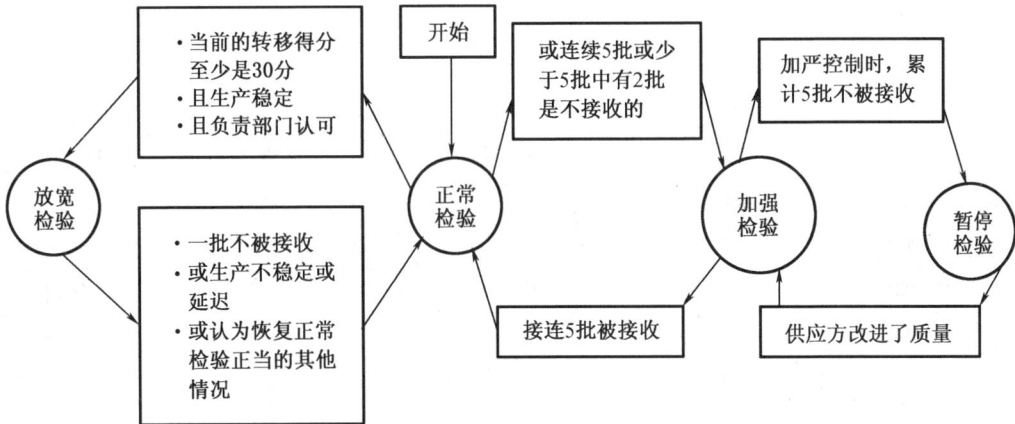

图 7-15　调整型抽样方案的转移规则简图（GB/T 2828.1—2003）

所谓转移得分是在正常检验情况下,用于确定当前的检验结果是否足以允许转移到放宽检验的一种指示数。

除非负责部门另有规定,否则在正常检验一开始就应计算转移得分。

在正常检验开始时,应将转移得分设定为0,而在检验每个后继的批以后应更新转移得分。

对一次抽样方案,转移得分的评定方法如下:

①当接收数等于或大于2时,如果当AQL值加严一级后该批被接收,则给转移得分加3分;否则,将转移得分重新设定为0。

②当接收数为0或1时,如果该批被接收,则给转移得分加2分;否则,将转移得分重新设定为0。

对二次和多次抽样方案,转移得分的评定方法如下:

①当使用二次抽样方案时,如果该批在检验第一样本后被接收,给转移得分加3分;否则,将转移得分重新设定为0。

②当使用多次抽样方案时,如果该批在检验第一样本或第二样本后被接收,则给转移得分加3分;否则,将转移得分重新设定为0。

转移得分的用法,如表7-24所示。

表7-24　不固定抽样方案的例子(GB/T 2828.1—003)(Ⅱ水平,AQL=1%不合格品)

批的序号	批量 N	样本量 n	给定 Ac	接收得分(检验前)	可使用的 Ac	不合格品数 d	接受性	接收得分(检验后)	转移得分	下一批将执行的检验严格度
1	180	G	32	1/2	5	0	A	5	2	继续正常
2	200	G	32	1/2	10	1	A	0	4	继续正常
3	250	G	32	1/2	5	1	R	0	0	继续正常
4	450	H	50	1	7	1	A	0	2	继续正常
5	300	H	50	1	7	1	A	0	4	继续正常
6	80	E	13	0	0	1	R	0	0	转到加严
7	800	J	80	1	7	1	A	0	—	继续加严
8	300	H	50	1/2	5	0	A	5	—	继续加严
9	100	F	20	0	5	0	A	5	—	继续加严
10	600	J	80	1	12	0	A	12	—	继续加严
11	200	G	32	1/3	15	1	A	0*	—	恢复正常
12	250	G	32	1/2	5	0	A	5	2	继续正常
13	600	J	80	2	12	1	A	0	5	继续正常
14	80	E	13	0	0	0	A	0	7	继续正常
15	200	G	32	1/2	5	0	A	5	9	继续正常
16	500	H	50	1	12	0	A	12	11	继续正常
17	100	F	20	1/3	15	0	A	15	13	继续正常
18	120	F	20	1/3	18	0	A	18	15	继续正常
19	85	E	13	0	18	0	A	18	17	继续正常

表 7 - 24（续）

批的序号	批量 N	样本量 n	给定 Ac	接收得分（检验前）	可使用的 Ac	不合格品数 d	接受性	接收得分（检验后）	转移得分	下一批将执行的检验严格度
20	300	H	50	1	25	1	A	0	19	继续正常
21	500	H	50	1	7	0	A	7	21	继续正常
22	700	J	80	2	14	1	A	0	24	继续正常
23	600	J	80	2	7	0	A	7	27	继续正常
24	550	J	80	2	14	0	A	0*	30	转到放宽
25	400	G	20	1/2	5	0	A	5	—	继续放宽

注：A 表示接收；R 表示拒收；＊表示转移后的接收得分。

在每种检验水平（共七种）下，应运用转移规则来要求正常、加严和放宽检验。检验水平的选择与三种检验的严格度完全无关，因此，当正常、加严和放宽检验间进行转移时，已规定的检验水平应保持不变。

GB/T 2828.1 标准的目的是通过批不接收，使供方在经济上和心理上产生压力，促使其将过程平均至少保持在和规定的接收质量限一样好的水平，而同时给使用方偶尔接收劣质批的风险提供一个上限。

（5）抽样方案

抽样方案是所使用的样本量和有关批接收准则的组合。

一次抽样方案是样本量 m、接收数 Ac 和拒收数 Re 的组合：$[n, Ac, Re]$。

一般表示为 $[n, Ac]$。

二次抽样方案是两个样本量，第一样本的接收数 Ac_1 和拒收数 Re_1 及联合样本的接收数 Ac_2 和拒收数 Re_2 的组合：$\begin{bmatrix} n_1 & Ac_1 & Re_1 \\ n_2 & Ac_2 & Re_2 \end{bmatrix}$。

2. 制订程序

下面举例说明如何采用 GB/T 2828.1 制订计数调整型抽样方案。

【例 7 - 11】 已知批量 $N = 1\,000$，交验批质量指标为不合格百分数，取 $AQL = 2.5\%$，采用一般检验水平Ⅱ，试制订计数调整型一次抽样方案。

（1）检索样本大小字码。由 $N = 1\,000$，一般检验水平Ⅱ，查表 429，样本大小字码 J。

（2）检索一次正常抽检方案。由样本大小字码 J，$AQL = 2.5\%$，得一次正常抽检方案为（80，5，6）。

（3）检索一次加严抽检方案。当样本大小字码 J，$AQL = 2.5\%$，查得一次加严抽检方案为（80，3，4）。

（4）检索一次放宽抽检方案。由样本大小字码 J，$AQL = 2.5\%$，查得一次放宽抽检方案为（32，3，4）。

（5）组成调整型一次抽样方案组。上述三个方案，连同一套转移规则组成下述的调整型一次抽样方案组（表 7 - 25）。

表 7 - 25　调整型一次抽样方案组

方案宽严	样本大小	Ac,Re	转移规则
正常方案	80	5,6	
加严方案	80	3,4	（略写）
放宽方案	32	3,4	

【例 7 - 12】（续［例 7 - 11］）　条件同［例 7 - 11］,试制订计数调整型二次抽样方案。根据类似的方法,可以求得调整型二次抽样方案组,见表 7 - 26。

表 7 - 26　调整型二次抽样方案组

方案宽严	样本大小	Ac,Re	转移规则
正常方案	$n_1=50$	2,5	
	$n_2=50$	6,7	
加严方案	$n_1=50$	1,3	（略写）
	$n_2=50$	4,5	
放宽方案	$n_1=20$	1,3	
	$n_2=20$	4,5	

以二次正常方案（50,50/2,5;6,7）为例,其程序框图,如图 7 - 16 所示。

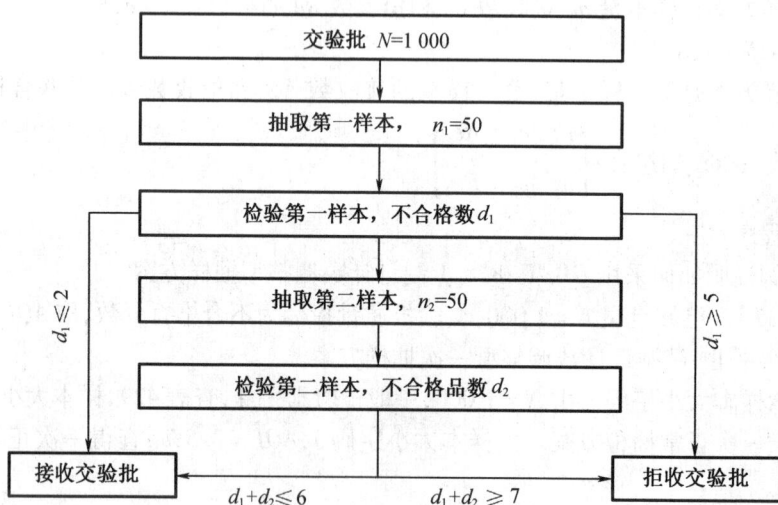

图 7 - 16　（50,50/2,5;6,7）的程序框图

最后,我们将计数调整型抽样方案的制订程序概述如下。①规定质量特性:解决检验产品的"什么"的问题;②确定不合格类别:规定质量特性不合格的分类与不合格品的判断准则;③确定接收质量限 AQL:确定 AQL 应考虑的因素和方法;④规定检验水平,即确定提交批的批量与样本量的等级对应关系;⑤规定检验严格度,即确定交验批接受检验的宽严

程度;⑥选择抽样方案:选择合适的抽样类型;⑦检索抽样方案:由 AQL 和样本量字码及确定的抽样方案类型检索抽样方案;⑧提交抽样产品批:企业应对如何组批、如何交验做出规定并形成文件;⑨抽取样本:检验员应按抽样方案规定的样本量,从提交批产品中随机抽取样本;⑩检验样本:检验员根据样本产品图样、技术标准、生产工艺、订货合同对单位产品规定的检验项目逐个对样本进行检验,并累计不合格品总数;⑪判定:对不同抽样方案按照相应的原则做出接收或不接收的判定;⑫处置:对接收批和不接收批做出相应的处置;⑬进一步的信息:到⑬处置这一阶段,实施 GB/T 2828.1.20.03 过程完毕,进一步的信息是对检验做进一步深入的研究,获得更多的信息,如研究抽样方案的 OC 曲线、研究过程平均、研究平均检查质量及其上限等(图 7-17)。

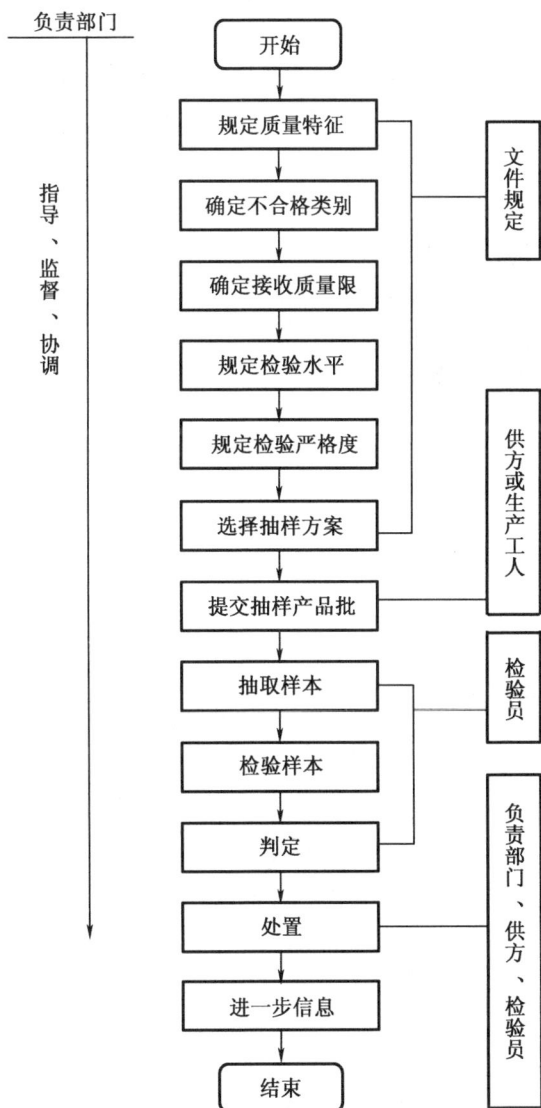

图 7-17 实施 GB/T 2828.1 程序图

思 考 题

某化工厂有两个排污口,按环保要求,排出的污水 pH 值必须在 6~9,今测得 5 月份两个排污口污水 pH 值如表 7-27,试进行污水 pH 值统计分析。

表 7-27 排污口 pH 值表

日期	5.1	5.2	5.3	5.4	5.5	5.6	5.7	5.8	5.9	5.10
$x(1^{\#})$	8.25	8.74	8.58	8.64	8.98	8.23	8.19	8.22	8.16	8.44
$y(2^{\#})$	8.33	8.64	8.73	8.44	8.09	8.00	8.09	8.16	8.70	8.84
日期	5.11	5.12	5.13	5.14	5.15	5.16	5.17	5.18	5.19	5.20
$x(1^{\#})$	8.19	8.82	8.04	8.94	8.51	8.36	8.53	8.32	8.08	8.15
$y(2^{\#})$	8.63	7.62	7.65	7.93	8.05	8.34	8.24	8.84	8.84	7.79

问题一:请做相关性检验分析。

问题二:请做方差齐性检验分析。

问题三:请做均值相等的检验分析。

问题四:请利用直方图进行分析。

问题五:请进行过程能力指数分析。

第八章　六西格玛管理

六西格玛管理是追求卓越的现代质量管理方法之一。20世纪90年代以来,摩托罗拉、通用电气等世界级企业推行六西格玛管理的成功,展示了一条通向卓越之路,使"依靠质量取得效益"成为现实。六西格玛管理已成为企业迎接经济全球化挑战、提升竞争力的有效的质量实践。

第一节　六西格玛管理概述

一、六西格玛管理的起源

20世纪70年代,日本人的汽车、电子等制造业产品正以优异的质量和低廉的价格不断击败美国产品,如潮水般涌入美国。Motorola作为美国最大的电子产品生产商,在同日本的竞争中失掉了收音机和电视机市场,后来又失掉了BP机和半导体市场。一个日本企业在20世纪70年代并购了Motorola的电视机生产公司,经过日本人的改造后,很快投入了生产。他们使用了同样的人员、技术和设计,不良率只有Motorola管理时的1/20。在市场竞争中,严酷的生存现实使Motorola的高层接受了这样的结论:"我们的质量很低劣。"通过调查发现,日本企业的产品之所以具有高质量水平,很大程度上得益于在制造过程中大量使用数理统计技术。1987年Motorola通信业务部的乔治·费舍首先提出六西格玛的概念,在其CEO Bob Galvin领导下,Motorola开始了六西格玛质量之路。从公司开始实施六西格玛管理的1987年到1999年,公司提高生产率12.3%,由于质量管理缺陷造成的费用消耗减少84%,制作流程失误降低99.7%,节约制造费用总计超过110亿美元。公司业务、利润和股票价值的综合收益率平均每年增长17%。1998年,Motorola获得了美国波多里奇国家质量奖。六西格玛管理使Motorola从濒于倒闭发展成为当今世界知名的质量与利润领先公司。

20世纪90年代中后期,GE总裁Jack Welch在全公司实施六西格玛管理并取得了辉煌业绩,使这一管理模式真正名声大振。GE于1995年实施六西格玛管理改进核心业务,建设了若干基础设施,实施业务资源整合,进行六西格玛培训和认证,从技术和财务上对质量进行评估,提高了生产率和资产利用率。1997年将重点转为改革新产品设计工序,以六西格玛设计标准改进产品设计工序,改革了GE业务部门中的5 000多个项目。1998年将六西格玛管理应用到客户生产率和增值服务中,有200个黑带为客户工作,客户决定项目范围、认定和验证效益,成功地达到了使收入增长和股票收益提高的目的,客户产量由450单位/天增长为800单位/天,节约成本100万美元,而GE项目增长平均150万美元。客户获得生产率的提高,而GE获得市场份额的回报。

成功地运用六西格玛管理,将GE从一个优秀的企业铸造成了一个卓越的企业,取得市场价值第一的业绩。与此同时,六西格玛管理的理论逐渐完善,应用实践不断推广。Jack Welch在总结成功经验时说:"六西格玛——一种突破性、提升式的企业管理战略,是GE公

司曾实行过的企业管理中最重要的一个,它是未来 GE 公司领导核心中的基因成分。"GE 公司把六西格玛管理作为公司生存和发展的根本所在。GE 制定的三大发展战略——六西格玛、产品服务、全球化,使 GE 成为全球最大、最成功的多元化经营的跨国集团。GE 将六西格玛管理扩展到制造活动之外的过程,包括服务与工作过程,取得了非常显著的成就。

GE 把六西格玛管理从单纯的一种质量管理系统方法上升为一种管理理念和经营哲学,从而形成了一种企业文化。自 GE 之后,更多的公司将六西格玛应用于全部企业流程的优化,而不仅局限于制造流程,六西格玛已成为追求管理卓越企业的最为重要的战略措施。

六西格玛管理在 Motorola 和 GE 推行并取得丰硕成果后,引起了世界范围的高度关注,各大企业如美国的联合信号、花旗、杜邦、美国快递、联合技术、康柏、福特、戴尔、卡特彼勒、柯达,韩国的三星、LG,日本的东芝、索尼等纷纷引进六西格玛管理,来强化管理水平,降低成本,提高客户忠诚度,增加销售业绩和增强核心竞争力。六西格玛管理的运用范围正逐步扩大,开始进入金融保险、运输物流、医疗保健、电信运营、电力运营、分销零售、旅游娱乐、教育和政务管理等领域。

在这个过程中,六西格玛从一个衡量优良程度的标准、解决问题的技术演化为一个企业建立持续改进系统、增强综合领导能力、不断提升业绩、带来巨大利润的管理理念和系统方法。不仅要满足规范的要求,还要满足客户的期望,甚至超越客户的期望。六西格玛管理正是在全面质量管理的背景下,人们通过不断摸索和完善,逐步总结应运而生的一套创新的管理方法,既能大大改善质量,又能突出改进公司的业绩,成为世界上追求管理卓越的企业最为重要的战略举措,为组织在全球化、信息化的竞争环境中立于不败之地建立坚实的管理和领导基础。

二、六西格玛管理的概念

六西格玛管理法是一种统计评估法,核心是追求零缺陷生产,防范产品责任风险,降低成本,提高生产率和市场占有率,提高顾客满意度和忠诚度。六西格玛管理既着眼于产品、服务质量,又关注过程的改进。

"σ"(读作西格玛)是希腊字母,在统计学上用来表示标准偏差值,用以描述总体中的个体离均值的偏离程度,测量出的 σ 表征着诸如单位缺陷、百万缺陷或错误的概率性,σ 值越大,缺陷或错误就越少。6σ 是一个目标,这个质量水平意味的是所有的过程和结果中99.999 66% 是无缺陷的,也就是说做 100 万件事情,其中只有三四件是有缺陷的,这几乎趋近到人类能够达到的最为完美的境界。6σ 管理关注过程,特别是企业为市场和顾客提供价值的核心过程。因为过程能力用 σ 来度量后,σ 越大,过程的波动越小,过程的成本损失越低、时间周期越短,满足顾客要求的能力就越强。6σ 理论认为,大多数企业在 $3 \sim 4\sigma$ 间运转,也就是说每百万次操作失误在 6 210 ~ 66 800 之间,这些缺陷要求经营者以销售额15% ~ 30% 的资金进行事后的弥补或修正,而如果做到 6σ,事后弥补的资金将降低到约为销售额的 5%。

六西格玛管理是帮助企业集中于开发和提供近乎完美产品和服务的一个高度规范化的过程。六西格玛管理是测量一个指定的过程偏离完美有多远。它的中心思想是如果你能"测量"一个过程有多少个缺陷,你便能系统地分析出,怎样消除它们和尽可能地接近"零缺陷"。

综上所述,六西格玛管理定义为一项以顾客为中心、以质量经济性为原则、以追求完美

无瑕为目标的管理理念,是通过以统计科学为依据的经济分析,实施确定问题、测量目标、分析原因、改进优化和保持效果的过程,是使企业在运作能力方面达到最佳境界的综合管理体系,也是提高顾客满意度和保持企业经营成功,并将其业绩最大化的发展战略。

三、六西格玛管理的特点

1. 真正关注顾客

企业取得成功的重要因素之一是顾客,没有顾客,企业就不可能生存。为了赢得顾客,企业就必须了解顾客需要什么,为顾客不同的、不断变化的需求服务。大凡成功的企业都把以顾客为中心作为经营方针。以顾客为中心必须真正地关注顾客。在六西格玛管理中,顾客是占第一位的,强调通过满足并超出顾客的期望和需求,不断提高顾客的满意度。例如,六西格玛对需要改进的质量特性所进行的测量和分析都是从顾客的需求开始的,做出的改进流程设计也是以向顾客提供更优的质量、为顾客创造价值为目标的。

2. 以数据和事实驱动管理

早在19世纪末20世纪初,科学管理之父泰罗就提出了要以科学的管理方法代替旧的经验式管理。可是一个多世纪以后的今天,很多企业仍然依赖于经验式管理,缺乏量化管理的意识。虽然近年来,管理信息系统、知识管理等一系列新的管理概念不断出现在我们眼前,但在很多时候,这些只是管理者口中时髦的词汇罢了,面临实际问题时,不少经营决策仍然是以经验和主观臆断为基础的。

六西格玛把"以事实为管理依据"的管理提升到了一个更高的层次——"用数据说话"。六西格玛从测量企业中的关键指标开始,综合运用各类统计和分析方法,收集、统计、分析数据,研究变量间的相互关系,获得优化结果,从而解决问题。这可以说是六西格玛核心战斗力的源泉。

3. 把流程的改进作为关键

企业内所有的活动都有一个流程,产品和服务的设计、业绩的度量、业务的经营、顾客满意度的提高,这都是流程。六西格玛把流程视为成功的关键载体,关注的是一个流程中所有环节的全面改进,通过流程的优化实现组织竞争力的提高。这一点确保了六西格玛的持续性。

一个企业只有当其流程的质量满足甚至超过顾客期望时,才能获得利润。一个有竞争力的企业应该具备以"最高的质量、最快的速度、最低的价格"向顾客或市场提供产品或服务的能力,而这个能力取决于企业核心业务流程的流程能力。在六西格玛管理中,这个能力表征为流程输出的结果与顾客要求的一致性。通过流程改进与再造,使流程的产出与顾客要求之间的偏差最小,即缺陷接近于零,这不但可以极大地提高顾客的满意程度,而且可以大量地减少由于补救缺陷等引起的成本和生产周期的浪费。

4. 预防性的管理

所谓预防,就是要在事情发生之前积极地做好准备、采取行动,把缺陷消灭在萌芽状态。而不是在那里坐等事情发生,然后再被动地去处理危机,这种"救火"往往是无济于事的,因为它们无法改变已经存在的事实。

预防性的管理意味着注意经营活动的细节并养成习惯;制定远大的目标并经常加以检查;为运营工作设定明确的先后顺序;积极预防问题,避免事后补救;不要盲目地遵循惯例,做事之前一定要弄清目的。真正做到预防性地管理是创造性和有效变革的起点。六西格

玛综合利用各种工具和方法,以动态的、积极的、预防性的管理风格取代被动的管理习惯。

5. 无边界的合作

这是对传统组织成本的否定,它能够使六西格玛以项目制的方式在一个传统的组织结构内突破式前进,以点带面地创造一种新文化。六西格玛提倡主动积极地管理,重视消除部门及上下级间的障碍,促进组织内部横向和纵向的合作。所以说,六西格玛管理扩展了合作的机会,当人们思考如何使自己的职责与公司的"远大前景"相适应时,就会意识到并且衡量出工作流程各部分的相互依赖性。当然,六西格玛管理中无界限的合作并不意味着无条件地个人牺牲,而是需要真正理解最终用户及整个业务流程各环节的需求。因此,六西格玛管理能创造出一种真正支持团队合作的管理结构和环境。

6. 力求完美但容忍失败

六西格玛的目标是一个近乎完美的目标,我们一边在追求完美,一边却还要容忍失败,这似乎有些矛盾。其实从本质上来说,这两方面是互补的。六西格玛管理是一套不懈追求完美的管理模式,企业要实施六西格玛必然就要在新的管理理念下运用新的管理方法,风险也就随之而来,企业可能会遇到挫折和失败。希望推行六西格玛管理的企业在力求服务结果趋于完美的同时,也要学会接受并控制偶然发生的错误。学习运用风险管理方法可以使失败的可能降到最低,并把程度控制在一定的范围内。

第二节 六西格玛的组织结构

6σ 管理需要一套合理、高效的人员组织结构来保证改进活动得以顺利实现。在过去,之所以有 80% 的全面质量管理(Total Quality Management,TQM)实施者失败,最大原因就是缺少这样一个人员组织结构。在企业中形成一个六西格玛的组织体系,并确定团队内的各种角色及其责任,是企业实施六西格玛管理必不可少的一步。以黑带团体为基础的六西格玛组织是实现六西格玛目标的成功保证。

一、高级管理者

高级管理者为六西格玛活动的成功实施提供推动力和方向并提供必需的资源。高级管理者的职责有以下几方面:学习六西格玛管理;领导最高管理团队将六西格玛项目与组织目标联系起来;参加合适的六西格玛项目小组;保持对整个体系的全局把握,避免仅仅是局部优化;保持一个长期发展的视野;在合适的情况下,解释六西格玛管理的长远的好处;不论是公开还是私下都始终如一地倡导六西格玛管理;主持对六西格玛项目的重要环节的审查和评价。

那些最成功地宣传六西格玛的组织所付出的努力都有一个共同点,即坚定、清晰的自上而下的领导授权。毫无疑问,在每个人心目中,六西格玛意味着"我们做事的方式"。尽管"我们"可能只是在更低层的管理层次上导入六西格玛概念和过程,但是只有在高级管理者的积极参与并扮演领导者角色的情况下,企业才有可能取得较大的成功。

二、执行负责人

执行负责人来自组织中的高层管理者。在六西格玛管理中,他们应该担当与高级管理者相同等级的角色,其职责主要有:学习六西格玛管理;在整个组织中开展六西格玛;管理

和区分六西格玛项目的优先次序;给六西格玛项目分派倡导者、黑带和绿带;在他们的职责范围内,与高级管理者一起主持六西格玛项目的审查和评价;改进六西格玛过程;清除六西格玛管理的障碍;提供六西格玛管理所必要的资源。

三、倡导者

倡导者发起和负责一个黑带项目,并支持和推进六个西格码的全面推行。倡导者一般由行政人员或者一个关键的管理人员出任,级别通常是副总裁、CIO、或 CFO,大多是兼职。其主要职责:制定战略性的项目规划,确保项目目标与企业目标的一致性;决定"该做什么";提供必要的资源和支持;检查项目进度,确保按时、按质完成既定目标;负责六西格玛管理实施中的沟通与协调,排除一切妨碍计划执行的障碍;对黑带大师及黑带提供管理和技术层次上的领导;了解六西格玛工具和技术的使用方法。

四、黑带大师

黑带大师是具有连续 10 年的领导工作经验,并在六西格玛管理中全面指导组织内的领导。黑带大师作为六西格玛过程的管理者和执行顾问或商业管理者,担当领导者角色,并通过协调由黑带或者绿带领导的项目来提升他(她)的技能。通常,黑带大师直接向管理团队成员或者是商业管理者汇报。黑带大师已经成功地领导过许多小组完成了复杂的六西格玛项目,在六西格玛管理中,他(她)是一个变革领导者、执行者、推动者以及技术专家。黑带大师也是一个职业通道。对于一个组织来说,最好是发展自己的黑带大师。不幸的是,因为时间关系,有时候对一个组织来说这几乎是不可能的,因为这一般需要好几年的时间去学习、实践,并需要由组织外的黑带大师指导。比较理想的情况是,黑带大师是从组织中的黑带里挑选出来的,不过有时也需要组织以外的黑带大师。黑带大师的职责:与管理团队成员和商业管理者讨论六西格玛管理;通过组织的仪表盘识别、区分和协调六西格玛项目;持续改进和创新组织的六西格玛过程;将六西格玛应用于生产和交易过程,如销售、人力资源、信息技术、设备管理、呼叫中心、财务管理等;教授黑带及绿带六西格玛理论、工具和方法;指导绿带和黑带。

五、黑带

黑带是一个全职的变革执行者和改进领导者,他不一定是过程方面的专家。黑带由黑带大师指导,但也可以由一个经理来承担黑带的职责。从一个临时的黑带转变为全职的黑带,合适的时间是 2 年。理想的黑带应具有如下品质:具有对技术和管理流程改进或创新的技能;热衷于统计和系统理论;理解个人和项目组的心理;理解策划—实施—学习—改进(PDSA)循环,并具有良好的学习技能;具有优秀的沟通和写作能力;适应项目组工作;能够组织会议;具有幽默的个性,以工作为乐趣;能用非技术性术语与顾客进行很好的沟通;不为更高层管理者所胁迫;关注顾客。

黑带的职责包括以下内容:帮助设立项目目标;与倡导者以及过程所有者交流项目进度;领导六西格玛项目组;组织会议和后勤协调;帮助项目组成员进行试验设计和分析;为项目小组成员提供关于六西格玛工具和项目组功能的培训;帮助项目组成员为倡导者和最高团队对六西格玛项目的审查和评价做准备;从仪表盘上推荐额外的六西格玛项目;指导绿带项目,限制项目范围。

六、绿带

绿带利用部分工作时间(25%)完成六西格玛项目,他可以是复杂项目的成员,也可以是较简单项目的领导者,同时也是六西格玛项目中的中坚力量。在一个成熟的六西格玛组织中,大部分经理都是绿带,而且绿带证书也是晋升的一个关键要求,因为它被认为是最好的管理实践方式。领导较简单项目的绿带的职责:确定项目目标;与倡导者一起审查项目目标;选择项目组成员;与倡导者、黑带大师、黑带以及过程所有者进行全方位的项目的沟通交流;推动项目小组的各个阶段的工作;组织会议和后勤协调;项目各个阶段的数据分析;在项目各个阶段,对项目组成员进行六西格玛工具和方法的培训。在复杂的六西格玛项目中,绿带与项目领导者(黑带)紧密合作,以保证在各个不同阶段的项目组功能和进度。

七、过程所有者

过程所有者是过程的管理者,他对这个过程负责,可以通过他的签字授权做过程的改变。过程的所有者应该被确定和加入属于他的管理范围内的所有六西格玛项目。过程的所有者有如下的职责:有责任在他所管理的过程中采取最好的工作方式和得到最好的输出结果;推动他的员工持续改进以得到最好的工作方式;推动项目小组持续关注项目的目标;帮助项目小组的工作按照项目计划有序进行;给予项目必要的资源(人力、空间等);在六西格玛项目完成以后,接受和管理被改进的过程,保持成果;理解过程如何工作;理解过程能力;理解过程与组织中其他过程的关系;参加六西格玛项目的重要环节的审查和评议。

第三节　六西格玛管理的实施

一、六西格玛管理的内容

(一)决策

实施六西格玛管理是企业的重大战略行为,这不仅是因为涉及企业较大资金的投入,涉及可能发生的许多技术改造和技术创新项目,涉及需要全体员工3至5年甚至更长时间的艰苦努力,更重要的是涉及企业经营目标的重新定位,涉及企业产品、服务和过程质量的全面升级,企业将由此跨上一个新的高度。因此,实施六西格玛管理必须由企业最高管理层做出决策。

企业最高管理层的决策包括:

1. 关于本企业实施六西格玛管理的必要性、可能性、现实条件、竞争要求、风险、投资、预期回报,以及在此分析基础上实施六西格玛管理的决定。

2. 企业最高管理者对实施六西格玛管理的信心和推动作用。

3. 建立企业实施六西格玛管理的组织机构,如六西格玛管理委员会,负责全面组织、协调、实施六西格玛管理的活动。

4. 制订和批准实施六西格玛管理的计划,包括长期(5年)计划和年度计划,总体目标和阶段目标,以及各目标在各组织层次、各产品层次和各过程环节的分解。

（二）培训

培训在实施六西格玛管理中具有十分重要的作用。培训的目的是使所有员工了解六西格玛管理的思想和方法，使员工能掌握基本的知识和技能，切实参与到六西格玛管理的实践中来。由于各员工的职务、职责不同，在实施六西格玛管理中的作用也不同，因此培训的内容和要求也不同。

根据实施六西格玛管理成功企业的经验，六西格玛管理培训有 3 种标准化课程，借用柔道的"带级体系"，由初级向高级依次为"白带课程""绿带课程"和"黑带课程"。

"白带课程"是针对广大一线操作者或全体员工的课程，介绍六西格玛管理的基本知识，以及作为一名普通员工在实施六西格玛管理中的作用。"白带课程"通常为 1~2 天。

"绿带课程"是针对工程技术人员和部门经理或主管的课程，除了介绍六西格玛管理的基本知识外，还包括质量改进方法、质量统计分析和控制的基础知识，以及作为一名工程师、经理或主管在实施六西格玛管理中的作用。"绿带课程"通常为 3~5 天。

"黑带课程"是针对企业中实施六西格玛管理的骨干的课程，参加者为公司高层管理者和工程技术、企业管理、市场营销等方面的核心人员或选拔出来准备委以重任的优秀年轻骨干。通过"黑带课程"学习的学员，将成为企业实施六西格玛中名副其实的"黑带"，能独立带领一个团队实施六西格玛项目，并实现预期的目标。根据实施六西格玛管理成功企业的经验，只有当企业的主要工程师、主要业务经理和主要业务骨干都培养成为"黑带"时，企业的六西格玛管理才开始步入正轨。

"黑带课程"中的一项重要内容是结合企业实际情况选择和进行一项六西格玛项目作为课程作业。具体要求：结合自己所从事的工作，找出一个问题，特别是长期以来一直没有解决的影响过程质量、产品质量、服务质量、顾客满意方面的问题。针对这个问题，分析包含这个问题的全过程，进而测量过程、产品、服务、顾客满意等方面的质量特性值，计算过程能力指数、σ 值和 DPMO 值，找出影响质量的显著性因素，提出可行的改进建议。然后，再做出六西格玛项目改进实施方案，包括投资预算，预期的经济回报，项目实施的人员分工、技术措施、时间进度安排、检查及验收标准等。六西格玛项目改进方案经主管经理批准后付诸实施。该项目实施成功之日，才是"黑带"培训结业之时。

（三）实施

实施六西格玛管理的核心内容是开展六西格玛项目。通过一个个六西格玛项目的开展，将影响质量的问题一个个加以解决，从而使过程质量、产品质量、服务质量、顾客满意程度一步步地向六西格玛的目标靠近。

企业最高管理层在实施六西格玛管理中应牢牢把握六西格玛管理的目标。实施六西格玛管理成功的企业都确定一个以百分比表示的年过程性能改进率，作为年度改进目标。例如，摩托罗拉公司确定每年在上年基础上减少不合格68%，从 1987 到 1994 年的 7 年里，摩托罗拉公司实现了每年减少 68% 的目标，相当于每年约 0.5σ 的改进。国际上许多实施六西格玛管理的公司都采用了摩托罗拉公司创立的这一目标。GE 则创造了新的纪录，确定在实施六西格玛管理的 5 年里，连续每年在上年基础上减少不合格84%。通过 5 年的努力，使公司的过程质量从 1995 年的 $3~4\sigma$ 水平提高到 2000 年的 6σ 水平。一个实施5σ管理的企业应根据自己的具体情况，确定适合自己的年改进率目标。管理者还应清醒地认识

到,质量改进不可能在一个晚上获得成功,有些努力可能还将遭受挫折。因此,对实施六西格玛管理必须要有足够的耐心、信心和恒心,通过长期的努力一步步向预期的目标迈进。为了对年改进情况和实现目标的总体情况进行评价,企业还应建立六西格玛管理测量体系,设立各项指标,并把各种测量结果合并成反映过程性能的数值,创立用于存放数据和进行统计分析的数据库。

为了保证实施六西格玛管理的成功,企业需要采取有效的激励措施,包括对实施六西格玛管理业绩突出的团队和员工给予足以激动人心的奖励。例如,GE 自实施六西格玛管理以来,调整了整个公司的奖惩计划,奖励的 60% 取决于财务结果,40% 取决于实施六西格玛的结果,第一年的六西格玛奖励额达到 2 亿美元。此外,还推出了让"黑带"分享股票期权的措施。另一项更强烈的激励措施是使员工的晋升或淘汰与实施六西格玛管理的业绩相挂钩。例如,GE 要求各个公司的 CEO 把各自最好的下属从现有岗位上撤下来,给他们安排两年的项目任务,使他们达到"黑带"水平。达不到"黑带"水平的,则被淘汰。这样,公司的重要职位逐渐由"黑带"担任,公司也逐渐形成了由六西格玛专家管理的格局。

二、六西格玛管理的实施

六西格玛管理的实施过程可以分为以下步骤:实施前的准备;项目的选择;制订项目计划;项目阶段评审;项目效果评价和成果表彰;总结经验教训,建立和完善自己的六西格玛管理模式。

(一)六西格玛管理实施前的准备

六西格玛管理是以顾客满意为导向的一整套的企业业务持续改进的管理模式和方法体系,其具体效果是通过大量的六西格玛项目来实现的。这些项目之所以能取得效果并推动企业的持续改进,是因为项目的目标与企业的战略相吻合。因此,企业在实施六西格玛管理之前,必须制订或重新评价企业的发展战略。

制订或评价企业战略的方法中,常用的有战略要素评价矩阵、SWOT 分析和企业战略的竞争性比较或基准评价(Benchmarking)。战略要素评价矩阵可以帮助企业战略决策者对企业外部或内部各个领域的主要优势与劣势进行全面综合的评价。SWOT 分析通过分析企业内部的优势(Strength)、劣势(Weakness)以及企业外部面临的机会(Opportunity)和威胁(Threat),确定企业的战略定位、战略方针和目标。基准评价可以通过与竞争对手的比较,确定竞争优势和劣势,制订致力于超越竞争对手的战略。另外,采用世界级企业的卓越绩效标准进行自评,可以发现企业自身的问题并建立适当的竞争战略。

企业发展战略确定以后,需要将战略逐层分解,制订从高层到基层的业绩考核指标。目前国际上普遍采用的方法是平衡计分卡(Balanced scorecard)。平衡计分卡通过对客户及市场、财务、企业内部、学习和发展四个方面的绩效考核将企业战略逐步展开。

组织上的准备工作包括确定六西格玛管理的执行领导,全面负责六西格玛管理的推广工作,包括项目选择、协调、评审、考评等。

(二)六西格玛项目的选择

项目选择不是黑带的个人行为,要有管理层参与。在具体选择项目时,重点从以下几个方面考虑改进的机会。

（1）顾客方面。通过问卷调查、访谈、处理顾客投诉等方法或渠道确定顾客关键需求（Critical customer requirements，CCR），并整理出关键质量特性 CTQ。六西格玛项目应从顾客的关键需求出发，解决影响顾客满意度最大的关键因素。

（2）企业内部流程方面。主要是分析平衡计分卡中的弱项指标，或关键业绩指标（Key performance indicator，KPI）中的弱项，明确这些指标和企业的一些关键业绩指标（如利润、现金流、成本或质量等）之间的关系，六西格玛项目选择的改进机会应是影响关键业绩指标的流程。

（3）竞争对手方面。主要是通过基准评价找出本企业与同业之冠（Best in class）之间的差距，确定本企业的哪些流程是急需改进的流程。

一般来讲，从这些改进机会中要筛选出优先改进机会作为六西格玛项目，并要考虑企业的资源是否充分，项目之间有没有目标或资源上的冲突，项目本身属于黑带项目还是绿带项目等。

（三）制订六西格玛项目计划

确定六西格玛项目以后，需要根据六西格玛项目所涉及的职能部门，确定跨职能的团队人员和负责人，即黑带或绿带的候选人。

项目团队建立起来以后，为了明确项目的目标、内容和工作计划，需要建立团队宪章（Team charter）。团队宪章主要包括：拟改进业务个案、改进机会描述、项目的目标、项目的范围、项目具体计划和团队成员。业务个案重点在于阐述本项目和企业战略之间或整体的业绩指标之间的关系；改进机会重点描述企业当前的业绩水平与顾客需求或企业战略目标之间的差距；项目目标应以具体和量化的形式表明项目的总目标以及分阶段的目标；项目的范围指出项目的起始点和终止点，以及项目所涉及的职能部门，通过绘制拟改进过程的 SIPOC 图来确定项目的边界；项目计划要用甘特图的形式具体列出，要尽量详细，要能通过项目计划看出项目执行过程中的关键节点、里程碑事件以及相应的评审点，最后，在项目团队成员中要说明团队成员的来源、主要职责等。除此以外，为了保证项目团队的工作效果，还必须制订团队的行为规范。

（四）项目阶段评审

为了保证项目严格按计划执行，需对项目进行定期的阶段评审。企业的高层领导、六西格玛倡导人、项目出资人等参加项目评审，发现项目执行过程的问题后要及时采取纠偏行动。在项目定义阶段，重点评估项目的团队宪章，评估方法简称为 SMART（Specific，Measurable，Attainable，Relevant，Time-bound；意为：具体、可测量、目标可实现、与战略相关和有具体的时间安排）；在测量阶段，重点评价测量项目是否有意义、测量的数据是否真实可靠、测量系统是否可以接受等；在分析阶段，重点评审是否找到了问题的根本原因，分析工具和分析结果是否可靠等；在改进阶段，重点评审改进方案的可行性、效果和改进方案实施计划等；在控制阶段，重点评审过程控制系统和控制方法的有效性，保持改进的成效。

（五）项目效果评价和成果表彰

项目效果的评价分为两个方面，一是直接的经济效益评价，一般由财务部门配合完成。直接经济效益评价指标包括投资收益比、净现值、收益率等。二是间接效益评价，主要包括项目所带来的管理水平的提高、员工士气提升、环境改善以及社会效益等。效果评价和宣传可以起到明显的示范作用,对于进一步推广六西格玛工作至关重要。对项目成员,根据他们在项目工作中的表现,授予六西格玛黑带或绿带资格。这些黑带或绿带以后要继续完成更多的六西格玛项目,在企业内部进行六西格玛培训,并有责任发现和培养更多的人加入到六西格玛持续改进活动之中。

（六）总结经验教训,建立和完善自己的六西格玛管理模式。

这一过程是六西格玛管理的客户化过程或固化过程。主要任务是建立共享学习机制,定期开展六西格玛项目交流,构建学习的信息平台,编写内部培训教材,培养资深黑带,将六西格玛推广工作日常化,鼓励黑带、绿带等参与国内外的六西格玛交流。

第四节　六西格玛的管理模式

六西格玛管理模式主要包括六西格玛改进模式和六西格玛设计模式。每个项目团队都必须确定顾客需要,通过过程改进,去除产品和服务中存在的缺陷。当过程已经达到了最大能力,但仍不能满足顾客提高了的要求时,团队将过程改进转向创造新过程,即过程设计,以实现五西格玛或六西格玛质量水平。所有的改进团队都必须实施某种方法来管理改进后的过程,并把它交接到其他员工的手中。如果不指定人来追踪结果并保持成果,新的解决方案或过程很难生存和持续。

一、六西格玛改进模式——DMAIC

DMAIC 模式是实施六西格玛改进的一套操作方法。如果审查了企业现有的流程之后,发现有些流程是不完善的或低效率的,但通过对这些流程进行改进和完善就可以达到或趋于六个西格码的水平,对于这种情况,六个西格码的方法论就是 DMAIC。

DMAIC 模式解决实际问题的思路如图 8-1 所示:

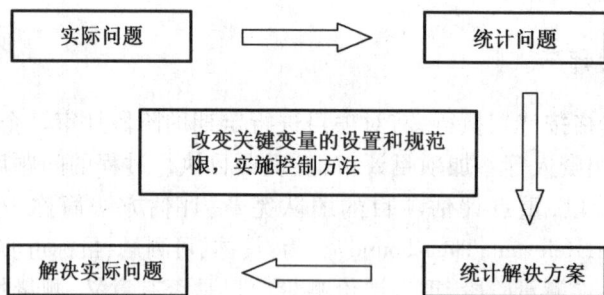

图 8-1　DMAIC 模式解决实际问题的思路

（一）DMAIC 模式的五个阶段

DMAIC 这一体系是由 5 部分组成的闭环系统,即界定(Define)、测量(Measure)、分析(Analyze)、改进(Improvement)、控制(Control)。

1. 界定（D, Define）

项目界定是六西格玛项目成功与否最为关键的阶段。主要工作内容包括改进机会的确定、绘制 SIPOC 图、确定顾客的需求和关键质量特性、绘制详细流程、项目团队的建设等。

2. 测量（M, Measure）

测量阶段要明确测量的对象、方法和指标，定义测量过程，确定过程输出指标和 CTQ、输入指标及过程指标之间的关系，进行测量系统分析。测量阶段的目的是保证项目工作能够采用正确的方法测量正确的指标，测量结果的变异尽可能小，保证后续分析阶段使用的数据准确可靠。

3. 分析（A, Analysis）

分析阶段的目的是要找出影响业绩指标的关键的、潜在的因素。因此，要综合采用各种统计方法和管理技术，进行数据的统计分析、比较试验、缺陷分析、变异来源分析、关键因素分析、多变异分析、相关分析和回归分析、失效模式和效应分析（FMEA）、作业增值性分析等。

4. 改进（I, Improve）

改进阶段的任务是基于分析阶段找到的根本原因，提出问题解决方案。对于有些工程技术问题，实验设计（Design of experiments, DOE）技术可以用于过程参数优化或产品设计改进。一些创造性思维方法也是非常有帮助的。改进方案要进行评价和筛选，可以采用一些综合评价技术进行方案的选择。为了保证方案实施的成功，有必要进行一些局部试运行试验，对改进方案进行验证。

5. 控制（C, Control）

在控制阶段，要在质量管理体系中及时更新流程改进后的程序文件或作业指导书，建立过程控制系统和失控行动方案，采用统计过程控制的技术对过程进行实时监控。另外，还要将项目成果向其他类似的业务流程推广。

（二）DMAIC 模式的特点

DMAIC 是一个逻辑严密的系统，其特点体现在以下几方面：

1. 融合各种工具和技术

DMAIC 由项目管理技术（需求识别、项目计划、项目团队、项目控制、项目成本等）、统计分析技术（质量功能展开 QFD、过程能力分析、测量系统分析 CR&R、假设检验、实验设计 DOE、响应曲面法 RSM 等）和各种管理方法综合而成的系统。

2. 依据数据决策

从认识问题、确定问题到分析原因、找到对策，一直到控制"关键少数"，整个过程都建立在统计技术的数据分析基础上，依据数据分析的结论进行决策。它帮助企业以科学的方式认识问题，解决问题，实现更佳（质量）、更快（交货期）和更低（成本）的目标。

3. 遵循 PDCA 循环模式

DMAIC 是建立在 PDCA 模式基础之上，经个性化发展而成的。每经过一次 DMAIC 模式的改进活动，质量水平都会有一次提高，但顾客要求的变化以及六西格玛的高质量要求推动企业不断实施 DMAIC 模式的循环改进活动。

二、六西格玛设计模式

六西格玛设计是一种严格的新产品或新服务设计方法,按照这种方法,可以缩短交付时间和降低开发成本,并且提高产品或服务的有效性进而提高顾客满意度。其关键在于:运用科学的方法准确理解和把握顾客需求,以满足顾客需求为至高原则,对新产品或服务流程进行健壮设计,使产品或服务在低成本下实现六西格玛质量水平;同时,使产品或服务本身具有抗干扰的能力,即使使用环境恶劣或操作不当,产品或服务仍能满足顾客的需求。六西格玛设计是在帮助实现提高产品质量和可靠性的同时,降低成本和缩短研制周期的有效方法,具有很高的实用价值。通过六西格玛设计的产品或流程的质量,甚至可达到七西格玛的水平。

六西格玛设计并不是停留在质量检验层次或生产的层次,而是向上追溯到设计层次上以仔细检查生产和流程中的缺陷,对流程本身进行设计或者再设计,从而把问题消灭在萌芽阶段,根除隐患。

与 DMAIC 相似,六西格玛设计也有自己的流程,但没有统一模式,主要有 DMADV 模式、DMADOV 模式、DMEDI 模式、DCCDI 模式、IDDOV 模式和 PIDOV 模式等。

1. DMADV

该模式的 5 个阶段分别为定义(Define)、测量(Measure)、分析(Analysis)、设计(Design)和验证(Verify)。

(1)定义阶段。包括:展开项目的清晰的定义;展开组织的变革计划、风险管理计划和项目计划。

(2)测量阶段。包括:收集顾客之声(VOC)的数据;转化 VOC 为设计需求(CTQs);识别最重要关键质量特性(CTQs);如果需要,展开多阶段的项目计划。

(3)分析阶段。包括:在预算和资源约束条件下,进行评估并且选择概念最适合的CTQs。

(4)设计阶段。包括:展开概要和详细设计;测试设计构成;准备试点和全面的展开。

(5)验证阶段。包括:实施试点和重点测试、调试样机(品、模型);实现设计;向组织的适当的人员过渡职责;团队结束活动。

2. DMADOV

DMADOV 在 DMADV 模式中增加了"优化"环节(Optimize),是 DMADV 流程的发展。

3. DMEDI

DMEDI 的流程是定义(Define)、测量(Measure)、研究(Explore)、发展(Develop)、实现(Implement)。

4. DCCDI

这个模式的五个阶段是定义(Define)、顾客(Customer)、概念(Concept)、设计(Design)、实现(Implement)。

(1)定义阶段:定义课题的目标。

(2)顾客阶段:完成顾客分析。

(3)概念阶段:观念想法被开发、回顾和选择。

(4)设计阶段:设计是否按照顾客和企业的标准被实施。

(5)实现阶段:完成实施开发和产品/服务的商业化。

5. IDDOV

IDDOV 是大家公认的适用于制造业的六西格玛设计流程,由新生代的质量管理专家 ASI 的乔杜里先生提出,这个流程指的是识别(Identify)、定义(Define)、研制(Develop)、优化设计(Optimize)和验证(Verify)。

由于六西格玛设计在大多数情况下是针对新产品、新工艺、新业务的,而这些新项目本身还没开始,缺陷还没出现,不需要进行测量、分析,所以在识别、定义之后直接进入概念、优化、验证阶段更为合理。该模式各阶段的主要任务:

(1)识别阶段:寻找机会确认所要执行的项目。

(2)定义阶段:准确识别顾客需求,并将顾客需求诠释成具体要求。

(3)研制阶段:用创造性的思维构思一个可以实现顾客需求的方案。

(4)优化设计阶段:通过健壮设计(参数设计、容差设计等)使产品质量特性稳定在目标附近(变异小),在使用中抗干扰。

(5)验证阶段:进行绩效测量、测试、试运行,根据顾客反馈来验证流程是否达到希望的目标。

6. PIDOV

PIDOV 分为策划(Plan)、识别(Identify)、设计(Design)、优化(Optimize)和验证(Verify) 5 个阶段。每个阶段的任务如下:

(1)策划阶段。包括:建立项目特许任务书;建立项目目标;界定指标、搜集底线资料、设定改进新目标。

(2)识别阶段。包括:选择最佳的产品或服务概念;识别关键质量要素与技术性需求、绩效目标、规格限等;将焦点与关键质量要素转移到关键过程指标;分析关键质量要素在技术性需求上的影响。

(3)设计阶段。包括:形成设计概念;识别与处理关键质量要素。

(4)优化阶段。包括:更新关键质量要素选择;实施优化。

(5)验证阶段。包括:证明该产品或过程的确能满足顾客的需求;验证产品或服务及其过程的有效性;展示过程能力、验证容许度和评估可靠度;界定与实施控制计划。

思 考 题

1. 简述六西格玛管理的特点。

2. 六西格玛的组织结构是由哪几部分构成的?

3. 六西格玛管理的实施过程包括哪些?

4. 六西格玛的管理模式包括哪些?

【阅读材料】

中兴公司六西格玛管理成功实施

我国很多企业为了实现可持续发展,使企业能不断进步,提高企业的经济效益,听从管理顾问和管理咨询师的建议运用六西格玛理念改变企业管理模式。以下介绍的就是中兴

公司的案例。

中兴连续三年被美国《商业周刊》誉为"世界上增长最快的通信设备制造商",其合同销售率也正以每年34%的速度迅速递增,不过它也摆脱不了"大家的烦恼"——通信设备制造行业的赢利能力快速下降,暴利时代一去不复返。

侯为贵一定仔细思量过老对手任正非的提问:"公司所有员工是否考虑过,如果有一天,公司销售额下滑、利润下滑甚至会破产,我们怎么办?"

2001年,IT的冬天,GE走进了中兴的视线,六西格玛走进了侯为贵的视线。中兴开始了六西格玛的企业整形手术。

"这是对企业的一场大手术。老板下了死命令:2002年所有部门经理以上的管理干部必须得通过绿带认证,否则就地免职。"邱回忆。

至少到目前为止,六西格玛在中兴已获成功。根据公司内部财务测算:2001年下半年,中兴的六西格玛战略为公司带来了1 076万的财务收益;2002年,4 024万;2003年,这个数字更是飙升至1.49亿。

"这样的收益曲线根本不是线性的,更像是跳跃式发展。"邱得意洋洋。

1 500人的试点

2001年中期,侯为贵聘请了一位GE的六西格玛黑带大师,来深圳给公司所有经营委员会成员洗脑。

"外边人都认为,像华为或者中兴这样的企业,人员素质都非常高,所以企业行事自然也就规范。实际上,内部人士都明白,完全不是这样。连年的高速增长和市场繁荣使得公司无暇顾及内部管理,很多事情都是非常粗放,内部有些事你们听了都会吃惊。"一位在中兴有着长达十几年经验的资深人士告诉记者。

2001年11月,中兴从研发、市场、综合管理、物流等部门选了27名业务骨干,开始全面实施第一期黑带培训。这个项目委托给摩托罗拉大学,41天的课程,价码是170万人民币,跨度长达11个月。

"老总对六西格玛的功效也心存狐疑。"邱说,所以中兴选择康讯公司作试点。康讯电子是中兴旗下的一家主要生产单板机的公司,也是整个公司采购和生产制造中心,员工1 500多人。

六西格玛的实施在康讯公司取得了"震惊"的成果。最为显著的一个项目就是"焊接直通率"。"原来我们的废品率很高,这与焊接工艺是息息相关的。一块电路板上有很多个焊点,每个焊点都要考虑到焊盘的大小、锡膏的厚度、温度,要保证每个焊点是良好,不要虚焊。"通过六西格玛的实施,几个月后,康讯的"焊接直通率"从原来的90%升至99%以上。接下来,中兴迅速确立了长期在内部实行六西格玛的战略,并立刻在原来的组织架构上直接成立了六西格玛战略委员会和六西格玛办公室。实际上就是公司的经营战略委员会,一套班子"领导着"几块牌子。侯为贵挂帅,直接负责人是殷一民。

中兴开始认真研究GE的情况。当年韦尔奇面对的是一个等级森严的官僚制度的GE,企业文化趋于保守僵化,而六西格玛倡导的正是无边界团队和跨部门团队流程,进而打破了这个局面。

IBM业务咨询服务事业部首席顾问刘学敏认为:中兴这样的企业与GE有类似之处,都建立了一个执行力很强的企业,但同样都需要"改变公司的DNA"。刘曾任职于GE。

"三合一"流程

2003 年整个中兴开始了一场组织架构的大变革。

原先中兴是所有职能部门一起动手,共同去"卖"产品,但最终往往是没有人真正对产品负责;出了问题,也不知道是哪个环节的问题。从去年 4 月开始,直到年底,中兴初步完成了一场组织架构的调整:组建了产品经营团队——横跨了所有的职能部门,负责协调工作,由它直接对产品负责。

"不同的运营商有不同需要,所以我们按照产品来重新划分,完全以客户为导向。同时也要在不同部门之间,加入不同的考评元素,确保各个部门的利益平衡。"邱解释道。

以中兴的三个部门为例:营销事业部直接面对运营商,产品事业部负责研究发和生产,康讯负责采购任务,这是三个地位等同的经营实体。营销事业部主要考虑客户的需要,关心的是客户要什么和什么时间要提货;产品事业部是公司研发的基本单位,考虑产品技术发展的要求,以生产产品为主,也有部分库存问题;康讯作为采购部门,它主要考虑的是如何降低采购成本,如何降低库存。三个部门利益诉求不一样,而中兴通讯采取的又是单位实体的经济责任制的考核方法,因此它们各自都有自身的"小算盘",缺乏相互协助,但是这三者在业务流程上又有先后顺序,这样的矛盾在公司运营中很难避免。

针对此矛盾,中兴迅速确立了两个标准:一方面对于外部客户,三个部门必须要有共同的行为指向;另一方面在内部流程上,中兴倡导要把下游工序当成客户来对待,也就是说康讯必须满足产品事业部提出的需要,另外,康讯也要考虑采购成本、质量、供货周期;产品事业部则要根据营销事业部提出的要求来研发、制定产品;营销事业部搜集到的客户需求要迅速反馈给各个部门。于是中兴在考核上做了相应的调整,比方对康讯的考核中,产品事业部的满意度是其中一项衡量标准;营销事业部则对各个产品事业部打分:是否以客户为导向,技术支持力度是否到位,产品质量如何,最终进行排名。

中兴"不作为"?

六西格玛的项目有的是涉及流程改善,有的是涉及具体业务的改进,如企业内部设计、商务洽谈、采购、对供应商的质量控制等。在过去的两年中,中兴大约已经实施了 1 000 个项目,带来的直接经济收益超过 2 亿元。

"我们已经很满意。企业的经营思维发生了很大变化:以客户为导向,懂得一切让数据说话,这能体现在企业运营效率、产品质量、服务质量等各个环节。最重要的是给了大家一个信心:原来我们可以逐步走向世界一流。"邱的表情略带几分夸张。

在他眼中,六西格玛已经为中兴带来了巨大的收益。

2002 年下半年,他做了一个服务器机柜国产化的项目。当时中兴拿到的服务器机柜都是 IBM 原装生产,价格为 2 万元人民币。"这个是标准化的器件,不管什么样的机房,摆放在什么位置,都只有这样统一的规格。我们无法去满足客户的个性化需求。当时的问题就是价格贵、交货周期长,售后服务也成了问题。"

当时,邱带领了一个六西格玛小组,研究了机柜的精度、公差配合、缝隙大小、光洁度、耐磨性等,并设计了一系列规格尺寸,研究了各种性能参数;此外,还在国内寻找能生产这种产品的厂家,综合考量了价格和服务周期。"我们不仅要求设计,而且还要帮助我们的供货商去提高供货水平。"他说。

最后,这些服务器机柜的价格被降低到不超过 8 000 元,而像这样的机柜,中兴每年需求量超过 1 000 台。如此小的一个动作,就节省了 1 200 万元。

另外,中兴开始以数据说话。"在以前,中兴的内部管理实际是很糟糕的。人事培训记录、人员招聘中的面试记录全部找不到。生产过程中的故障记录,通常也是没有保留,都不知道被扔到哪里去了。"一位老员工告诉记者。

"每当公司做年度市场计划时,我们通常都是拍脑袋决定当年的市场占有目标,然后给各个经营单位下任务,老板一个人说了算。所以实际上,我们每年计划完成情况与事前的计划差异出入是很大的。"邱接着说:"中兴在每个区域的占有率是多少;运营商分营后,在每个运营商那里,我们的占有率又是多少,这些对于我们公司的经营策略很有影响的数据都几乎没有。"

现在中兴的所有经营单位都有责任去了解每一个运营商在每一个区域的投资计划,要了解对方的预算如何做;其次,各个经营单位都要明晰所负责的区域市场,了解当地的产品占有率;最后将数据汇总到中兴的市场决策中心,依照一个具体的模型,进行预测与分析,然后再反馈到各级单位。

与此同时,中兴将考核指标全部量化,包括员工满意度、敬业程度、员工压力、薪资满意度以及管理咨询干部任职资格是否合格等,设计一系列指标来让员工打分,用数据来保证公平。

"其实中兴可以做得比这更好,它有78个黑带。根据我们的测算,一个黑带项目,至少能为公司一年节约50万人民币。在国外的跨国公司,这个数字一般是10~25万美金。"普罗维智资讯的总裁戈泽宁博士说。他也是来自美国GE,在2002年,戈挤走了摩托罗拉,接手中兴的这个六西格玛项目。

戈把中兴的"不作为"归结为中兴过去"不注重经济效益"。"我们也在为西门子中国实施此项目,它的目标就非常明确,实施六西格玛就是为了每年能产生近两千万欧元的效益。这可能还是内资与外资企业的最大不同吧。"

"其实六西格玛是差不多同一时间进入中国与欧洲的。现在它在欧洲已是波澜壮阔,但在中国却仍旧是星星点点,大多数企业无动于衷。六西格玛需要企业领导人长期的、坚定的坚持,不能搞一朝天子一朝臣,此外,中国企业也没有西方公司的那种骨子里的变革的文化。中兴能走到今天这一步,也算个特例。"戈泽宁说。

第九章 质量管理学

第一节 美国马尔科姆·波多里奇国家质量奖

目前国际上已有60多个国家实行了国家质量奖制度,以此来激励和引导企业追求卓越质量经营模式。所谓卓越质量经营模式是基于以质量为中心的经营理念,有效地运营组织的所有部门,及时地以合适的价格提供顾客满意的产品和服务,通过让顾客满意和本组织所有成员及社会受益而达到组织的长期成功的一种管理模式。最具有代表性的奖项是美国马尔科姆·波多里奇国家质量奖、日本戴明质量奖和欧洲质量奖。在这三大质量奖中,影响最大的当属美国马尔科姆·波多里奇国家质量奖,不少国家和地区的质量管理奖都不同程度参考了波多里奇奖的标准和评分方法。

一、波多里奇奖的起源

20世纪80年代,由于日本企业在全球大获成功,全面质量管理(Total quality management,TQM)迅速向世界各国普及推广。与此同时,美国企业界和政府领导人认为,美国企业的生产力在下降,美国的产品在国际市场上缺乏竞争力,而且美国企业不了解TQM,不知道从何入手来提升产品质量,质量问题在美国企业中的重要性已迫在眉睫。在这一背景下,美国政府和企业界的许多人士建议,美国应该设立一个类似日本戴明质量奖那样的国家质量奖,以帮助企业开展TQM活动,提高产品质量、劳动生产率和市场竞争力。

1987年8月,美国总统里根签署了国会通过的以商务部部长马尔科姆·波多里奇的名字命名的100—107号公共法案《马尔科姆·波多里奇国家质量改进法》。马尔科姆·波多里奇1981—1987年出任美国商业部长,他在任期间极力倡导加强企业质量管理,指出这是使美国长期保持繁荣和辉煌的关键。由于他长期致力于美国质量管理工作,并在促进美国国家质量管理的改进和提高上做出了突出的贡献,为此,美国国会建立了以他的名字命名国家质量奖。此奖于1988年开始正式评选,旨在奖励那些在质量和绩效方面取得卓著成就的美国企业,并以此强调质量和卓越经营作为竞争力要素的重要性,提高公众对质量和绩效卓越的认知。

波多里奇奖并不授予某项特定的产品(服务)。最初是针对制造型企业、服务型企业、小型企业的,每个类别最多只能有三个获奖者。1999年,增加了教育组织和健康卫生组织类别(包括营利性和非营利性)。2004年10月美国总统布什签署新的法案,将波多里奇奖的评审范围扩展至所有非营利企业和政府公共组织。该奖项的申请者限于总部设在美国的本国公司和外国公司在美国的子公司。在共计17属的获奖者名单中,包括了摩托罗拉公司、施乐公司、IBM和联邦快递等著名企业。波多里奇质量奖由美国总统颁发给获奖企业,它已经成为美国质量的倡导者,其标准已经被美国许多州的质量奖项以及更多的组织内部评审所借鉴、采纳。

二、波多里奇质量奖的核心价值观

波多里奇质量奖的核心价值观及其相关的概念贯穿在标准的各项要求之中,其内容充分体现了现代质量经营的理论和方法,是组织追求卓越、取得成功的经验总结。它主要体现在:①领导的远见卓识;②顾客推动;③组织和个人的学习;④尊重员工和合作伙伴;⑤灵敏性;⑥关注未来;⑦管理创新;⑧基于事实的管理;⑨社会责任;⑩重在结果及创造价值;⑪系统观点。

三、波多里奇质量奖评审标准

波多里奇质量奖评审项目中每个评审项目分成若干条款,每年度对评审条款的数目和内容进行修订,2005 年度波多里奇质量奖评审标准共有 7 个评审项目。每个评审项目又可进一步细分为条款和要点。该评审标准共有 19 个条款,条款又由一个或多个要点所构成。每个项目和条款的分值见表 9 - 1。

表 9 - 1   波多里奇质量奖评审项目和条款

序号	项目	条款	条款类型	分值	合计
1	领导	1.1 组织的领导作用	方法—展开	70	120
		1.2 社会责任	方法—展开	50	
2	战略策划	2.1 战略制定	方法—展开	40	85
		2.2 战略部署	方法—展开	45	
3	以顾客和市场为中心	3.1 顾客和市场的了解	方法—展开	40	85
		3.2 顾客关系和顾客满意	方法—展开	45	
4	测量、分析和知识管理	4.1 组织绩效的测量与分析	方法—展开	45	90
		4.2 信息和知识管理	方法—展开	45	
5	以人为本	5.1 工作关系	方法—展开	35	85
		5.2 员工学习和激励	方法—展开	25	
		5.3 员工权益和满意程度	方法—展开	25	
6	过程管理	6.1 价值创造过程	方法—展开	50	85
		6.2 支持性过程	方法—展开	35	
7	经营结果	7.1 以顾客为中心的结果	结果	75	450
		7.2 产品和服务结果	结果	75	
		7.3 财务和市场结果	结果	75	
		7.4 人力资源结果	结果	75	
		7.5 组织有效性结果	结果	75	
		7.6 组织自律和社会责任结果	结果	75	
总分					1 000

四、波多里奇奖的实施

波多里奇奖的评价工作和奖励由美国商务部负责,具体的规划和管理机构是美国国家标准和技术研究院(NIST)。美国质量协会(ASQ)作为协助机构,帮助 NIST 从事申请者的评审、奖项相关文件和具体政策的准备以及各类信息的发布等工作。

波多里奇奖的评审过程是非常严格的。首先,各类组织可以根据公开发布的标准进行自评。完成自评工作之后,如果组织希望获得该奖项,可以向 NIST 提出申请,接受评审委员会的严格审查。在经历几个阶段的评审后,NIST 根据评审委员会的推荐来确定获奖者名单。同时,每个申请者都会收到书面的反馈报告,该报告有对该组织实力水平的评价及对需改进的领域的建议。

波多里奇奖在众多组织中形成了一种业务成功模式,无论是制造业还是服务业,无论是大公司还是小公司。很多组织通过对照奖项标准进行自评,建立并实施了质量标准,注重与供应商、合作伙伴沟通,注重教育培训,获得更高的生产率和顾客满意度,即使他们的初衷并不是为了赢取质量奖。这表明了波多里奇奖其实是一种帮助组织实现自我改进的手段和工具,而不仅仅是一项荣誉或宣传。

五、波里奇奖与 ISO 9000 的比较

波里奇奖与 ISO 9000 都是在 1987 年起步的,但无论从目的、关注点和内容等角度比较,两者都是有很大的不同之处。美国国会设立波里奇奖,目的在于提高美国组织的竞争力,提升国家的质量意识,认识质量所能产生的绩效,传播成功组织的战略部署。评奖的标准注重绩效和持续改进,为设计、执行和评估组织的业务流程提供了完整的框架模型。而国际标准化组织制定的 ISO 9000 是一个质量标准系列,企业根据这些标准有助于确定和建设自身所需要的有效且合适的质量体系,举例来说,ISO 9000 族标准要求一套有效的质量体系,保证测量和测试设备准确校准,确定记录的可控。评审的结果取决于该公司是否按照其自身制定的质量体系运作。根据 NIST 的分析报告指出,ISO 9000 族标准的内容覆盖范围不及波里奇奖评审标准的十分之一。如果两者能够得到正确应用,那么应该是互相强化的关系。ISO 9000 可以说是波里奇奖的基础子集,提供了基本方法;而波里奇奖则超越了 ISO 9000,但并不直接提供解决持续改进和顾客满意的方法。实践中很多公司采取了连续或同步进行的方式来应用这两项标准。

第二节　日本戴明质量奖

三大质量管理奖中,历史最悠久的是日本的戴明质量奖。它为日本质量管理运动的发展和奠定日本经济崛起的基础发挥了不可忽视的作用,同时也被称为世界范围内 TQM(全国质量管理)的最高奖项之一。

一、日本戴明质量奖概述

20 世纪 80 年代,日本经济的发展和日本企业与产品的竞争力受到全世界的瞩目。日

本《经济白皮书》把日本经济取得成功的原因归结为三点：一是重视人才资源和教育培训；二是吸收和消化国外的先进技术，使之适用于本国的国情；三是形成了适应经济形势变化和不同发展阶段的经济系统。日本是通过吸收和消化国外的先进技术来提升产业竞争力的典范，戴明质量奖在推广、普及质量管理方法，提高日本产业竞争力方面起到关键作用。

美国的戴明博士最早把质量管理介绍到日本。1949 年，日本科学技术联盟（JUSE）邀请戴明博士在日本举行为期 8 天的统计质量管理基础讲座。1951 年，戴明博士在日本举行为期两个月的统计质量管理讲座，当时处在幼年期的日本工业的质量控制得到了极大的推动。

JUSE 把讲义印刷的版税支付给戴明，戴明没有接受这笔钱，并声称将其用于推进日本的质量管理活动。为了永久纪念戴明对日本人民的友情和贡献，日本科技联盟设立了爱德华·戴明质量奖，用以推动日本工业质量控制和质量管理活动的发展。随后，戴明博士的著作《样本分析》在日本出版，并且再次赠送了该书的版税。至今，JUSE 仍然负责管理戴明质量奖的所有经费。

戴明质量奖分为戴明奖、戴明应用奖和戴明控制奖。戴明奖授予在质量管理方法研究、统计质量控制方法以及传播 TQC 的实践方面做出突出贡献的个人；戴明应用奖授予质量管理活动突出，在规定的年限内通过运用 TQC 方法，获得与众不同的改进效果和卓越业绩的企业，戴明应用奖还授予国外的企业；戴明控制奖授予企业中的一个部门，这个部门通过使用 TQC 方法，在规定的年限内获得与众不同的卓越改进效果。

获得戴明质量奖的企业，都积极按照质量奖的评价标准和要求，根据自己企业的特点、环境，不断完善它们的质量控制方法，其产品质量和服务均得到大幅度提高。那些获得戴明质量奖的企业，刺激着其他企业开展 TQC 活动。持续改进不是轻易就能获得的，没有哪一个企业仅仅靠解决别人提出的问题就能获得卓越的业绩。它们需要自己思考、创新和变革，制订自己的质量战略目标和经营战略目标，并为此而努力。在这样的企业中，戴明质量奖被作为一种持续改进和进行企业创新和变革的工具。

二、戴明质量奖与质量管理活动的创新

以戴明奖为标志的日本质量管理运动获得了巨大成功，其中的一个重要原因在于树立了鼓励理论与方法创新的宗旨。戴明奖有别于 ISO 9000，它不是进行符合性评审，即不是关注于审核质量管理活动是否符合规格、标准，而是重在奖励质量管理活动中的创新。这成为了戴明奖与美国波里奇奖（其实也包括欧洲质量奖）相比较的一个明显的差异。欧美的质量奖要求申请者接受标准的系统评价，主要是从哲学体系和核心价值观的角度出发，没有同等关注具体过程、流程、方法以及技术。戴明奖主要通过评估企业质量保证的措施和活动来确保其实行 TQM 的能力，重心在于公司内部质量控制。

如表 9 - 2 所示，列举了部分获得戴明奖的企业在接受评审时所陈述的具有创新性和独具特色的质量管理方法。这些被称之为"闪光物"的方式方法，适于推广至其他企业，逐步构成了当今日本质量管理的基础。

表 9 - 2　部分获奖企业的"闪光物"

年度	企业名称	管理创新
1961	帝人	管理项目一览表、QC 工序表
1961	日本电装	能力调查表、初期流动管理
1964	小松制造	旗帜管理方式、圈 A 作战
1965	丰田汽车	机能委员会管理
1971	日野汽车	质量保证体系
1973	三菱重工	质量特性分析表
1976	久保田铁工	同步多元设计
1979	竹中工务店	建筑行业的品质管理
1984	关西电力	电力企业的品质管理
1987	NMS	软件结构化设计
1988	常磐兴业	服务业
1989	FPL	海外企业
1993	JATCO	并行开发

三、日本戴明奖的 TQM 概念

戴明奖认为,TQM 是为了能够及时地、以适当的价值提供顾客满意的质量产品或服务,有效地运营企业的所有部门,为实现企业目的做贡献的系统活动。

(1)"顾客"。顾客不仅是买主,还包括使用者、利用者、消费者、受益者等利益相关人。

(2)"质量"。质量是指有用性(功能、心理特性等)、可靠性、安全性等,需要考虑第二者或社会、环境及对后代的影响等。

(3)"产品或服务"。组织向顾客提供产品(不仅是制成品,还包括零部件和材料)或服务的同时,还包括提供系统、软件、能源和信息等。

(4)"提供"。提供是指从生产出"产品或服务"到交给顾客为止的活动,即除了调查、研究、策划、开发、设计、生产准备、购买、制造、施工、检验、接受订货、运输、销售、营业等之外,还包括顾客使用中的维护或售后服务及使用后的废弃或再生等活动。

(5)"有效地运营企业的所有部门"。有效地运营企业的所有部门是指在适当的组织、经营管理的基础上,以质量保证体系为中心,综合成本、数量、交货期、环境、安全等各个管理体系,以尽可能少的经营资源,迅速实现企业目的的所有部门、所有阶层的员工共同推进的工作。为此,需要在尊重人的价值观的基础上,培养掌握核心技术、有活力的员工;适当地运用统计方法,根据事实进行对 PDCA 的管理和改进;进而通过适当地运用科学方法或有效、灵活地运用信息技术,重新构筑经营系统。

(6)"企业目的"。通过长期、持续地实现顾客满意,确保企业长期正当利益的增长,包括在员工满意的同时,谋求社会、交易对象、股东等与企业有关者的利益。

(7)"系统活动"。系统活动是指为了实现企业的使命(目的),在明确中长期战略及适当的质量战略和方针的基础上,由具有强烈使命感的最高经营层领导下制定的一系列有组织的活动。

四、日本戴明奖评审标准

(一)戴明奖的种类

目前戴明奖分为三大类:戴明奖个人奖、戴明卓越传播推广服务奖和戴明实施奖,如表9-3所示,其中又以戴明实施奖最具影响力。

表9-3　戴明奖类别

类别	授予对象
戴明奖个人奖	授予个人或团体
	表彰在TQM或TQM数理统计方法的研究方面,或者对TQM的传播方面做出突出贡献者
戴明卓越传播推广服务奖(国外)	授予主要活动在日本以外的个人
	表彰对TQM的传播、推广做出重大贡献的个人。3～5年评选一次
戴明实施奖	授予组织,包括公司、研究机构、组织的分支机构、运营的业务单元和总部
	表彰实施与其管理哲学、经营范围/类型/规模以及管理环境相适应的TQM的组织

(二)戴明实施奖

戴明实施奖的评奖准则及其运营方式经历了多次修订和改进,其评审标准由基本准则、独特的活动和高层领导的作用三个部分构成。

戴明奖评奖条件比波多里奇奖和欧洲质量奖评奖条件精练,其几大评奖条件和评分比重一律相同,它按四项标准对企业的成效进行判定:计划(方针、组织和管理、教育和宣传)、执行(利润管理和成本控制、过程标准化和控制、质量保证)、效果和对以后的策划。戴明奖模式如图9-1所示。此外,戴明奖还引入了检查特性,它包括10项考察项目的检查清单,这些内容又被进一步细分为4到11项不等的检查点,如表9-4所示。

(10)对实现企业目的的贡献

(b)良好的关系性(a)企业的持续实现目的(c)效果与将来计划

提供顾客满意度高的产品和服务

TQM的目标

"顾客"观点对
"质"的追求

(9)组织能力(核心技术、速度、活力)

TQM基础工作

有效果与高效率地运作全公司组织的系统活动
(1)最高管理者的领导、规划、策略；
管理系统(管理、改进、改革)
(2)TQM的管理系统
(3)质量保证系统
(4)各项管理要求的管理系统；
充实主要管理基础
(5)人才培养
(6)信息的灵活应用；
基本的观念和方法
(7)TQM的观念、价值观
(8)系统方法

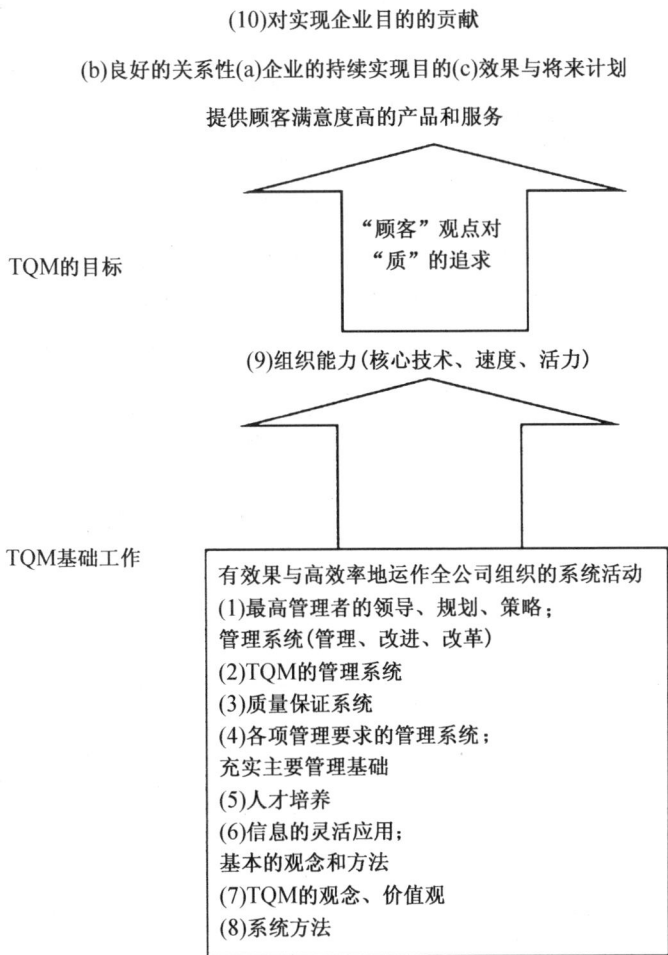

图9-1 戴明奖评审结构图

表9-4 戴明质量奖检查清单

项目	检查点
方针	①管理、质量及质量控制/管理方针；②形成方针的方法；③方针的适应性和连续性；④统计方法的应用；⑤方针的沟通与宣传；⑥对方针及其实现程度的检查；⑦方针与长期计划和短期计划的关系
培训与宣传	①培训计划与结果；②质量意识及其管理和对质量控制/管理的理解；③对统计概念和方法的培训及其普及程度；④对效果的理解；⑤对相关企业(尤其是联合企业、供应商、承包商及销售商)的培训；⑥质量控制循环活动；⑦改进建议系统及其地位
组织及其运作	①权利与责任的清晰度；②授权的合适性；③部门内协调；④委员会活动；⑤员工的使用；⑥质量控制循环活动；⑦改进建议系统及其地位
信息收集、沟通及其利用	①外部信息收集；②部门内沟通；③沟通速度(电脑使用)；④信息处理(统计)分析与信息应用

表 9 – 4（续）

项目	检查点
分析	①重要问题和改进主题的选择；②分析方法的正确性；③统计方法的利用；④与产业有技术的联系；⑤统计方法的运用；⑥就改进建议所采取的行动
标准化	①标准系统；②建立、修改和放弃标准的方法；③建立、修改和放弃标准的实际绩效；④标准的内容；⑤统计方法的运用；⑥技术积累；⑦标准的运用
控制/管理	①质量与其他相关因素的管理系统,诸如成本与运输；②控制点与控制项目；③统计方法与概念的运用；④质量控制循环的贡献；⑤控制/管理活动的地位；⑥控制中情境
质量保证	①新产品和服务的开发方法；②产品安全与可靠性的预防性活动；③顾客满意的程度；④流程设计、流程控制和改进；⑤流程潜力；⑥设备化与检查；⑦设施、销售商、采购和服务的管理；⑧质量保证体系的诊断及质量保证的地位；⑨统计方法的应用；⑩质量评估与审计
效果	①效果的考评；②诸如质量、服务、运输、成本、利润、安全与环境的有形结果；③无形效果；④实际绩效与计划的一致性
远期计划	①当前情况的具体理解；②解决缺陷的方法；③远期促销计划；④远期计划与长期计划的关系

第三节　欧洲质量奖概述

一、欧洲质量奖概述

1988 年,英国电信公司(BT)、菲亚特汽车公司(Fiat)、荷兰航空公司(KLM)、荷兰菲利浦公司(Philips)、法国雷诺汽车(Renault)、德国大众汽车(Volkswagen)等 14 家欧洲大型企业在欧洲委员会的认可下成立了欧洲质量管理基金会(EFQM)。EFQM 所发挥的巨大作用在于:强调质量管理在所有活动中的重要性,把促成开发质量改进作为企业达成卓越的基础,从而提高欧洲企业的效率和效果。1992 年,EFQM 设立了欧洲质量奖。EFQM 卓越奖是欧洲最具声望和影响力的用来表彰优秀企业的奖项,代表着 EFQM 表彰优秀企业的最高荣誉。该奖项一共设有三个等级,分别是卓越奖、单项奖和入围奖。EFQM 卓越奖根据申请组织的规模、范围和复杂程度分为四类:营利类中小私营企业、营利类大型私营企业、非营利类中小公共组织及非营利大型公共组织。

申请者首先根据模式自我评估,然后以文件的形式将结果提交给 EFQM,一组有经验的评审员再对申请进行评分。质量奖评判委员会由欧洲各行业领导者,包括以前获奖者的代表和欧盟委员会、欧洲质量管理基金会以及欧洲质量管理组织的代表组成。他们首先确定评审小组将对哪一家申请者进行现场访问。现场访问之后,基于评审小组的最终报告,评判委员会选择确定提名奖获得者、质量奖获得者和质量最佳奖获得者。在每一类别质量奖中,质量最佳奖获得者均选自质量奖获得者中最好的。获奖者都将参加声望很高的欧洲质量论坛。媒体将对此做广泛大量的报道,他们在整个欧洲都将得到认可,成为其他组织的

典范。在质量论坛会后的一年中,将进行一系列的会议,请获奖者与其他组织分享他们的经验以及达到优秀的历程。

欧洲质量奖的使命:一是激励和帮助欧洲的企业,改进它们的经营活动,并最终达到顾客满意、雇员满意,达到社会效益和企业效益的卓越化;二是支持欧洲企业的管理人员加速实施全面质量管理这一在全球市场竞争中获得优势的决定性因素的进程。

二、欧洲质量奖的企业卓越理念

欧洲质量奖卓越绩效标准基于以下八个基本理念:

(1)成果导向。组织的卓越取决于是否能够均衡地满足包括雇员、顾客、供应商、社会及股东在内的所有利害共担者的需要。

(2)以顾客为中心。顾客是产品质量的最终裁判者。获得顾客忠诚和市场份额的最好选择便是明确地致力于当前及潜在的顾客需要。

(3)领导与坚定不移的目的。组织通过有效地领导而建立起使得组织及其成员实现卓越的明确而统一的目的和环境。

(4)基于过程和事实管理。只有在能够使用可靠信息,考虑当前运作并进行有计划的改进,了解所有相关的活动并系统地进行管理和决策的情况下,组织完成任务才会更加有效。

(5)人员发展和参与。只有通过共享的价值观、诚信的文化和授权,鼓励全员参与,组织成员的潜力才能得到最大的发挥。

(6)持续学习、创新和改进。在一个持续学习、创新和改进的环境中,基于管理和共享知识,组织的绩效才能实现最大化。

(7)伙伴关系的建立。当组织与合作伙伴形成信任、共享知识和集成化为基础的互利关系时,组织的工作才能更有效。

(8)公共责任。组织的长期利益通过符合道德规范的途径和充分超越社区的期望和管制要求而得到保证。

三、欧洲质量奖评审标准

欧洲质量奖的评审标准有9个部分:领导(100分)、人员管理(90分)、方针与战略(80分)、资源管理(90分)、过程管理(140分)、雇员满意(90分)、顾客满意(200分)、对社会的影响(60分)和业务成果(150分),共1 000分。欧洲质量奖评审项目如表9-5所示。

企业通过基于EFQM卓越经营模式的自我评价,完成所需的申请文件,可以在每年的二月或三月递交。评审委员会的专家评审小组将会对申请者的申请文件进行审查。由他们选出的入围者,将接受现场考核。现场考核是评审组的专家对申请文件内容和不确切的地方现场验证。这对申请者来说,是学习卓越化模式的绝好机会。在专家现场考察的基础上,选定欧洲质量奖单项奖的获奖者,这意味着这些组织已经在卓越化经营中做出了明显的成绩。然后在这些获奖者中产生欧洲质量奖优胜奖的获奖者。

每年8月,申请者将接到评审小组给出的反馈报告。报告包括了对申请者的一般评价、每一要素的得分情况以及该项目与其他申请者得分平均分数的比较。对于每一个低于EFQM模式平均标准的项目,报告都会列举需要改进的领域和程度。这份报告对于申请者的重要意义不亚于得奖本身。

表 9 - 5　欧洲质量奖评审项目

项目	分数	相关内容示例
领导	100	●可见的参与(沟通、可接近、模范作用) ●一致性的文化(评估模型、评审进展) ●提供支持(对改进提供资金、表彰先进)
方针和战略	80	●愿景(如何在使命中反映出质量) ●经营计划(如何测试计划并在组织中加以分解) ●沟通(方针和战略是如何沟通的)
人员管理	90	●持续改进(计划、质量) ●绩效目标(协商、评估和评审) ●参与(建议计划、授权赋能)
资源	90	●财务资源和信息资源(成本数据、数据的可获得性) ●材料和技术(货品供应、固定资产)
过程	140	●关键过程(如何确定、界定问题) ●创新(如何发现和应用新的主意) ●评审/改进(反馈和测量的应用)
顾客满意	200	●顾客对产品和服务质量的感觉 ●顾客满意的直接和间接测量
人员满意	90	●雇员如何看待他们的业务领域 ●直接和间接的测量 ●社会对公司的看法 ●公司对社区活动的积极参与
业务结果	150	

　　欧洲质量奖评审标准是建立在欧洲质量奖卓越模型的基础之上的,如图 9 - 2 所示。其中前 5 个方框表示手段标准(有关结果如何达成的标准),后 4 个方框称作结果标准(有关组织取得了什么结果的标注)。箭头强调了模型的动态特性,表明了创新和学习能够改进手段的标准,并由此改进结果。卓越绩效模式两类标准之间最基本的关系就是,如果手段标准强调一个过程,那么与这个过程相关的行为结果会自然在结果标准中反映出来。模式中的 9 个标准相互联系在一起,有些关系非常明显。例如,员工管理和员工结果、顾客和顾客结果。方针与战略和所有的其他手段标准有关,也与结果标准说明的结果有关系。方针和战略与在结果标准中说明的一些"比较"有关。例如,如果战略是达成"全球领导",那么组织就应当寻求全球比较来衡量绩效。稍弱的目标就要选择稍弱的比较对象。取得的绩效(在结果标准中说明)与手段标准中改进活动有关系。把结果与内部目标、竞争对手、类似组织以及"行业最好"的组织进行比较,以此来权衡优先顺序,推动改进。在组织高层,把组织业绩与内部目标和竞争对手相比较,会有利于一些问题的分析。例如,如何使顾客满意与忠诚,方针和战略的修改,手段标准中达成的计划等。

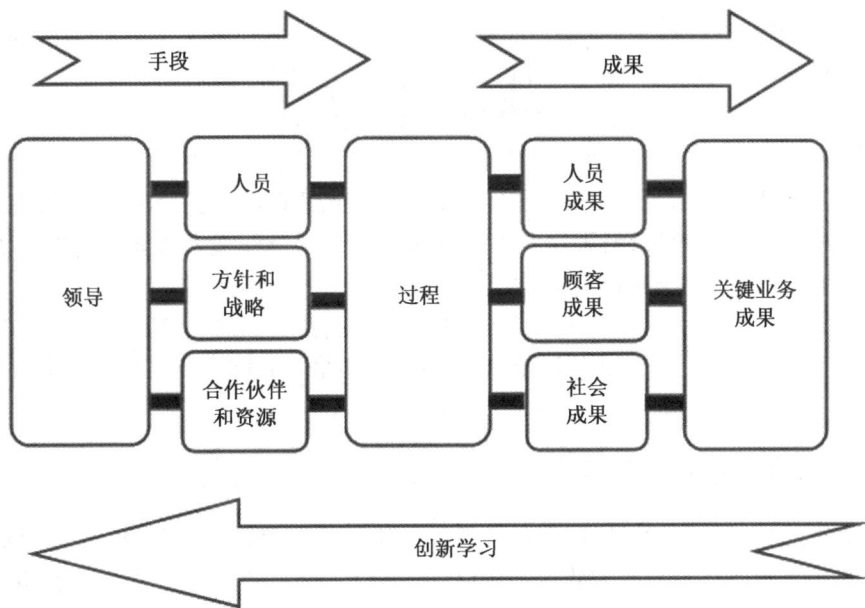

图 9-2　欧洲质量奖评审标准结构图

四、三大质量管理奖的比较

美国波多里奇奖、欧洲质量奖和日本戴明奖三大质量管理奖中,历时最悠久的是日本戴明奖,目前影响最大的是美国波多里奇质量奖,不少国家的质量管理奖都或多或少地沿用或参考了波多里奇质量奖的结构或评分方法。我国的全国质量奖目前采用了波多里奇质量奖评审标准和评分方法,并根据我国企业质量管理的现状,对不少条款的分数进行了调整,侧重点有一些变化,强调了过程管理的重要性。

各国质量管理奖具有的共同的特点是在全面质量管理的基础上逐步加入了卓越经营的因素。

波多里奇奖和欧洲质量奖用确定组成部分的方法将全面质量管理模型化,认为在全面质量管理的组成部分之间存在着因果关系。就它们所阐述的原理和价值观而言是规则性的,但它们并没有提出任何提高质量的工具与方法。它们是建立在下面这些管理原理和原则上的:

①组织中的每一个人都对质量负有责任,但只有管理层才能创造出推动质量向前的环境,只有管理层才能影响和改变系统。

②外部和顾客导向质量计划。对于进行全面质量管理的企业来说,进行标杆超越和建立理解顾客需求和管理客户关系的程序和流程是绝对必要的。

③员工高度参与和团队合作。质量水平和绩效目标的实现需要良好的激励措施和高效的团队合作。教育与培训是全面质量管理的一个支柱。

④强调事实管理而非直觉或本能管理。要求建立一个反映客观指标的信息系统。

⑤对内部流程的清晰理解。强调依据某种固定的或普遍的标准进行自我评估。这要求对所有内部流程有清晰和系统的理解。

⑥管理供应商关系和供应商质量的重要性。

戴明奖具有这些价值观，但是，它是以检查清单而非内在框架的形式提出的。从其所推荐的工具、技术和实践来看（譬如质量循环、标准化、质量控制等），戴明奖是规则性的。它更多地关注全面质量管理本身，注重统计技术的应用，注重从产品的策划、设计、制造到售后服务全过程的质量管理，以及这些过程中质量管理方法的创新和应用。从分值的分配上看，波多里奇质量奖在经营结果上给了450分，欧洲质量奖给了150分，而日本戴明奖在评奖标准中没有明确的经营结果这一章。美国波多里奇质量奖和欧洲质量奖体现了重视结果的价值取向，而日本戴明奖重视过程。

第四节　中国全国质量奖

一、中国全国质量奖概述

在20世纪90年代以前，中国有各种各样的质量评选活动。1991年，国务院颁发了65号文件，停止了政府部门主办的质量评选活动。为了有效提高我国的产品质量和质量管理水平，激励和引导企业追求卓越质量经营，增强国内企业乃至国家整体竞争能力，我国在借鉴其他国家质量奖特别是美国波多里奇质量奖的基础上，于2001年重新启动了全国质量奖的评审工作。2004年9月2日，我国颁布了《卓越绩效评价准则》（GB/T 19580—2004），并作为我国全国质量奖的最新评价标准。

全国质量奖（CQMA）是对实施卓越的质量管理并取得显著的质量、经济、社会效益的企业的最高奖励。它遵循为企业服务的宗旨，坚持"高标准、少而精"和"优中选优"的原则，根据质量管理奖评审标准对企业进行实事求是的评审。全国质量奖每年评审一次，由中国质量协会按照评审原则、当年质量管理实际水平，适当考虑企业规模等因素确定受奖奖项。质量管理奖评审机构由质量管理奖审定委员会和质量奖工作委员会二级结构组成。质量管理奖审定委员会由政府、行业、地区主管质量工作的部门负责人及权威的质量专家组成，负责研究、确定质量管理奖评审工作、政策，批准质量管理奖评审管理办法及评审标准，审定获奖企业名单。质量管理奖工作委员会由具有理论和实践经验的质量管理专家、质量工作者和评审人员组成，负责实施质量管理奖评审，并向审定委员会提出获奖企业推荐名单。全国质量奖分为全国质量奖、全国质量管理提名奖和全国质量奖励奖3个类别。

全国质量奖评审标准根据质量管理理论与实践的发展适当修订。评审范围：工业（国防工业）、工程建筑、交通运输、邮电通信及商业、贸易、旅游等行业的国有、股份、集体、私营和中外合资及独资企业。非紧密型企业集团不在评审范围之类。评审程序包括：企业申报、资格审查、现场评审、综合评价和审定。对申请全国质量奖的企业资格也有严格的规定。

截至2006年，已有宝山钢铁股份有限公司、海尔集团公司、北京联想股份有限公司等几家企业获得此奖。2006年获得全国质量奖的企业共有9家企业，即

制造、建筑业：

珠海格力电器股份有限公司

万向钱潮股份有限公司

扬子石油化工股份有限公司

山西太钢不锈钢股份有限公司

中交第二航务工程局有限公司

浙江万丰奥威汽轮股份有限公司

服务业：

广东移动通信有限责任公司

上海市电力公司市区供电公司

小企业：

恒源祥(集团)有限公司

二、《卓越绩效评价准则》的基本理念

卓越绩效是包括先进的哲学理念、严谨的内容结构框架以及科学的方法体系的管理模式。基于"学习先进、结合国情、融入条款、科学严谨"的原则,2012 版的 GB/T 19580 标准在"引言"中提出了九项基本理念。框架结构为两种类型:过程与结果。其七大类包括:"过程"类型,即 4.1 领导,4.2 战略,4.3 顾客与市场,4.4 资源,4.5 过程管理,4.6 测量、分析与改进;"结果"类型,即 4.7 结果。

七大类目由 23 个评分项构成,每一个评分项都由"基本要求—总体要求—详细要求"三个结构层次构成。

九项基本理念:

(1)远见卓识的领导。以前瞻性的视野、敏锐的洞察力确立组织的使命、愿景和价值观,带领全体员工实现组织的发展战略和目标。

(2)战略导向。以战略统领经营管理活动,获得持续发展和成功。

(3)顾客驱动。将顾客当前和未来的需求、期望和偏好作为改进产品和服务质量,提高经营管理水平及不断创新的动力,以提高顾客的满意度和忠诚度。

体现组织行为的理念包括:

(4)社会责任。为组织的决策和经营活动对社会的影响承担责任,促进社会的全面协调可持续发展。

(5)以人为本。员工是组织之本,一切管理活动应当以激发和调动员工的主动性、积极性为中心,促进员工的发展,保障员工的权益,提高员工的满意度。

(6)合作共赢。与顾客、关键的供方及其他相关方建立长期伙伴关系,互相为对方创造价值,实现共同发展。

运行方法的理念包括:

(7)重视过程与关注结果。组织的绩效源于过程,体现于结果。因此,既要重视过程,更要关注结果;要通过有效的过程管理,实现卓越的结果。

(8)学习、改进与创新。培育学习型组织和个人是组织追求卓越的基础,传承、改进和创新是组织持续发展的关键。

(9)系统管理。将组织视为一个整体,以科学、有效的方法,实现组织经营管理的统筹规划、协调一致,提高组织管理的有效性和效率。

三、《卓越绩效评价准则》标准的理论基础

信息全球化和经济国际化的背景下,"三流国家卖苦力,二流国家卖产品,一流国家卖

技术,超级国家卖标准"。这句话揭示出从产品到技术再到标准的升级过程,同样,管理的实践需要理论的指导,而理论的升华便衍生出相应的模式。

在经济全球化时代,消费者的需求趋于多元化,市场细分,产品创新,生产也从单个品种大批量生产转向多品种小批量生产,所以产品质量的基础也变成了零部件层次的"标准化"和产品层次的"定制化"相结合。不断为消费者迅速设计、开发和生产高附加值的产品,与时代同步,是管理创新的重要视角和理论基础。特别是工业经济时代的企业管理,分工基础上的专业化衍生出不同的专业管理。从质量管理的基本理论来看,标准是在综合质量概念、管理模式理论、绩效评价理论及标杆管理理论的基础上提出的。

四、全国质量奖核心价值观

全国质量奖的核心价值观及其相关的概念是为实现组织卓越的经营绩效所必须具备的意识,它贯穿在标准的各项要求之中,体现在全员,尤其是组织中高级管理人员的行为之中。其核心价值观归纳为 11 条:

(1)领导者作用。

(2)以顾客为导向。

(3)培育学习型组织和个人。

(4)建立组织内部与外部的合作或伙伴关系。

(5)灵活性和快速反应。

(6)关注未来,追求持续稳定发展。

(7)管理创新。

(8)基于事实的管理。

(9)社会责任与公民义务。

(10)重在结果和创造价值。

(11)系统的观点。

这些内容充分体现了现代质量经营的管理理论和方法,是组织追求卓越取得成功的经验总结。

五、卓越绩效评价准则概述

为了引导组织追求卓越绩效,提高产品、服务和经营质量,增强竞争优势,促进经济持续快速健康发展,根据《中华人民共和国产品质量法》、国务院颁布的《质量振兴纲要》的有关规定,特制订《卓越绩效评价准则》(GB/T 19580—2004)。

该标准参照国外质量奖的评价准则,结合我国质量管理的实际情况,从领导,战略,顾客与市场,资源、过程管理,测量、分析与改进以及经营结果等方面规定了组织绩效的评价要求,为组织追求卓越绩效提供了自我评价的准则,也可用于质量奖的评价。

该标准与 GB/T 19001 的最大差别在于它不是符合性的评价依据,而是为组织提供追求卓越绩效的经营管理模式,强调战略、绩效结果和社会责任。

该标准的制订和实施帮助组织提高其整体绩效和能力,为组织的所有者、顾客、员工、供方、合作伙伴和社会创造价值,有助于组织获得长期成功,并使各类组织易于在质量管理实施方面进行沟通和共享,成为一种理解、管理绩效并指导组织进行规划合作的工具。

六、全国质量奖的评审过程

申报全国质量奖的组织必须是中华人民共和国境内合法生产及经营的企业,并具备以下基本条件:

(1)按 ISO 9000 族标准建立、实施、保持质量管理体系,已获认证注册;对有强制性要求的产品已获认证注册;提供的产品或服务符合相关标准的要求。

(2)已按 ISO 14000 族标准建立、实施并保持环境管理体系;企业"三废"治理达标。

(3)连续三年无重大质量问题、设备缺陷、伤亡、火灾和爆炸事故(按行业规定)及重大用户投诉。

(4)近三年,组织获得了用户满意产品和全国实施卓越绩效模式先进企业(全国质量效益型先进企业)称号。

全国质量奖的评审程序如下:

(1)递交材料:申报组织将申报表、自评报告、组织简介及相关证实性材料,交给全国质量奖工作委员会办公室。

(2)资格审查:质量奖工作委员会办公室对申报组织的基本条件、材料的完整性进行审查。

(3)资料评审:质量奖工作委员会办公室组织评审专家对资格审查合格的组织进行资料评审。质量奖工作委员会根据资料评审的结果,按照"优中选优"的原则确定现场评审组织的名单。

(4)现场评审:质量奖工作委员会办公室组织评审专家组对资料评审后确定的组织进行现场评审。评审专家组给出现场评审意见并提出存在的问题,形成现场评审报告。

(5)审定:质量奖工作委员会对申报组织的全国质量奖申报表、现场评审报告等进行综合分析,择优推荐,提出获奖组织和推荐名单。审定委员会听取工作报告,审定获奖组织。

每个申请组织都将收到一份综合反馈报告和一份逐条反馈报告,这是申请者最有价值的收益,因为这份报告是由具有丰富的理论和实践经验的评审专家团队,根据组织的申请报告以及现场(如果进入现场评审阶段)评审、分析结果,概括、总结出的组织的优势和需要改进之处。

伴随着经济全球化的迅猛发展,以质量为焦点的市场竞争日益激烈。随着质量内涵和质量管理范畴的不断拓展,追求卓越的质量经营及其产生的卓越绩效已经成为处于当今激烈竞争中组织的发展趋势。先进组织的管理者的眼光和思考主题已经提升到关注全球市场趋向、关注持续经营、关注与所有相关方共同发展、关注社会影响与不断进步等战略高度。

为了适应经济全球化和国际贸易发展趋势的需要,帮助组织提高竞争力,更好地满足顾客的需求和期望,很多国家和地区都设立了质量奖。比较著名的有美国波多里奇国家质量奖(MBNQA)、欧洲质量奖(EQA)、英国质量奖(UKQA)、瑞典质量奖(SWQA)、新西兰国家质量奖(NZQV)、拉吉夫·甘地国家质量奖(RGNQA)、新加坡质量奖(SQA)、加拿大经营卓越奖(CAE)、日本戴明奖。另外,还有很多授予个人的奖项,如阿曼德·V·费根堡姆奖章、石川奖章等。这些质量奖中,最具影响力和代表性的是美国波多里奇国家质量奖、欧洲质量奖和日本戴明奖。我国自 2001 年起,也在不断探索全国范围内的质量奖评审工作,至今已形成代表我国质量类奖项最高殊荣的全国质量奖及相应的卓越绩效评价准则。国内

外获质量奖的企业基本代表了所在国家或地区质量管理的领先水平,它们的卓越质量经营模式值得其他企业学习和推广。对于我国企业而言,加入 WTO 带来了机遇,更带来了严峻的挑战,只有努力追求卓越,才能具有国际竞争力。

七、质量奖倡导的卓越质量经营模式

1. 卓越质量经营模式的内涵

在全球范围内,质量管理的理论与实践已经突破了产品质量和企业内部管理的范畴,正在向质量经营发展。质量经营发源于日本,它是在全面质量管理的基础上发展起来的一种现代经营理念和管理战略。所谓质量经营,是指在市场经济的环境下,企业在经营管理活动中以质量为核心,以创造相关方(顾客、员工、投资方、供方和社会等)价值最大化为目标的经营模式。质量经营实际上突出强调了质量是各行各业经营工作的中心,要通过不断改进质量来达到相关方满意和企业整体经营效率的提高。

至今国际上已有 60 多个国家和地区实行了质量奖制度,以此来激励和引导企业追求卓越的质量经营模式。最具有代表性的奖项是美国马尔科姆·波多里奇质量奖、欧洲质量奖和日本戴明奖。在这三大质量奖中,影响最大的当属美国马尔科姆·波多里奇质量奖,不少国家和地区的质量奖都不同程度参考了波多里奇质量奖的标准和评分方法。

源自美国波多里奇质量奖评审标准的"卓越质量经营模式",以顾客为导向,追求卓越绩效管理理念,其核心是强化组织的顾客满意意识和创新活动,追求卓越的经营绩效。它不仅包含了战略层面的安排,也包括促成其落实的一整套质量管理体系与方法。自 20 世纪 80 年代首先在美国提出以后,"卓越质量经营模式"得到了美国企业界和管理界的公认。世界各国许多企业和组织纷纷引入并实施,其中施乐公司、通用公司、微软公司、摩托罗拉公司等世界级企业都是运用"卓越质量经营模式"取得出色经营结果的典范。

各个国家和地区的质量奖所提出的卓越质量经营模式具有基本相同的价值观和框架,都突出强调了以下几个方面:

(1)注重领导作用的发挥和企业的战略管理。

(2)树立以顾客为中心的经营理念,要求建立顾客满意度评价系统,以不断改进而达到顾客忠诚。

(3)基于事实的管理,要求企业建立信息管理系统,通过数据和信息的收集、分析和传递,作用于企业经营决策,有效控制和改进企业管理,保证企业目标高效率的实现。

(4)关注过程管理,包括产品(服务)实现过程和支持过程,注重过程方法的实施和统计技术的采用。

(5)通过建立企业绩效监测系统,评价企业经营绩效;不仅关注企业自身利润等财务指标,而且关注企业相关方的利益,并将评价结果用于改进。

2. 卓越质量经营模式与企业绩效

当企业的实际经营绩效低于目标绩效时,"卓越质量经营模式"提供了一个提升企业绩效水平的有效手段,而且如果该模式与其他的绩效评价方法相结合,则拓展了企业经营绩效的内涵,引导企业走出"见木不见林"或是"头痛医头、脚痛医脚"等绩效管理局部化和短期化的误区,致力于追求经营绩效的可持续提升。具体而言,"卓越质量经营模式"对企业绩效的改善作用体现在以下几个方面:

(1)引导企业追求相关方利益平衡。企业绩效评价的关键在于经营结果,但不能仅限

于企业自身的销售额和利润等财务指标,而是应该考虑与企业相关的各方的利益平衡,包括顾客、员工、股东、供应商和合作伙伴的利益及公众社会价值。因此,涵盖了顾客满意度、产品和服务质量、财务绩效和市场占有率、供应商发展、员工满意度以及社会责任等多个方面内涵的"卓越质量经营模式"能够引导企业追求为利益相关方创造价值,建立起相互的诚信关系,保证企业经营绩效持续增长。

(2)引导企业在绩效评价时与竞争对手进行比较。"卓越质量经营模式"非常强调引导企业把自己放在竞争的环境中制订战略,评价经营绩效的好坏。对经营绩效的评价分析,不仅要和企业制订的目标比,和原有的水平比,更重要的是与竞争对手比,与标杆企业的最佳水平比,明确自己在竞争环境中的能力和水平。通过比较找出差距进行改进,从而提升企业在市场中的竞争能力。

(3)引导企业树立市场的前瞻意识,保持企业在市场竞争中的领先水平。"卓越质量经营模式"不仅关注对企业当前经营绩效的评价,而且注重对经营结果的发展趋势进行评价。例如,旨在推动我国企业确立"卓越质量经营模式"的全国质量奖评审就要求企业提供三年以上的经营绩效数据,以分析企业对市场变化的应变能力。通过对多方面的数据和信息进行分析、策划,采取积极的措施,保持企业在市场竞争中的领先水平。

(4)引导企业建设追求可持续经营绩效的企业文化。"卓越质量经营模式"的核心是强化组织的顾客满意意识和创新活动,强调规范的管理制度和科学的行为方式,其实践贯穿于日常管理活动中,从而在这些企业中逐渐培育出一种卓越的质量文化,这种文化就是以顾客为关注焦点、主动思考、规范科学、不断创新、追求卓越的企业文化。

纵观各届各类荣获质量奖的企业,可以发现它们具有很多共同的特点:注重建立培育企业的核心价值观,树立以顾客为中心的经营理念;努力创新;形成竞争优势;注重企业战略管理和领导作用的发挥;强化市场意识,坚持顾客至上;加强与顾客、供应商、批发商的联系,建立战略合作伙伴关系;适应市场变化,实施快速反应;严格日常管理,扎实做好基础工作;努力营造学习型组织,重视人力资源的开发和管理;建立信息管理系统,提高工作效率,实现资源共享;注重经营效果,取得突出绩效。

在经济全球化的背景下,不仅我国的企业要走向国际市场,而且本来竞争日益激烈的国内市场也面临着国外众多企业的抢夺和竞争。我们的企业,特别是谋求到国际市场发展的企业,应该迅速从追求产量增加的道路上转移到追求质量的持续改进上来。质量奖所倡导的"卓越质量经营模式"提供了一个可持续发展的模式,它对于那些有志于追求长期发展的企业来讲具有重要的意义。

思 考 题

1. 简述波里奇奖与 ISO 9000 的比较。
2. TQM 的概念及内涵是什么?
3. 欧洲质量奖的企业卓越理念包括哪些?
4. 全国质量奖的核心价值观包括哪些?

【阅读材料】

追求质量卓越的丽嘉酒店(Ritz-Carlton)与上海市电力公司市区供电公司

一、1999 年美国波多里奇国家质量奖的得主:丽嘉酒店

"当我梦想进入另一个世界的天堂时,我就如同身处巴黎的丽嘉酒店。"这可不是广告词,这是作家海明威在下榻丽嘉酒店时写下的感受。

丽嘉酒店(Rite-Carlton)是服务业中唯一两次荣获波多里奇国家质量奖的酒店,它分布于北美、欧洲、亚洲、大洋洲、中东、非洲、加勒比海地区,在全球有 36 家豪华酒店,在"汽车旅行指南"上都被标有五颗星或四颗星,而且被"美国汽车协会"赞誉为钻石级酒店。

酒店员工 17 000 名,其中 85% 是一线工人,他们被称为"丽嘉酒店中尊敬的先生和女士们"。酒店强化培训项目,为员工提供专业方向上的职业发展,酒店鼓励在内部不断提升员工,特别值得一提的是丽嘉酒店的总裁兼 CEO 赫思特·舒尔兹正是从一名跑堂学徒在欧洲开始他的酒店业职业生涯的。

自 1997 年起,丽嘉酒店加入马里奥特国际酒店集团,成为该集团中的独立分支公司,并将总部搬到了佐治亚州的亚特兰大市。

1."志在第一"

赢得 1992 年的波多里奇质量奖是业界对丽嘉酒店追求卓越、实现出类拔萃成就的充分肯定,也代表了对其未来不断改进的期望。酒店管理层自觉地把质量卓越的门槛提高,再接再厉,不断进步。

顾客满意成为酒店所有日常事务中的最高目标,取得顾客"非常满意"或"特别满意"的优先级被置于各项工作之上的首要位置,这也是实现百分之百顾客忠诚战略目标的关键要素。

在日常工作中,酒店设立了"使所有客人感受零缺陷"的具体目标,建立了完整的衡量系统,构造一个"争取消除顾客所有问题"的组织结构,取得了不断进步。在丽嘉酒店,顾客的问题无论多么微不足道,都被认为是大事。这是酒店员工的共同认识。

管理层还采取进一步的措施以实现各种可能的改进。这一举措充实了战略计划,使之更加系统化,深入、持久的全面质量管理活动使组织实现更深层次、更完全的整合。上述各项活动重新审核后统一记录在酒店的"绿皮书"里,现在它已是第二个版本了,这本"绿皮书"是丽嘉酒店中质量流程的手册和工具,它分发到每一个员工,是人手一册的标准,是酒店的"圣经"。

身处服务行业,丽嘉的座右铭并不是"顾客就是上帝"。他们认为,酒店提供专业的服务,但员工绝非仆人,每个人都有自己的思想。在为入住酒店的绅士淑女提供优良服务的同时,他们不忘自己也是一个绅士淑女,自己也可以用一种优雅的姿态对待自己的客人,从而帮助员工激起工作自豪感,更加真诚地为客户服务。离职率高是该行业面对的最大挑战之一。丽嘉努力降低员工离职率,体察并提高员工的士气。多年来,在员工中推行一项独特的新活动——"自豪和快乐",给予员工在其工作任务中以更大范围的角色,更宽广的舞台。九年来,酒店员工的离职率不断下降,而员工满意率则不断上升。公司的人力资源管理者认为,"丽嘉不仅是一家给客人提供优质服务的酒店,同时也是一家人力资源公司,每

一位员工都是我们的内部客户,经理的工作是努力使每一位员工心情愉快,这是最主要的工作,也是最值得去做的事"。

2. 金字塔

为使连续改进的方向目标清晰、明确,使酒店所有的业务和运营都调整到该目标上,丽嘉酒店创造了自己的"金字塔"概念,这个金字塔的顶点是酒店的使命——"成为全球豪华旅行和酒店产品与服务的最佳供应商"。在最高使命之下还包含有丽嘉10年的使命(产品和利润为主导)及5年的使命(分解为至关重要的14个目标),并落实到关键流程的改善上。以用户为中心、以市场为中心的战略计划金字塔的每一层都由酒店的"全面质量管理"的系统和方法来构造。

为了夯实丽嘉酒店的价值和理念构造的这座金字塔的基座,使之成为全酒店内持续改进活动的源泉,酒店做了大量努力,向全体员工不断灌输、重复并加强酒店的价值和理念。酒店的每位员工都收到像皮夹一般大小的一本"金科玉律标准",在这本小册子中,包含着酒店的座右铭、格言、信条、员工承诺、服务三部曲等。丽嘉人人必备的这本小册子,是绩效期望与用户接触及响应用户需求的基本规范。其中的内容在内部培训中得到不断加强(一线员工进入公司的第一年有250小时培训),在每天交接班的5~10分钟总结中进一步加强,并贯穿于酒店奖励系统中。

酒店每年在制订战略计划时,都有更新和发展,一个称为"宏观环境分析"的研究会产生一个分析报告。在战略计划制订之前,分发给高层经理,这个分析报告包含世界经济形势展望、全球酒店床位分布、数家大的竞争对手的市场活动、用户的反馈报告、员工的满意程度及供应商关系等。计划流程得到关键输出之一是今后三年的"关键目标",这些目标分门别类,规划到战略目标上,如达到顾客成为回头客的百分率、新产品开发数量与项目等。对于所有这些目标都会制定相应的衡量指标,并会指派高层经理去监控过程,并以此保证跟踪所得到的数据的质量和可靠性。

3. 对顾客细致入微的理解

丽嘉酒店在每一个层面上都以"细致入微"为导向,所有的质量改进、解决问题流程的每一步骤都需文件化。数据采集和分析需由第三方专家来审查。对所有的流程都建立了相应的标准,而关键流程则详细研究以确定可能会出现的瑕疵或对顾客照顾不周之处。例如,为了达到"完全消灭错误"的目标,丽嘉酒店分析,在接待只住一夜的客人中,存在970个潜在的出错可能点;另外,在接待会议、团队过程中,则存在1 071个潜在的错误可能发生点。

丽嘉酒店制订了边缘服务规则(Lateral service):任何人接到客人的咨询或是投诉都要亲自解决,即使是财务部的员工,如果在大堂碰到一个客人向你投诉房间有噪音,你也不能将这个问题转交给大堂经理或者客服部,而是必须亲自为客人解决这个问题;如果需要其他部门员工协助,其他部门的员工应立即放下手上的正常工作予以协助,以满足顾客。这就为及时纠正错误或处理顾客投诉节省了时间,避免转接时让客人重复向员工解释问题而浪费客人的时间。

为了培育顾客的忠诚度,丽嘉酒店还创造一种称为"用户个性化"的理念,这个理念建立在先进的信息管理系统技术之上。其强大、广泛的数据收集和捕捉能力,使得酒店在同顾客的各种接触机会中,尽可能收集并存储各种资料。这些接触机会包括在丽嘉酒店住一晚的顾客提出的特殊要求、会议之后其组织者的意见等。这些资料都被系统化地输入到数

据库中。这样的文件在丽嘉酒店有上百万份之多。全球所有的丽嘉酒店都可以访问这个数据库的文件,它使得酒店员工能够预期回头客的各种特殊需求,因而可以实施一些措施以确保客人在丽嘉酒店接受高质量的服务。丽嘉酒店对持续改进的承诺及对详细过程的关注正在得到不断的回报。例如,1998 年超过 20% 的会议反馈报告的总体感受为"特别满意"(而在一年前为 70%,上升了 10 个百分点),而 99% 会议组织者表示"满意"。对只住一晚的顾客抽样调查表明,75% 顾客对丽嘉酒店的总体感受为"特别满意"。相比之下,其最强竞争对手的这个比例为 70%。而财务数字也呈良好的上升趋势:成本及费用、税前利润、折旧、摊销、税前投资回报等数据自 1995 年以来改善了一倍。投资回报率从 1995 年的 5.3% 增加到 1998 年的 9.8%。平均可比收益(以市场占有率相对衡量)持续增长,超过同行业平均水平的 300%。

二、2006 年全国质量奖的得主:上海市电力公司市区供电公司

上海市电力公司市区供电公司(以下简称市区供电公司)负责上海中心城区 531 平方公里、325 万客户、约 720 万人口的供电服务。供电区域平均人口密度和最高负荷密度均为全国之最。

供电企业是具有公共服务性质的社会公用事业服务单位,在缺乏竞争的前提下,多年来他们探索的是一条"以质取胜,追求卓越越"的发展道路。

1. 从理论到实践——选择以质取胜的发展道路

多年来,市区供电公司学习借鉴先进的质量管理理论,并将理论运用到具体服务发展实践之中,真正体现了"以质取胜,追求卓越"。

(1)质量理念的升级。市区供电公司从推行全面质量管理,到 ISO 9001,ISO 14001,OHSAS 18001"三标一体"贯标,再到贯彻《卓越绩效评价准则》,从符合性质量理念、适用性质量理念、满意性质量理念升级为卓越质量理念,更加凸显服务质量提升中领导、战略、社会责任、绩效、资源等因素的整体和系统作用。

(2)服务发展的转型。在发展过程中,市区供电公司对服务发展核心要素——服务质量的重要性、整体性和系统性的认识日益深化,实现了从服务现状改变到服务发展战略,从服务要素改进到服务链的构筑,从服务资源利用到服务能力开发,从问题不断改进到过程持续改进,从客户基本满意到赢得客户信赖等的转变。

(3)服务绩效的提升。经过十年的服务发展探索,市区供电公司的服务绩效显著提升,逐步实现服务质量由"满足供应"向"满意服务"、进而实现"卓越服务"的"两次飞跃"。电力公司社会形象、知名度和满意度不断提升。

2. 从定位到执行——发挥领导集体的核心作用

在追求卓越的实践过程中,从定位到执行,市区供电公司领导引领全体员工努力超越,追求卓越。

(1)准确的角色定位。市区供电公司对角色的基本定位为具有公共服务性质的社会公用事业服务单位。公司将角色定位具体化为"三个最",即最大的满足是客户满意、最高的竞争是超越自我、"最先"的关注是社会责任。

(2)明确的发展方向。在充分考虑竞争环境、战略挑战和绩效改进等因素后,市区供电公司确定长期发展目标为建设代表国内最先进水平的城市配电网,成为与现代化大都市相适应的国际一流供电企业。同时,确定绩效指标体系,内容涉及电网、经营、服务、资产、安全、人力资源和环保 7 类共 28 个主要指标,其中关键绩效指标 18 项。

（3）全面的自主创新。市区供电公司认真贯彻"自主创新、重点跨越、支撑发展、引领未来"的创新方针，通过观念、管理、机制和科技的四大创新，引入先进的思想和方法；集成运用信息化和现代化手段，整合企业发展的资源，不断提升自主创新的水平。

3. 从整体到细节——强化制胜未来的战略管理

市区供电公司十分重视战略管理的作用，从整体到细节，确定长短期发展战略，使之成为制胜未来的法宝。

（1）把战略建立在整体分析上。在全面系统分析的基础上，市区供电公司明确了发展中面临的三大战略挑战，即上海城市经济的快速发展对中心城区电网能力的挑战、客户需求和期望的日益提高对服务能力的挑战、公司可持续发展对员工队伍素质的挑战；确定了2010年战略目标是建设代表国内最先进水平的城市配电网，成为与上海中心城区发展相适应的国际一流供电企业，建成"一强三优"现代公司。

（2）把战略落实到执行细节中。好的战略只有落实到每个执行的细节上，才能发挥作用。为此，他们力争做到"三个到位"：一是组织领导到位。成立了由总经理负责的战略领导小组，下设战略制定工作小组开展战略的策划与制定。二是措施落实到位。在战略规划的基础上，每年制订年度计划，确定每年工作重点，并通过机构绩效合同等形式，确保各项工作落实到位。三是绩效监控到位。依据战略规划及其展开的绩效指标来跟踪战略规划进展情况，并通过绩效管理体系对战略规划进行监控。

（3）把战略融入到企业文化里。市区供电公司将卓越管理、战略管理和文化管理等多种方法和手段有机融合，通过三个渠道构建特色企业文化。一是确定"诚信、用心、创新，为客户和公司创造最大价值"的核心价值观，并将价值观展开为"正直诚信、以客为主、齐心协力、创新进取、优质高效"五项具体行为准则。二是全面提升员工的业务能力、学习能力和创新能力，打造服务型、学习型和创新型公司，实现"三个转变"，即生产型向服务型转变、经验型向学习型转变、传统型向创新型转变。三是通过内部之间（领导和员工之间）、内外之间（公司和相关方之间）的沟通互动，营造"真诚合作、和谐共赢"的发展氛围，体现上下、左右和内外的合作共赢。

4. 从超越到卓越——实现服务质量的两次飞跃

市区供电公司经历了不断超越自我、追求卓越的非凡历程，实现了服务质量的两次飞跃。

（1）第一次飞跃——从满足供应到满意服务（1996—2003年）

20世纪80年代末90年代初，随着上海经济的腾飞，用电需求迅速增长与陈旧的城市配电网之间的矛盾开始凸现。面对压力，市区供电公司毅然向社会做出了"让老百姓的灯先亮起来"的服务承诺。

"第一次飞跃"主要体现在"五个针对"上。一是针对"装表难"问题，通过投入大量人力、物力和财力，积极开展城市电网改造，在全国率先实施"一户一表"工程，彻底解决装表难问题，让老百姓"放心用电"。二是针对"抢修慢"问题，组建国内第一家电力故障报修中心，后来逐步完善为人性化的客户服务中心（95598上电热线），切实提高抢修的速度和质量。三是针对"诚信缺"问题，向社会公布供电服务承诺，让全社会监督执行。四是针对"规范差"问题，实施"首问责任制""两次受理制""客户经理制"和"客户回访制"等一系列规范服务制度，切实提高服务的规范化、标准化和程序化程度。五是针对"监督弱"问题，他们聘请来自社会各界的行风监督员，建立服务质量"跟踪、讲评、考核、整改"的监管机制，健全

"以公司监督为主体、基层内控为基础、社会监督为补充"的监督体系。

(2)第二次飞跃——从满意服务到卓越服务(2004年至今)

从2003年年中开始,市区供电公司敏锐地意识到,当电力供需矛盾缓和之后,服务水平与政府、社会和客户期望的矛盾依然存在;只有不断超越客户期望、超越过去,才能实现从满意服务向卓越服务的发展。

市区供电公司的卓越服务体现在"六个转变"上。一是实现"重企业责任"向"重社会责任"的转变:为社会弱势群体提供志愿服务、爱心服务和奉献服务;承担大量非电力责任的抢修任务。二是实现"规范服务"向"精细服务"的转变:公布标准更高、要求更严的2005版供电服务承诺;成立大客户中心,推行客户经理制,为关键客户提供"一对一"的VIP服务;成立质量监控中心,推出"接电期限合同"等新举措。三是实现传统管理向现代管理的转变:采用GPS,ERP,PMS,CIS等核心业务应用系统,以及办公自动化辅助系统(OA)等高效的信息化手段,构建数字化电网和信息化企业。四是实现"企业单赢"向"社会共赢"的转变:他们推广分时电表,执行"分时电价"。五是实现"单一沟通"向"多元沟通"的转变:在正常业务沟通的基础上,构建"社区用电事务协调委员会",使之成为平时与社区沟通、互动的渠道,应急时快速响应的绿色通道。六是实现"被动测评"向"主动测评"的转变:通过建立"供电服务质量指数",从测量客户感受的角度出发,主动对服务能力、过程和绩效等服务质量因素进行测量评价,找出差距,采取改进措施。他们首创的《供电服务质量指数评价体系的构建和应用》荣获2003年"全国企业管理现代化创新成果"一等奖。

通过争创"全国质量奖",市区供电公司深刻体会到,"创奖"过程既是公司学习、提高的过程,也是公司变革、创新的过程,还是公司重塑、再造的过程,更是"努力超越、追求卓越"的过程。今后,市区供电公司将以"创奖"为契机,不断学习、消化和吸收国际先进的质量管理理念和模式,不断超越自我,实现从平凡向优秀、继而向卓越的跨越。

附录 考试大纲

第一部分 课程性质与设置目的

"质量管理"课程是黑龙江省高等教学自学考试经济管理专业(独立本科段)的必修课,是研究各类组织质量管理活动的共性原理和基本工具,是现代市场经济条件下企业经营管理的重要组成部分,是关于质量管理的一般理论和方法的应用性学科,也是满足工商企业和管理部门对高层次综合管理人才培养需要的独立的综合性应用科学。

"质量管理"这门课程主要包括质量管理概论、质量认证与 ISO 9000 族、全面质量管理、顾客需求管理、质量成本管理、服务质量管理、质量管理中的统计技术、六西格玛管理、质量管理学等内容。

通过本课程的学习,使学生系统地掌握质量管理的基本理论、知识体系和方法,了解质量管理的理论和实践发展,使之对全面质量管理、顾客需求管理、质量成本管理等有深刻的理解,对质量管理的方法和工具有很好的认识,并结合与实际密切相关的案例,培养学生运用质量管理的基本理论对现实问题进行分析和解决的能力,增强对组织活动中各种质量管理活动的直接感受和经验,培养学生从事质量管理所必备的基本能力。

第二部分 课程内容与考核目标

第一章 质量管理概论

(一)学习目的和要求

通过本章的学习,了解质量对国计民生的重要性,掌握质量的定义和质量管理的概念,了解质量概念演变的三个阶段,了解质量管理发展的的三个阶段及其特征。

(二)课程内容

第一节 质量基本概念

本节介绍了质量的重要性,阐述了质量的定义和质量概念演变的三个阶段。

第二节 质量管理的基本概念

本节介绍了企业的经营、管理与治理,主要阐述了质量管理的概念。

第三节 质量管理的基本原理及发展历程

本节介绍了质量管理的基本原理,阐述了质量管理发展的三个阶段及特征。

(三)考核知识点

1.质量的定义

2.质量管理的对象

(四)考核要求

1.质量概述

识记:质量的定义

领会:质量的重要性、质量的定义

2.质量管理概述

识记:质量管理的对象

领会:质量管理的概念、质量管理发展的三个阶段及特征

第二章 质量认证与 ISO 9000 族

(一)学习目的和要求

通过本章的学习,掌握质量认证和 ISO 9000 族相关的基本概念,了解 ISO 9000 族的构成和实施流程,了解 ISO 9000 质量认证的作用。

(二)课程内容

第一节 质量认证

本节主要介绍了质量认证的基础知识,阐述了质量认证的实施,介绍了我国质量认证的实践。

第二节 ISO 9000 族

本节主要介绍 ISO 9000 族构成、实施流程和 ISO 9000 质量认证的作用。

第三节 ISO 9000 族与 TQM

本节主要介绍 ISO 9000 族与 TQM 的相同点、不同点以及如何处理 ISO 9000 与 TQM 的关系。

(三)考核知识点

1.质量认证

2.ISO 9000 族

3.TQM

4.ISO 9000 族与 TQM 之间的相互关系

(四)考核要求

1.质量认证

识记:定义

领会:质量认证的实施

2.ISO 9000 族

识记:ISO 9000 族构成、实施流程

领会:ISO 9000 质量认证的作用

3.ISO 9000 族与 TQM

识记:TQM 基本内容

领会:如何处理 ISO 9000 族与 TQM 之间的关系

第三章 全面质量管理

(一)学习目的和要求

通过本章的学习,要掌握全面质量管理相关的基本概念,了解全面质量管理的八项原则和基本内容,了解全面质量管理的常用方法和质量检验。

(二)课程内容

第一节　全面质量管理概述

本节主要阐述了全面质量管理的概念,介绍全面质量管理的特点和基本观点,以及实施全面质量管理的五步法。

第二节　全面质量管理的八项原则

本节主要介绍全面质量管理的八项原则的具体内容,阐述了八项原则之间的逻辑关系。

第三节　全面质量管理的基本内容

本节主要介绍全面质量管理的基本内容,即"三全""四一切"。

第四节　全面质量管理中常用方法

本节主要介绍全面质量管理中的常用方法,即统计分析表法和措施计划表法、排列图法、因果分析图法、分层法、直方图法、控制图法、散布图法,并阐述其相互关系。

第五节　质量检验

本节主要介绍质量检验的含义、内容及方法。

(三)考核知识点

1.全面质量管理

2.全面质量管理的八项原则及其相互关系

3.全面质量管理的基本内容

4.全面质量管理中常用方法

5.质量检验

(四)考核要求

1.全面质量管理

识记:定义

2.全面质量管理的八项原则及其相互关系

识记:八项原则

领会:八项原则之间的相互关系

3.全面质量管理的基本内容

识记:基本内容

领会:基本内容之间的相互关系

4.全面质量管理中常用方法

识记:常用方法

5.质量检验

领会:质量检验的含义和方法

第四章　顾客需求管理

(一)学习目的和要求

通过本章的学习,了解顾客需求的调查,掌握顾客关系管理,掌握顾客满意度及测评方法。

(二)课程内容

第一节　顾客需求调查

本节主要介绍了顾客的分类,阐述了顾客的需求分析,介绍了顾客需求的调查方法。

第二节　顾客关系管理

本节主要介绍了对顾客关系管理的认识,阐述了顾客关系管理的重要环节,介绍了顾客关系管理系统。

第三节　顾客满意度及测评方法

本节主要介绍了顾客满意的战略,阐述了顾客满意的指数模型,介绍了顾客满意度调查的测评和我国顾客满意指数的测评。

(三)考核知识点

1.顾客需求调查

2.顾客关系管理

3.顾客满意度及测评方法

(四)考核要求

1.顾客需求调查

识记:顾客的分类、顾客需求分析

领会:顾客需求的调查方法

2.顾客关系管理

识记:概念、环节

领会:基本功能模块

3.顾客满意度及测评方法

识记:顾客满意度的含义、顾客满意度指数概念

领会:顾客满意度调查评测的方法

第五章　质量成本管理

(一)学习目的和要求

通过本章的学习,了解质量管理的概述,掌握质量成本的核算方法,了解质量成本分析与报告,掌握质量成本计划与控制。

(二)课程内容

第一节　质量成本管理概述

本节介绍了质量成本的概念,阐述了质量成本的构成及特点。

第二节　质量成本核算研究

本节介绍了质量成本核算的必要性,阐述了质量成本数据的收集,主要阐述了质量成本核算的方法。

第三节　质量成本分析与报告

本节主要对质量成本的分析进行了阐述,对质量成本报告进行了介绍。

第四节　质量成本计划与控制

本节介绍了质量成本的预测和计划,主要阐述了质量成本控制的基本内容及程序。

(三)考核知识点

1.质量成本的概念、构成及特点

2.质量成本核算研究

3.质量成本分析

4.质量成本报告

5. 质量成本计划

6. 质量成本控制

(四)考核要求

1. 质量成本的概念、构成及特点

领会:质量成本的概念、构成及特点

2. 质量成本核算研究

识记:质量成本数据来源、数据收集

领会:质量成本核算方法

3. 质量成本分析

领会:质量成本分析内容及分析方法

4. 质量成本报告

识记:质量成本报告的内容及形式

5. 质量成本计划

领会:质量成本计划内容及程序

6. 质量成本控制

领会:质量成本控制内容及程序

第六章　服务质量管理

(一)学习目的和要求

通过本章的学习,要掌握服务质量的概念及形成模式,服务质量体系以及服务过程质量管理。

(二)课程内容

第一节　服务的定义、特征和分类

本节介绍了服务的定义,阐述了服务的特征和分类。

第二节　服务质量及其形成模式

本节主要介绍服务质量的概念、内容、来源,阐述了服务质量形成模式。

第三节　服务质量体系

本节介绍了服务质量体系的概念,主要阐述了服务质量体系的关键方面。

第四节　服务过程质量管理

本节主要介绍影响服务质量的因素,主要阐述了服务设计管理以及服务提供过程质量管理。

(三)考核知识点

1. 服务的定义、特征和分类

2. 服务质量的概念及来源

3. 服务质量形成模式

4. 服务质量体系的概念及关键方面

5. 服务过程质量管理

(四)考核要求

1. 服务的定义、特征和分类

识记:服务的定义、特征和分类

2.服务质量的概念及来源

识记:服务质量的概念、服务质量的来源

3.服务质量形成模式

识记:服务质量形成模式

4.服务质量体系的概念及关键方面

识记:服务质量体系的概念

领会:服务质量体系的关键方面

5.服务过程质量管理

识记:影响服务质量的因素

领会:服务设计管理、服务提供过程质量管理

第七章　质量管理中的统计技术

(一)学习目的和要求

通过本章的学习,要掌握直方图与过程能力指数、方差分析与回归分析,理解实验设计、控制图、统计抽样,掌握各种统计技术在质量管理中的应用。

(二)课程内容

第一节　直方图与过程能力指数

本节介绍直方图的概念和作图步骤及对直方图的观察与分析,以及过程能力指数的概念、应用程序。

第二节　方差分析与回归分析

本节阐述方差分析与回归分析的概念,介绍单因素方差分析和一元线性回归的相关具体应用。

第三节　实验设计

本节介绍实验设计的概念,以及正交表、二水平正交试验。

第四节　控制图

本节介绍控制图的概念、特点和用途。

第五节　统计抽样

本节介绍统计抽样的概念,阐述计数标准型一次抽样方案、计数调整型抽样方案。

(三)考核知识点

1.直方图的分类和能力指数的应用程序

2.方差分析与回归分析的概念、单因素方差分析和一元线性回归的相关具体应用

3.实验设计的概念,以及正交表、二水平正交试验概要

4.控制图的概念、特点和用途

5.统计抽样的概念、计数标准型一次抽样方案、计数调整型抽样方案

(四)考核要求

1.直方图的分类和能力指数的应用程序

识记:直方图的类型

领会:过程能力指数的概念

识记:能力指数的应用程序

2.方差分析与回归分析的概念,单因素方差分析和一元线性回归的相关具体应用

领会:方差分析与回归分析的概念

识记:一元线性回归的具体应用

3.实验设计的概念,以及正交表、二水平正交试验概要

4.控制图的概念、特点和用途

识记:控制图的用途

5.统计抽样的概念、计数标准型一次抽样方案、计数调整型抽样方案

识记:统计抽样的概念

领会:计数标准型一次抽样方案

第八章 六西格玛管理

(一)学习目的和要求

通过本章的学习,掌握六西格玛管理的来源、概念及特点,掌握六西格玛的组织结构、六西格玛管理的实施和六西格玛管理的模式。

(二)课程内容

第一节 六西格玛管理概述

本节主要介绍六西格玛管理的起源和概念,掌握六西格玛管理的特点。

第二节 六西格玛的组织结构

本节主要介绍了六西格玛的组织结构。

第三节 六西格玛管理的实施

本节主要介绍六西格玛管理的内容,掌握六西格玛管理的实施。

第四节 六西格玛的管理模式

本节重点介绍六西格玛的改进模式和设计模式。

(三)考核知识点

1.六西格玛管理的概念、特点

2.六西格玛的组织结构

3.六西格玛管理的内容、实施

4.六西格玛的改进模式和设计模式

(四)考核要求

1.六西格玛管理的概念、特点

识记:六西格玛管理的概念、特点

2.六西格玛的组织结构

领会:六西格玛的组织结构

3.六西格玛管理的内容、实施

识记:六西格玛管理的内容

领会:六西格玛管理的实施

4.六西格玛的改进模式和设计模式

领会:六西格玛的改进模式和设计模式

第九章　卓越质量经营模式

（一）学习目的和要求

通过本章的学习，掌握集中卓越的质量经营模式。

（二）课程内容

第一节　美国马尔科姆·波多里奇国家质量奖

本节介绍了波多里奇奖的起源、核心价值观和评审标准，阐述了波多里奇奖的实施和与 ISO 9000 的比较。

第二节　日本戴明质量奖

本节介绍了戴明质量奖与质量管理活动的创新，阐述了日本戴明奖的 TQM 概念和评审标准。

第三节　欧洲质量奖概述

本节介绍了欧洲质量奖的企业卓越理念和评审标准，重点阐述了三大质量管理奖的比较。

第四节　中国全国质量奖

本节主要介绍了《卓越绩效评价准则》的基本理念和理论基础，介绍了全国质量奖核心价值观，以及全国质量奖的评审过程，主要阐述了质量奖倡导的卓越质量经营模式。

（三）考核知识点

1. 波多里奇奖的实施和与 ISO 9000 的比较

2. 日本戴明奖的 TQM 概念和评审标准

3. 欧洲质量奖的企业卓越理念和评审标准

4. 三大质量管理奖的比较

5. 中国全国质量奖

（四）考核要求

1. 波多里奇奖的实施和与 ISO 9000 的比较

识记：波多里奇奖的核心价值观、评审标准

领会：波多里奇奖的实施和与 ISO 9000 的比较

2. 日本戴明奖的 TQM 概念和评审标准

识记：日本戴明奖的 TQM 概念、评审标准

3. 欧洲质量奖的企业卓越理念和评审标准

识记：欧洲质量奖的企业卓越理念、评审标准

4. 三大质量管理奖的比较

领会：美国波多里奇奖、欧洲质量奖和日本戴明奖三大质量管理奖的比较

5. 中国全国质量奖

识记：《卓越绩效评价准则》的基本理念和理论基础，全国质量奖核心价值观

领会：全国质量奖的评审过程，质量奖倡导的卓越质量经营模式。

第三部分　有关说明与实施要求

为了使本大纲的规定在个人自学、社会助学和考试命题中得到贯彻与落实,现对有关问题做如下说明,并进而提出具体的实施要求。

(一)关于"课程内容与考核目标"中有关提法的说明

为使考试内容具体化和考试要求标准化,本大纲在列出考核内容的基础上,对各章规定了考核目标,包括考核知识点和考核要求。明确考核目标,使自学应考者能够进一步明确考试内容和要求,更有目的地系统学习教材;使考试命题能够更加明确范围,更准确地安排试题的知识能力层次和难易程度。

本大纲在考核目标中,按照识记、领会、应用三个层次规定其应达到的能力层次要求。这三个层次是循序渐进的。

各个能力层次的含义:

识记:能知道有关的名词、概念、知识的含义,并能正确认识和表达。这是低层次的要求。

领会:在识记的基础上,能全面把握基本概念、基本原理、基本方法,能够掌握有关概念、原理、方法的区别与联系。这是较高层次的要求。

应用:在领会的基础上,能运用基本概念、基本原理、基本方法来分析和解决有关的理论与现实问题。这是最高层次的要求。

(二)关于学习教材与主要参考书

1.学习教材

《质量管理》,由王松主编,哈尔滨工程大学出版社2015年7月出版。

2.推荐参考教材

《现代质量管理学》,由韩福荣主编,机械工业出版社出版。

《现代质量管理学》,由胡铭主编,武汉大学出版社出版。

(三)自学方法指导

1.在全面系统学习的基础上,掌握相关概念、基本理论、基本方法。本课程内容涉及范围广,自学应考者应首先全面系统地学习各章内容,记忆应当识记的基本概念和观点,深入理解基本理论,较为熟练地掌握管理控制的技术与方法及其应用。其次,弄清楚各章内容之间的内在联系和逻辑关系,注重融会贯通。再次,在全面系统学习的基础上,掌握重点,有目的地深入学习重点章节的内容,但不要在没有全面学习教材的情况下孤立地去抓重点。

2.重理论联系实际。控制理论课程既是方法性的课程,也是具有很强的实践性、应用性的技术性学科。本课程的学习要求学生结合企业内部控制的实践,学习、理解和运用管理控制的思想与技术。自学应考者在学习中应当结合企业内部控制的实际,掌握管理控制的知识、思想与方法,从而最终形成企业管理控制的能力。

(四)对社会助学的要求

1.社会助学者应根据本大纲规定的考试内容和考核目标,认真钻研指定的教材,明确本课程与其他课程不同的特点和学习要求,对自学应考者进行切实有效的辅导,引导他们预防自学中的各种偏向,把握社会助学的正确方向。

2. 正确处理基础知识与应用能力之间的关系,努力引导自学应考者将识记、领会和应用联系起来,将基础知识和理论转化为应用能力,在全面辅导的基础上,着重培养和提高自学应考者分析和解决问题的能力。

3. 要正确处理重点和一般的关系。课程内容有重点与一般之分,但考试内容是全面的,而且重点与一般是相互联系的,不是截然分开的。社会助学者应指导自学应考者全面系统地学习教材,掌握全部考试内容和考核知识点,在此基础上再突出重点。总之,要将重点学习与兼顾一般结合起来,切勿孤立地抓重点,把自学应考者引向猜题押宝的歧途。

(五)关于考试命题的若干要求

1. 本课程的命题考试应根据本大纲规定的考试内容来确定考试范围和考核要求,不要任意扩大或缩小考试范围,提高或降低考核要求。考试命题要覆盖到各章,并适当突出重点章节,体现本课程的内容重点。

2. 本课程在试题中对不同能力层次要求的分数比例一般为识记占 20%,领会占 30%,简单应用占 30%,综合应用占 20%。

3. 试题要合理安排难易结构,试题难易程度可分为易、较易、较难、难四个等级。每份试卷中,不同难易度试题的分数比例一般为易占 20%,较易占 30%,较难占 30%,难占 20%。在不同能力层次中都会存在不同难度的问题,切勿混淆。

4. 本课程考试试卷采用的题型,一般有单项选择题、多项选择题、名词解释题、简答题、计算题、论述题。各种题型的具体形式参见本大纲附录。

考试题型举例

一、单项选择题(在下列备选答案中只有一个是正确的,将其选出并把它的序号写在题干后面的括号内)

1. 质量的特性有很多,汽车的最大速度属于(　　　)。

A. 感官特性　　　　　B. 时间特性　　　　　C. 物质特性　　　　　D. 功能特性

二、多项选择题(在备选答案中有二至五个是正确的,将其全部选出并把它们的编号写在题干后面的括号内。错选或漏选均不给分)

1. 在六西格玛设计模式中,DCCDI 模式经过以下哪几个阶段(　　　)。

A. 定义阶段　　　　　B. 顾客阶段　　　　　C. 概念阶段　　　　　D. 设计阶段

E. 实现阶段

三、名词解释题

1. 质量控制:

四、简答题

1. 简述质量管理的 3 个发展阶段的主要特征。

五、计算题

1. 某奶制品加工厂对某种奶粉加工的质量要求之一是每百克奶粉中的含水量不得超过 3 克。目前抽验结果表明,每百克奶粉中平均含水 2.75 克,标准偏差为 0.05 克。试计算此时的工序能力指数,并做出判断,指出应采取的措施。

六、论述题

1. 试述 ISO 9000 族与 TQM 之间的关系。

参 考 文 献

[1] 尤建新,杜学美,张建同. 质量管理学[M]. 2 版. 北京:科学出版社,2008.

[2] 张凤荣. 质量管理与控制[M]. 2 版. 北京:机械工业出版社,2011.

[3] 韩之俊,许前,钟晓芳. 质量管理[M]. 3 版. 北京:科学出版社,2011.

[4] 同淑荣. 质量管理学[M]. 北京:科学出版社,2011.

[5] 龚益鸣. 现代质量管理学[M]. 北京:清华大学出版社,2012.

[6] 陈运涛. 质量管理[M]. 北京:清华大学出版社,2008.

[7] 熊伟. 现代质量管理[M]. 杭州:浙江大学出版社,2008.

[8] 胡铭. 现代质量管理学[M]. 武汉:武汉大学出版社,2010.

[9] 韩福荣. 现代质量管理学[M]. 北京:机械工业出版社,2012.

[10] 苏秦. 现代质量管理学[M]. 北京:清华大学出版社,2005.

[11] 于启武. 质量管理学[M]. 北京:首都经济贸易大学出版社,2005.

[12] 龚益鸣. 质量管理学[M]. 上海:复旦大学出版社,2000.

[13] 岑咏霆. 质量管理学教程[M]. 上海:复旦大学出版社,2010.

[14] 马风才. 质量管理[M]. 北京:科学出版社,2009.

[15] 张公绪,孙静. 新编质量管理学[M]. 北京:高等教育出版社,2003.

[16] 李晓春,曾瑶. 质量管理学[M]. 北京:北京邮电大学出版社,2007.

[17] 洪生伟. 质量管理[M]. 北京:中国计量出版社,2001.

[18] 杨文士. 质量管理学[M]. 武汉:武汉大学出版社. 2000.

[19] 罗国英,林修齐. 质量管理体系教程[M]. 北京:中国经济出版社,2003.

[20] 焦叔斌,陈运涛. 质量管理学[M]. 武汉:武汉大学出版社,2004.

[21] 王海林. 现代质量管理:质量及其管理的科学发展观[M]. 北京:经济管理出版社,2005.

[22] 伍爱. 质量管理学[M]. 2 版. 广州:暨南大学出版社,2002.

[23] 郎志正. 质量管理及其技术和方法[M]. 北京:中国标准出版社,2003.